民國歷史與文化研究

十 五 編

第 **14** 冊

旗裝戲

李德生、王琪 著

花木蘭文化事業有限公司

國家圖書館出版品預行編目資料

旗裝戲／李德生、王琪 著 -- 初版 -- 新北市：花木蘭文化事
業有限公司，2022〔民 111〕
目 4+246 面；19×26 公分
（民國歷史與文化研究 十五編；第 14 冊）
ISBN 978-986-518-933-4（精裝）

1.CST：京劇 2.CST：中國戲劇 3.CST：舞臺服裝

628.08   111009779

ISBN-978-986-518-933-4

9 789865 189334

民國歷史與文化研究
十五編　第十四冊　　　　　　　ISBN：978-986-518-933-4

旗裝戲

作　　者	李德生、王琪	
總 編 輯	杜潔祥	
副總編輯	楊嘉樂	
編輯主任	許郁翎	
編　　輯	張雅淋、潘玟靜、劉子瑄	美術編輯 陳逸婷
出　　版	花木蘭文化事業有限公司	
發 行 人	高小娟	
聯絡地址	235　新北市中和區中安街七二號十三樓	
	電話：02-2923-1455／傳真：02-2923-1452	
網　　址	http://www.huamulan.tw 信箱 service@huamulans.com	
印　　刷	普羅文化出版廣告事業	
初　　版	2022 年 9 月	
定　　價	十五編 14 冊（精裝）新台幣 42,000 元	版權所有・請勿翻印

旗裝戲

李德生、王琪 著

作者簡介

　　李德生，原籍北京，旅居加拿大，係加拿大文化更新研究中心研究員，致力於東方民俗文化和中國戲劇之研究。有如下著作在國內外出版發行：

《束胸的歷史與禁革》（臺灣花木蘭文化事業有限公司出版 2021 年 3 月）；

《粉戲》（臺灣花木蘭文化事業有限公司出版 2021 年 3 月）；

《血粉戲及劇本十五種》（上中下）（臺灣花木蘭文化事業有限公司出版 2021 年 9 月）；

《炕的歷史與炕文化》（臺灣花木蘭文化事業有限公司出版 2021 年 9 月）；

《煙雲畫憶》（臺灣花木蘭文化事業有限公司出版 2021 年 9 月）；

《京劇名票錄》（上下）（臺灣花木蘭文化事業有限公司出版 2021 年 9 月）；

《春色如許》（臺灣花木蘭文化事業有限公司出版 2022 年 3 月）；

《讀圖鑒史》（臺灣花木蘭文化事業有限公司出版 2022 年 3 月）；

《摩登考》（臺灣花木蘭文化事業有限公司出版 2022 年 3 月）；

《圖史鉤沉》（臺灣花木蘭文化事業有限公司出版 2022 年 3 月）。

　　王琪，著名評劇表演藝術家，中國戲劇家協會會員。從 1952 年起從事戲劇演出工作，先後主演《翠香記》《拷紅》和《癡夢》榮獲市文化局 1957 年第一屆和 1983 年首屆「中青年戲劇匯演」一等獎，主演《秦香蓮》和《三姑鬧婚》等劇榮獲「戲劇演出百場獎」。主演首部電視戲劇連續劇《慧眼識風流》。旅居加拿大後，致力戲劇教育工作和東方民俗文化研究，並兼任《中華時報》戲劇專欄撰稿人。有如下著作在國內外出版：

《清宮戲畫》（中國社科出版社出版 2020 年）；

《春色如許》（臺灣花木蘭文化事業有限公司出版 2022 年 3 月）；

《摩登考》（臺灣花木蘭文化事業有限公司出版 2022 年 3 月）。

提　　要

　　「旗裝戲」是京劇表演藝術中的一株獨具魅力的奇葩，百年來久演不衰，深受廣大觀眾歡迎。但在京劇史著中，尚無獨立課題予以系統研究。筆者以獨特的視角和豐富的史料，對「旗裝戲」的起源、特色、化裝、劇目、禁放、起伏、舞臺美術諸方面進行了詳細的考正。同時，對晚清以降擅演「旗裝戲」的歌郎、男旦、坤伶、名票，以及他（她）們的表演特色、對「旗裝戲」的表演所作出的貢獻等，亦給與了詳細的記述。此外，書中還披露了數十幀「旗裝戲」的珍稀圖畫和照片，以及諸多鮮為人知的劇壇軼事。筆者還在文後加寫了一篇《命運多舛的旗裝戲「四郎探母」》做為後記，使全書的內容更加豐富多彩。總之《旗裝戲》是一部圖文並茂、別有特色的戲劇研究專著。今由臺灣花木蘭文化事業有限公司付梓，以饗讀者。

近代擅演「旗裝戲」的名伶從左及右為：梅蘭芳、程硯秋、荀慧生、尚小雲、朱琴心、雪豔琴、芙蓉草、張君秋。

目

次

前　言

　　自從唐玄宗創立梨園以來，戲劇便與政治、經濟、民風民俗緊密地聯繫起來了。大凡政通人和、物阜民豐，鼟鼓歡歌，梨園繁茂，戲劇之花便「猶如一夜春風來，千樹萬樹梨花開」。一旦國事昏暗、民生凋弊，風雨如晦，再好的園林也都春色暗然，戲劇也就「雨打梨花深閉門」了。

　　自清以降，新興的旗裝（彼時滿人的時裝）戲成長為戲劇園林中的一株絢麗的奇葩。但是，它亦在世態詭幻的風雨中，經磨歷劫、飽受折損。因其獨具的魅力所至，雖然幾起幾伏，一旦雲收雨霽，梨花猶自帶雨迎春。筆者開來撰寫此書，對「旗裝戲」的起源、特色、劇碼、禁放，以及擅演「旗裝戲」的歌郎、男旦、坤伶、名票們在演出實踐中所做的貢獻，進行了一些粗淺的記述。謹借梨園舊典，將旗裝戲喻之為「梨花一枝春帶雨」，貼與不貼、切與不切，且聽筆者述來。

　　何謂「旗裝戲」，在京劇史研究中對這一名詞尚無明確的界定，一般只停留於演員和觀眾的口語當中，如：「明兒演旗裝戲」，或是「我看了一齣旗裝戲」，或說某某戲「是齣旗裝戲」等等。一般的說，凡在舞臺上出現身著清代滿族服裝角色的戲，便可以稱為「旗裝戲」。

　　「旗裝戲」，亦稱「清裝戲」，與一般京劇傳統戲有所區別。其一，角色是典型的清代旗人裝束，與戲中漢人的扮相迥然有異。其二，角色的道白不上韻，說的是京白口語，一嘴「京片子」，清晰好聽。在京劇表演體系上獨樹一幟，具有獨特的藝術魅力和審美價值。百餘年來，為人樂道，而久演不衰。

　　最早提出「旗裝戲」這一概念的是北平國劇學會。該學會是上世紀三十年代初，由當時的京劇領軍人物梅蘭芳、余叔岩和京劇理論研究先驅傅惜華、

齊如山等人，在民國二十年（1931）聯合發起創立的。會址就設在北京虎坊橋大街的一個大宅門內（即而今珠市口西大街241號）。學會組織完善，聘有專職管理人員，內設國劇傳習所，京劇史料博物館，並且定期出版學術刊物。該刊物就是當年影響極大的《國劇畫報》。此外，該會還定期舉行學術研討會，探索京劇藝術的發展前途。學者李石曾、胡適之、袁守和、于學忠、徐永昌、梁思成、焦菊隱、王泊生等名流大家，都積極參與其事，承擔義務講座，發表了許多戲劇論文，影響深遠，從者如雲。

　　該學會在民國二十一年（1932）九月十六日出版的第三十五期《國劇畫報》上，率先提出了「旗裝戲」這一概念。並以「旗裝專號」為號召，連續兩期畫報來介紹「旗裝戲」。用了六個整版刊登旗裝劇照數十幅，聲勢龐大，甚為轟動。主筆傅惜華先生親撰《引言》，他寫道：

　　　　今天是二十一年的「九、一八」紀念日，可算是民國以來最大的國恥紀念，恰好又是星期，為本畫報出版的日子。就我們《國劇畫報》的立場，應以何種方法來紀念此日呢？「九、一八」的國恥意義，是紀念失地，所以應該從地域風土的：特殊關係上，來引起國人對於失地的深刻追憶。那麼，目前失去的東三省就是歷史上的滿洲，它的風土習慣有哪一種最特殊的事物遺留於國劇上面呢？想來想去，只有旗裝這一件東西，是在近代國劇上可算一種特殊產物。不用說，我們今日無論何人，若是看見旗裝，就立刻感覺到這是滿洲的服裝，含有美的性質的。而眼前的滿洲已是被人佔領了。這是何等重大的刺激？何等合乎畫報的立場來紀念國恥的條件啊？於是乎，我們最後的決定，便是出這《旗裝專號》，以紀念今年的「九、一八」的國恥。

　　　　旗裝，為什麼是近代國劇上一種特殊產物呢？因為國劇上所規定的婦女服裝是：一蟒，二帔，三褶子。四宮裝；此外，武的加上一靠，這是戲劇上歷來老例。至於褲子、襖子，已經不是戲劇上的老規矩，已經是時裝了。旗裝的發生，更在褲襖之後。一直到現在後臺的衣箱，還沒有預備旗裝的衣服什件。所以這可算是一種特殊的產物。由本期畫報上所登旗裝相片看來，他的樣兒、尺寸、花樣、高矮、前後、肥瘦、都不比旁的戲衣，歷來無甚變動，而且是相差得很利害，由這一點可以證明，這是一種是趨時的服裝。

滿洲是中國的，連滿洲的旗裝也是屬於中國的。諸各位研究本次專號的用意，回想昔日的滿洲，而今死哪裏？！

著名京劇編劇愛新覺羅·溥繼也以「清逸居士」的筆名在第二期《旗裝專號》中，發表了專門研究「旗裝戲」的文章，名為《「旗裝戲」考》。文章一開頭這樣寫道：

> 蓬窗悶坐，又值秋雨綿綿，寂寞無聊，值案頭有第三十五期《國劇畫報》，登載菊部男、女名宿旗裝劇照，連封面共二十一張，實不易搜羅。如此之多，亦奇觀也。緣此偶憶旗裝戲劇，自同光以來，所有菊國名宿，演旗裝戲最著名者共有多少人，旗裝戲有若干齣，舉所聞見者，均寫出以供同好諸公。但一人記憶恐有遺漏，尚乞高明見載。

其後，溥繼先生對「旗裝戲」和早期擅演「旗裝戲」的名家，做了一些簡約的記述，可能拘於畫報的篇幅所限，全文不過一千多字。談得雖然並不深透，但言有所據、字字珠璣，依然是研究「旗裝戲」歷史的一篇有價值的史料。

筆者由此得到啟發，認為「旗裝戲」之所以深受歷代觀眾歡迎，屢演不衰，自有其更深的奧妙所在。正如溥文中提到的：菊國名宿中演「旗裝戲」最著名者有多少人？「旗裝戲」到底有多少齣？都是值得研究的課題。

筆者愛好京劇，自幼跟隨長輩出入戲園，聽過不少好戲。長成也結識了一些內行朋友。中年在報社工作，也看過不少近代名家的「旗裝戲」，加之留意，搜集了許多珍貴的「旗裝戲」史料和歷代名宿劇照。在接連不斷的政治運動中，還親自耳聞目睹過幾番「旗裝戲」的禁、放、興、衰。於是，就萌生了寫寫「旗裝戲」的想法。

恰好今年溫哥華的秋天特別短暫，轉瞬之間，紅楓落盡，冬日來臨，下午三點已經日落黃昏，四點鐘便萬家燈火了。而且室外陰霾多雨，晝短夜長，萬籟俱靜；檯燈之下，霧雨蔽窗，此時最宜讀書作文。如是三月過後，冬盡春來，草成了這許多文字，僅供對「旗裝戲」有興趣的朋友們做茶餘飯後，談天說地的漫話耳。

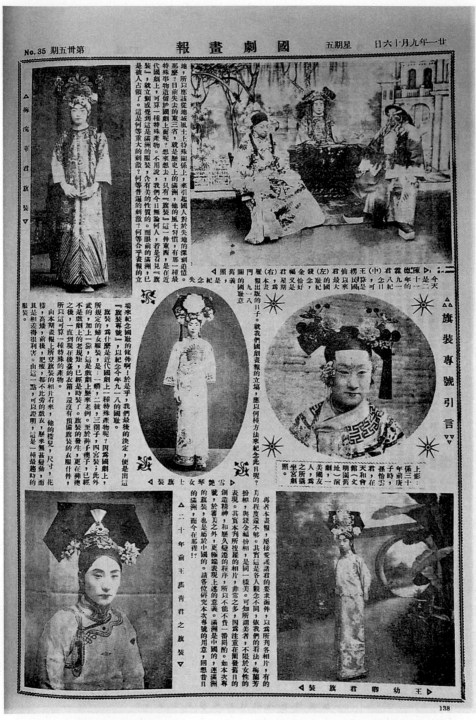

1932 年 9 月 16 日國劇畫報為紀念「9.18」國恥日發表的「旗裝戲專刊第一期」的
圖影之一。

1932 年 9 月 28 日國劇畫報為紀念「9.18」國恥日發表的「旗裝戲專刊第二期」的圖影之一。

一、旗裝戲考

　　要研究「旗裝戲」，就得先談談「旗裝」。「旗裝」，指的就是早期滿族人的民族服裝。早年間，滿族人的祖先祖祖輩輩生長在關外長白山、漠河、寧古塔一帶，長期過著游牧生活。他們分別隸屬於不同的部落，每個部落都用一種不同顏色的旗幟來區分。最早的旗色比較單一，只分黃、白、紅、藍四旗。後來，隨著部族的強盛，人口、勢力不斷擴充，又增加了正鑲黃、白、紅、藍四旗。各旗合在一起，便統稱「八旗」。隸屬旗籍內的人都稱為旗人，俗稱「在旗」。這是努爾哈赤創立的一種軍事管理方法。旗人平時所穿的服裝，就稱作「旗裝」。

　　「旗裝」是一種袍服形式，泛稱「旗袍」，不分男女，均有穿用。特徵是：圓口領、窄袖、向右側撚襟、下擺四面開衩、帶扣絆、束腰帶。這種袍服主要為了上、下馬方便。窄窄的袖子，也便於騎馬打仗，彎弓射箭。同時也為了保暖、保護手腕。袖口還附有馬蹄狀的護袖，不用時，可以翻上去；用的時候翻下來。

　　明朝末年，李自成攻入北京，「衝冠一怒為紅顏」的吳三桂邀請清兵入關平亂。結果引狼入室，清兵借機入主中原，順治在紫禁城裡正兒八經地坐了皇帝，開創了大清國的一統天下。滿族人的服飾也就隨之堂皇過市，變成了正裝。日久天長，受漢人影響，旗袍的圓領變為立領，下擺變為兩側開衩的袍裾，窄袖變為上寬下窄的喇叭筒袖。上層男式旗裝則衍變成補服、箭衣、馬褂，帽子也由皮帽、氈帽變為紅白纓帽，花翎官帽、皂帽、帽頭。旗藉婦女穿用的旗袍，因質地、做工、款式的不同，也衍變成一種顯示身份等級的象

徵。繡製華美的旗裝屬於宮中的禮服，只有皇太后、妃子、格格以及王公大臣、皇親國戚的內眷才有資格服用。

　　而宮中普通丫鬟、下人以及平民百姓婦女，只能穿短襖長褲。天氣冷時，在旗的婦女便在旗袍外邊加穿一件坎肩。這種坎肩，長到肚臍、四面開衩、對襟，滿語稱為「鄂多赫」。上面繡出各色的折枝花卉，花鳥蟲魚，穿著起來更顯得花團錦繡，富貴端莊。

　　據服裝史學家研究，康熙年間，貴族婦女大多身著黑領金色團花紋或片金花紋的褐色旗袍，外加淺綠色鑲黑邊並有金繡紋飾的大褂。乾隆年間，則身著鑲粉色邊飾的淺黃色衫，外著黑色大雲頭背心。嘉道年間，女人多著低領藍衣紫裙，裙的鏡面上繡折枝花朵，披雲肩，垂流蘇。到了同光年間，貴族婦女的衣服身長過膝，採用大鑲滾裝飾，裙上有時加飄帶，帶尾繫銀鈴。衣襟前掛有金、銀製的裝飾物，衣袖裏面裝假袖口，裝飾布局已與近代旗袍相近。

清代滿族婦人日常梳的旗頭

　　此外，滿族人的髮型是很獨特的。男人皆剃去前額頭髮，留頂後髮，梳成長辮子垂在腦後。這種髮式也與早年間滿人生活習性有關，結成長辮或盤於額頂，更方便騎馬游牧。滿人入關之後，順治皇帝為了驗證漢人的臣服之

心，特頒《剃髮令》，強迫漢人剃髮梳辮，「留頭不留髮、留髮不留頭」。旗兵皆手執剃頭刀，當了剃頭匠，抓住不肯「剃髮易服」的漢人，都就地正法。在這種淫威之下，漢人的髮型也就都改造成「豬尾巴」了。

滿族婦女梳的旗頭，則有著獨特的審美性。最初，她們皆「辮髮盤髻」，將長長的頭髮集於頭頂，盤成一個大髻子，俗稱「團頭」，也是滿族人長於游牧、騎射、遠行、露宿的遺風。入關之後，滿漢文化逐漸融合，滿族婦女欣賞漢族婦女的髮型髮飾，便不斷美化、改進，最終發展成一種又寬又長、似扇非扇、似冠非冠的「旗頭」。

旗頭的式樣又分為「兩把頭」、「水葫蘆」、「燕尾」、「大拉翅」、「高把頭」、「架子頭」等多種形式。髮式的不同，顯示著婦人的身份地位的不同。平髻，是將頭髮自頭頂中分為兩絡，於頭頂左右梳二平髻，平髻之間橫插一扁方，外觀像一字，也像一柄如意橫置頭頂。梳「兩把頭」時，要在腦後垂下一縷頭髮，下端修成兩個尖角，形成一個燕子尾巴形的髮絡，俗謂「燕尾兒」。

清代詩人吳士贊在《宮詞》中描繪這種髮式：

> 髻盤雲成兩道齊，珠光釵影護蜻蜓。
>
> 城中何止高餘尺，叉子平分燕尾低。

旗藉婦人梳的「架子頭」，最早出現在乾隆時期，是從「一字頭」不斷增高，「雙角」不斷擴大，慢慢衍變而成的。她們將原本用自己頭髮梳成的髮式，變成借用架子，用真髮、假髮互相摻雜梳理而成的一種髮式。這種髮式寬大，上邊可以多插裝飾物，以顯示自身的富貴。最終，演變為一種「高如牌樓」式的「大拉翅」。這種用黑綢緞做成的扇型髮冠，梳妝時將它套在髮髻上，固定住就可以了。這種髮型在清末頗為流行，越加越高，正面飾以花朵，側面懸掛流蘇，也稱作「大京樣」。

我們可以從清末傳留下來的老照片上看到，上至慈禧皇太后、隆裕太后、諸命婦、諸妃嬪，以及宮外滿族權貴內眷們的衣著、穿戴和頭上所梳的「大拉翅」，已窮其奢華誇張，極富戲劇化的特色。後來，這種「架子頭」被原封不動地搬上了戲劇舞臺，便成了「旗裝戲」的主要標誌。在「旗裝戲」裏，旦角通常穿旗袍，「大拉翅」上只插一朵大的旗頭花，而不掛流蘇，或只掛一邊；倘若是在正式場合，如上朝或吉日良辰穿旗蟒時，通常「大拉翅」兩邊各垂

一流蘇，中間則別一隻紅色的大絨鳳。

在京劇舞臺上，旗裝頭按劇中人物的身份、地位，又分為三種：旗頭墊子、兩把頭、旗頭坐子。身份較高的人物，如《四郎探母》的蕭太后，或一些新編歷史劇裏的慈禧太后都梳旗頭墊子。比太后身份稍低的人物，如《四郎探母》中的鐵鏡公主，《大登殿》裏的代戰公主，都梳「兩把頭」既「架子頭」。平民百姓或被貶低身份的婦女，則梳「旗頭坐子」。

「架子頭」有一大特色，就是在架子正中要插飾一朵大花，翅的兩側再各插一組什樣小花，組成有趣的「三花」裝飾。清季高麗國作家撲趾源在《熱河日記》中記載：滿族婦女「野花滿鬢，老少無分」，「五旬以上」猶「滿髻插花，金釧寶趙」，「即便年近七旬，顛髮盡禿，光赭如匏」，仍「寸髻北指，猶滿插花朵」。為了這些花朵保持鮮活，有些貴婦會在髮髻裏插一個精緻的小花瓶，瓶內裝滿清水，瓶內再插上數枝鮮花，遠遠看去，花團錦簇，富麗堂皇。時人有《竹枝詞》贊道：

> 依時百花插滿頭，芍藥過後換繡球；
> 梔子薔薇芙蓉過，對鏡梳妝換石榴。

後來，「旗裝戲」裏的旦角在「架子頭」上固定了「三花」，並不是「容裝科」的發明，而是一種有源有本的繼承。

旗人婦女的足下穿有一種高底旗鞋，俗稱「花盆底兒」。樣式極為獨特，木底高有兩三寸，用白布包裹，鑲在鞋底足心部位。跟底的形狀有兩種：一種上敞下斂，呈倒梯形花盆狀；另一種是上細下寬、前平後圓，外形頗似馬蹄。鞋幫上刺繡花卉紋樣，鞋尖飾有絲線穗子。這種旗鞋多為滿族青年女子穿著。老年婦女的旗鞋則以平木為底，前端稍削，以便行走。

這種鞋子也是與滿族祖先居住環境有關。早年間，她們住在山野之間，地處荒野、道路泥濘，為了防止腳部劃傷或污染鞋褲。入關後經過美化，成了宮廷婦女和貴族命婦們專用的鞋子。穿在腳上，不僅可以增高身體，而且可以把腳掩於旗袍之內，與漢婦遮蓋「三寸金蓮」的湘裙有異曲同工之妙。「旗裝戲」原封不動地把這種鞋子移用到舞臺上，也增加了旦角兒們的美觀漂亮。

慈禧太后的御容像，為德齡女士之長兄裕勳齡所攝。見刊於
《清宮后妃舊影集》。此像成為伶人在旗裝戲中飾演蕭太后
的化妝的本源範本。故宮博物院舉辦的《後宮嬪妃生活日用
展》中曾展出各式「架子頭」實物。

最早的「旗裝戲」

　　「旗裝戲」出現得很早，最初是以生角為主的，源自宮內經常演出的「承
應戲」。清廷入關後，自順治朝起，宮內每逢年節、喜慶、壽誕、典禮均要
演「承應戲」祈福慶瑞。《清宮內檔》中記有這樣一齣「承應戲」，名叫《年

年康泰》，該劇描寫東夷、西戎、南蠻、北狄等眾國王和各省總督、巡撫及朝中的文武百官，一起上朝拜竭聖主，稟奏年年太平，四宇嘉祥。全劇場面宏大，衣冠滿臺，以顯天朝威儀。戲中飾演本朝文武大臣的角色，自然把本朝的冠戴、朝服穿到舞臺上來。這可以說是「旗裝戲」出現的肇始，全以清廷官服為主。

另外，有案可考的「旗裝戲」始於康熙三十九年（1700），孔子第六十四代孫孔尚任編撰的《桃花扇》傳奇問世。劇中最後一場戲《餘韻》，本子上特意注明有「副淨時服扮皂隸暗上」。這裡所說的「時服」，指的就是當時的滿族人穿的旗裝。

《桃花扇》傳奇描寫明朝末年，政治腐敗，民不聊生。各地農民紛紛起義，關外的清兵對中原虎視眈眈，伺機南侵。復社領袖侯朝宗在孔廟聚眾聲討奸佞，此舉深為秦淮名妓李香君傾慕。楊龍友從中撮合，使這一對才子佳人結為秦晉之好。定情之夜，朝宗題詩扇上，贈與香君。即而北京城破，崇禎自縊。奸黨阮大鋮勾結馬士英擁立福王繼位，對復社文人大肆鎮壓。朝宗與香君告別，投奔揚州。香君借《燕子箋》原腔，自編新詞，痛罵奸黨馬士英，而被囚禁。清兵攻破揚州，史可法殉國，福王倉皇逃遁。香君得同伴相救，躲入棲霞山避難。香君日夜思念朝宗，慊慊成疾。一日朝宗忽至，香君喜出望外。不想朝宗竟然剃髮易服，穿上了一身「旗裝」，依附了清廷。香君見其變節，嚴辭斥責，撕碎詩扇，以示決絕。朝宗自慚形穢，黯然而去。

這是一齣有明顯政治傾向的戲，作者「借離合之情，寫興亡之恨」。第二年，該劇由京中戲班搬上舞臺的時候，孔尚任便被朝廷削職為民，返回故里去了。其結果，顯然是因為這齣「旗裝戲」所累。

此外，在宮中常演的劇碼中還有一齣《昭代簫韶》，是乾隆初年由內閣大學士張照、莊恪親王允祿兼領樂部時，組織翰林院詞臣一起編纂而成的。全劇共有二百四十齣，以小說《楊家府演義》的情節為基礎，渲染成戲。寫宋代楊家將滿門忠勇，與遼金侵略者進行殊死鬥爭的故事。劇中的遼邦人物多是反面角色，但全是「清裝」打扮。

筆者在編纂《清宮戲畫》一書時，搜集到多幅清宮演出《昭代簫韶》諸劇中部分角色的畫像。其中，遼邦大將韓昌、蕭太后、關督等「番邦」人物，不分生、旦，衣著頭飾均係大清規制。雖說這些圖畫是同光年間的作品，但

可以斷言，此類「清裝戲」早在清朝立國之初，便已出現於舞臺之上了。

禁演「旗裝戲」

宮裏的戲曲演出中，既然有了清代「時裝」登場，民間的演出也就少不了描寫現實的劇碼出現。舞臺上也會有穿著「旗裝」的官吏和男女百姓出場。這些角色中，必然有美、丑，良、莠，善、惡之別，身著大清衣冠的人物未必都是正面角色。因此，就鬧出不少「言詞不經，行為不軌」，影射朝廷，排滿反清的事情來。所以，清政府一直採取了嚴厲的禁戲政策。不許伶人以演前朝故事，借古諷今，散佈反滿情緒。朝廷多次降旨，「查禁秧歌」，不准許民間借社火、婚喪之際「陳百戲，演雜劇」。康熙二十七年，皇帝還親自旨諭嚴「禁地方演戲」（見《四庫全書存目叢書》──《律例指南》卷十五《禁諭》）。

乾隆皇帝每次南巡，都要審看各地的戲曲。他由此想到，民間會有大量禁戲的劇本流行，便多次傳旨兩淮鹽政伊齡阿和蘇州織造全德說：

> 因思演戲曲本內，亦未必無違礙之處，如明季國初之事，有關沙本朝字句，自當一體查飭。至南宋與金朝關涉詞曲，外間劇本往往有扮演過當，以至失實者，流傳久遠，無識之徒或致轉以劇本為真，殊有關係，亦當一體查飭。此等劇本大約聚於蘇、揚等處，著傳諭伊齡阿、全德留心查察，有應刪改及抽掣者，務為斟酌妥辦。並將查出原本暨刪改抽掣之篇，一併黏簽解京呈覽。（清高宗實錄·卷九六四）

伊齡阿接到諭旨後，馬上設立專門公局確查民間演出。命令藝人把收藏的戲文抄本、刻本悉數繳出。各省陸續解京銷毀的曲本約有三千餘種。禁燬的焦點多集中在反映明末清初時事政治、忠奸鬥爭、「犯上作亂」、借古諷今的歷史劇。凡有身著「清裝」、「旗裝」的反面角色登場的戲，均會引起清政府的高度警覺和注意，必予禁燬。乾隆四十五年（1780），兩淮鹽政伊齡阿曾為此上奏朝廷：

> 查江南蘇、揚地方崑班為仕宦之家所重，至於鄉村鎮市以及上江、安慶等處，每多亂彈。係出自上江之石牌地方，名目石牌腔。又有山陝之秦腔，江西之弋陽腔，湖廣之楚腔，江廣、四川、雲貴、兩廣、閩浙等省皆所盛行。所演戲齣，率由小說鼓詞，亦間有扮演南宋、

元明事涉本朝，或竟用本朝服色者，其詞甚覺不經，雖屬演義虛文，若不嚴行禁除，則愚頑無知之輩信以為真。亦殊覺非是。（見江西巡撫郝碩奏摺，故宮博物院文獻館編《史料旬刊》第 22 期）。

在這種政治的高壓下，「清裝戲」受到了巨大的打擊，一度明令禁絕。例如乾隆年間，民間演劇中有一齣叫《紅門寺》的戲，是秦腔戲班帶入京都的，很受觀眾歡迎。故事描寫涿州紅門寺住持法炳不守清規，常誘占入廟進香的良家婦女。平民李祿伴妻劉氏歸寧，在廟前憩足，被法炳誘入寺中，逼婚不從，便遭囚禁。李父控於州官張康侯。張審判不明，轉為總督于成龍親訊，亦無頭緒。于成龍微服私訪來至紅門寺，為法炳識破，將其擒縛於大鐘之下。行轅部將四處尋訪，救出于成龍，擒獲法炳歸案，李祿夫婦得以脫難。

于成龍，字北溟，山西永寧州人。清順治十八年（1661）出仕，從知縣做起，以方正廉潔聞名，深為朝廷重視，官職累進，升遷至兵部尚書之職。康熙皇帝對他讚譽有加，稱其為「天下廉吏第一」。後人將他的故事編成戲劇上演，也曾得到政府的默許。但是，自禁止「演學本朝服色」的諭旨一下，于成龍身著「旗裝」、「頭戴花翎」，便有違禁之嫌，故事內容再好，也被明令禁演了。乾隆四十六年（1781），江西巡撫郝碩覆奏《遵旨查辦戲劇違礙字句摺》中提出：

「現在檢出之三種內，《紅門寺》係用本朝服色，《乾坤鞘》係宋、金故事，應行禁止；《全家福》所稱封號，語涉荒誕，且齪其詞曲，不值刪改，俱應盡行銷毀。臣謹將原本黏簽，恭請御覽。」乾隆帝朱批：「知道了。」（見故宮博物院文獻館編《史料旬刊》第二十二期）

乾隆帝一說「知道了」，便是同意奏摺的意見，「旗裝戲」《紅門寺》便被封殺。細檢乾、嘉時期的戲劇檔案，就再也沒有描寫本朝時事的劇碼出現了。

清如意館畫師所繪「清裝戲」中的人物扮相

　　據焦循《劇說》記載，嘉慶年間，還發生過副憲下令，褫奪伶人在演戲時「妄冠珊瑚頂戴」的事件。副憲認為，伶人身著朝服，頭戴花翎，是蓄意褻瀆朝廷「名器」。所以，在乾隆末年出版的《揚州畫舫錄》所記的「江湖行頭」，以及道光年間，昇平署戲檔中的《穿戴題綱》等檔，對戲裝中的清代服裝記錄很少。也就是馬褂、箭衣、緯帽等數種而已。就是這幾種，為了與官服混同，也作了不同程度的修改。

「旗裝戲」的解禁

鴉片戰爭失敗後，大清國運江河日下，西方列強侵略中國，清兵屢戰屢敗，國庫空虛，危機四伏。道光皇帝在國事全非的形勢下撒手人寰，把帝位傳給了四子奕詝，本意希望他勵精圖治，重振國威。不想奕詝登基之後，依然無心國家大事，終日沉湎於聲色犬馬之樂。他對戲曲的愛好更甚於列祖列宗，全然置國家安危於不顧，在宮裏朝朝宴樂、日日笙歌。編戲、改戲、排戲、看戲，是他每日必修的功課，其餘一切概不與聞。他有《丙辰冬偶題》一詩自詡：

> 聲聲簫管奏雲墩，優孟衣冠興致豪；
>
> 淑性怡情歸大雅，升平樂事最為高。

咸豐在道光皇帝喪期剛過的第二天，就迫不急待地命宮中伶人在重華宮裏演戲了。第一天演《天官賜福》。《喬打扮》、《思凡》、《羅卜行路》等九齣戲，他看了一整天，「全無倦意」。從此，宮中頻繁的戲曲活動就拉開了序幕。不管是崑曲還是亂彈，也不論花雅俚俗，只要是新戲，一併招進宮來演出。有時，連民間茶樓酒肆常演的一些黃色、低級趣味的戲，如《雙麒麟》、《小妹子》、《倒打扛子》、《打麵缸》等也調進宮中，全無顧忌地唱了起來。

至於前朝禁「演學本朝服色」戲的規定，此時，也被咸豐皇帝打破了。現存《昇平署戲檔》記有咸豐五年十一月的朱批一件。咸豐皇帝指令宮中排演「禁戲」《紅門寺》，並且對演員的扮相提出了相當具體的要求。《諭旨》寫道：

> 《紅門寺》軸子除婦女仍舊裝束外，一切男之正雜爵（角）色
>
> 俱改本朝衣冠，于成龍帶（戴）紅頂，方補，朝珠，便衣，穿馬褂，
>
> 代（戴）小帽。知州代（戴）亮白頂，方補，朝珠，如有不全者，
>
> 著酌量穿帶。廟內婦女有幾個梳兩把頭的、一把頭的。

咸豐帝不以穿本朝服色為忤，反而認為，臺上的角色穿上補服馬褂，戴上紅白頂子，旦角「梳兩把頭」、「一把頭」才更加真實有趣。昇平署自然遵從聖旨，按照皇帝的意見，將劇中人物均改為「旗裝」打扮了。自此，「旗裝戲」正式解禁，旗裝旦角戲也得到了提倡。

清宮大演「旗裝戲」

古語云：「上有好者、下必興焉。」皇帝喜歡看時裝人物上臺，更喜歡看梳「一把頭」和「兩把頭」的婦女髮飾，於是，宮內便大演起「旗裝戲」來。宮中的戲班子和旦角們研究起女式「旗袍」、「旗頭」和「旗鞋」等服飾，

就更加熱心精緻了。

彼時，宮中不僅演出《紅門寺》，而且還恢復了連臺本戲《昭代簫韶》的演出。《昭代簫韶》是根據小說《楊家府傳奇》的故事編成的連臺本戲。其中，《金沙灘》、《李陵碑》、《五臺山》都是劇中的精華。遼方兵將都穿著清一色的「清裝」出場，殺敗了英勇善戰的楊家將，其得意洋洋之態，使臺下觀劇的皇帝和嬪妃們都得到極大的心理滿足。別看大清皇帝在西方列強的淫威之下顯得懦弱無能，可是他的近族對大漢一點也不含糊。不信，可以看看以上這些戲。

清末木版戲曲年畫《南北合好》既《雁門關》，該劇白在當年十分流行。畫中的碧蓮公主、韓昌及眾侍衛都是旗裝打扮。

後邊的《雁門關》就更好看了。演的是金沙灘一役，楊八郎與楊四郎雙雙被擒。楊八郎改名王司徒，與遼邦公主青蓮成婚；楊四郎與碧蓮公主成婚。二人居遼一十五載，各自生兒育女。其後，宋、遼再次交兵於九龍飛虎峪，楊八郎思母心切，被青蓮公主勘破。夫妻倆由口角轉為諒解，青蓮從蕭太后處盜取了令箭，幫助八郎回營探母，與原配妻子蔡秀英相會，全家哭作一團。際時更漏緊催，八郎辭家欲歸。孟良、焦贊力阻，並盜走了他的令箭，詐開雁門關，大敗遼兵。蕭太后欲斬青蓮，碧蓮公主上殿求赦，並與青蓮一起率兵同至宋營挑戰。不想被八夫人蔡秀英和四夫人孟金榜所擒，軟禁宋營。楊八郎借機救出青蓮，二人一起私逃，意欲返遼。中途又被蔡秀英追回，押禁軍中。此時，楊四郎向蕭太后討令出戰，擬借機逃回宋營，但行事不密，蕭太后大怒，將他綁至關上欲斬。余太君不顧私情，亦綁青蓮、碧蓮到關前，向蕭太后示威。夾在兩難之中的楊八郎哭城，哀乞息戰，余太后堅決不允。蕭太后

則憐女惜婿，不得已釋放了楊四郎，與佘太君結為城下之盟。從此，兩國息兵，世代和好，弄了個皆大歡喜的大團圓。

這齣戲雖長，但故事綿連，環環緊扣，高潮迭出，很有觀賞價值。戲中的二位公主和蕭太后都是「旗裝」打扮，由戲班裏的頭牌旦角飾演，是一齣正經八板的「旗裝戲」。

清宮上下人等都愛看這齣戲。二位公主的美麗、嬌嗔、聰明、智慧，且體貼賢慧，能文能武；蕭太后獨斷朝綱，統領貔貅，威儀赫赫，且又仁愛為懷，一片慈心。世界上哪兒有這麼棒、這麼好的老太太？聽戲的人俱有「對號入座」的心態，皇帝、太后、嬪妃格格們對此全都滿意，使得這齣「旗裝戲」在宮內就大行其道了。

咸豐皇帝愛聽戲，幾乎到了棄國忘家、不知生死的地步。在他主政的末年，英法聯軍進攻大沽，佔領了天津。咸豐帝不下令反擊，卻派人和談，自己攜帶后妃逃往熱河，住進煙波致爽殿，又召來三百名演員為他唱戲。《清宮檔案》中詳細記載了他每天看戲的情況。他最愛看「旗裝戲」，在他臨終前三日，還在如意洲小戲臺上點了《查關》。戲畢，恩賞了穿「旗裝」、梳「旗頭」的演員一兩銀子。十七日寅時，咸豐昇遐，一代君王就此隨戲而去。（見清《昇平署檔案》）

英美煙草公司在民國初年發行的京劇煙畫《查頭關》

《查關》亦名《查頭關》、《幽界關》，是一齣「旗裝戲」。描寫漢元帝娶昭君的妹妹賽昭君，生太子劉唐建。劉唐建巡查幽界關，睡夢中真龍出現，驚動了番將蘇里煙，報知公主尤春風。尤春風見劉唐建相貌英俊，十分愛慕，百般盤查調笑。二人彼此生情，蘇蘇煙從中撮合，二人訂下婚約。這本是一齣詼諧的「三小」（小生、小旦、小丑）戲，旦角的身份係番邦女子，梳旗頭、

穿旗袍、足下花盆底兒，一身時髦兒的「旗裝」打扮。在臺上婀娜多姿，風情萬種，深得皇帝垂涎。可見，當初「旗裝戲」的無窮魅力。

「旗裝戲」《四郎探母》登場

「旗裝戲」受到了皇帝的提倡，民間的戲班就更熱鬧了起來，各色「旗裝戲」紛紛登場，不僅把《雁門關》搬到前門外的茶樓上演，《查關》、《探親家》等小戲，也成了紅火一時的名劇。

為了迎和觀眾的口味，一些原本不是「旗裝」打扮的戲，如《珠簾寨》的二皇娘，《小妹子》中的少婦，也都改穿「旗裝」登場了。旦角如此，不少丑角戲也改了扮相。如《老黃請醫》中的大夫、《玉堂春》中的為王金龍診病的御醫等，也都改為「清裝」打扮。在這種背景下，「旗裝戲」的代表作《四郎探母》誕生了。

這是一幀印行於同治年間的梁平木版年畫《四郎探母》，圖中楊四郎是旗裝打扮，而鐵鏡公主則是戴翎子的女將裝束。
可見，在最早的演出中，鐵鏡公主並不一定為旗裝打扮。

《四郎探母》亦稱《探母回令》，是描寫楊繼業的四子楊延輝在金沙灘被擒之後，被蕭太后招為駙馬，與鐵鏡公主成婚。十五年後，兩國交兵再戰。公主在太后處盜得令箭，助夫出關探母。歸來被擒，太后欲斬四郎。公主哀求，方得赦免的故事。據考，這齣戲原是由秦腔班傳入京師，很受觀眾歡迎，後來，京劇創始人之一張二奎將它改編為京劇。

張二奎，原名張士元，字子英。生於嘉慶十九年（1814），直隸衡水人，道光年間曾任都水司經承，因為酷愛京劇，時常走票誤差，被上司裁撤。二十四歲時他便正式下海，創立了「奎派」藝術，與程長庚、余三勝並稱京劇「三鼎甲」。他的代表劇碼有《金水橋》《打金磚》《回籠鴿》《取滎陽》《五雷陣》等。他改編《四郎探母》應是道光末年或咸豐初年的事。《都門紀略》稱：「道光廿五年（1845），伶人張二奎、黑貴壽根據全本《雁門關·八郎探母》改編為《四郎探母》。」而齊如山先生則在一篇文章中說：「聽人說因當時『四喜班』《雁門關》叫座，所以張二奎在別班也來排演此戲，又恐人說偷演，於是另起爐灶，編了一齣《探母》。」演出之後，大獲全勝，逐漸壓過了《雁門關》，成為一齣極受觀眾歡迎的名劇。

剛排出來的《四郎探母》，場子挺碎，詞句也很粗俗，經過後起之秀譚鑫培的改編、再創作，成了一齣「譚派」的代表作。當時與譚鑫培爭鋒的劉鴻升也唱這齣戲，且以「三斬一探」做為看家戲。「三斬」指的是《斬皇袍》、《轅門斬子》和《斬馬謖》，「一探」，則指的是《四郎探母》。當時，這齣戲不僅唱紅了許多大牌老生，同時，也成就了不少唱旦角的「歌郎」。

太監伶人演出的「旗裝戲」

筆者在編纂《清宮戲畫》一書時，搜集到兩幀清宮如意館所繪的《四郎探母》一劇的人物繡像，也就是人們俗稱的「昇平署戲劇人物扮相譜」。其中，一幀為蕭太后，另一幀為鐵鏡公主。不過，當時並不叫「鐵鏡公主」，而稱「月華公主」。這兩個劇中人均為「旗裝」打扮，畫得十分精美，但與現在舞臺上的「旗裝」扮相則有很大出入。筆者共搜集到繡像一共四百四十八幀，繪有戲劇人物四百四百四十九人。畫中的人物都是清宮太監伶人扮演戲劇角色的肖像。在西方攝影術尚未引進的情況下，這些圖畫生動的反映出當時宮中演戲的情況。

為什麼說這批史料是宮內太監伶人的寫照呢？因為，這些畫作誕生於

同、光時期，在《昇平署檔案》中記載，彼時也有外班《四郎探母》被招進宮內演出的記錄。但依宮中規定，外班入宮演戲，演畢立即出宮，不得在宮中滯留。如意館的畫師是無緣觀看他們演的戲，也無法親近他們，為他們寫真造像的。唯有宮內的太監演員，只要有昇平署官員發話，畫師盡可以隨時觀摩他們的排戲，研究他們的神態，觀察他們的服飾和切末，才能畫得如此真切生動。

清宮中的太監伶人是一個很特殊的群體，讓他們專司演戲，也是中國帝王的一大發明。自清初起，內廷挑選了大量年幼太監學藝，充當伶人，承擔宮廷日常的演出活動。學戲雖苦，一熬到能夠登臺唱戲時，待遇就要好於一般太監。每次承應之後，還會得到物品或銀錢的恩償。故而他們學戲、演戲都特別認真努力。這裡邊還真的出了不少人材。朱家溍、丁汝芹合著的《清代內廷演劇始末》一書中，就記載了一些演技高超的太監伶人的名子，如劉五兒、張明德、祁進祿、如喜、陸福壽等。以至清末宣統遜位之後，太監伶人出宮自謀生路的時候，「下海」唱戲的還真大有人在。

清帝、帝后對宮內承差的太監伶人都很熟悉，不僅叫得出他們的名字，也瞭解他們每個人的本事，知道每一個太監適合扮演哪些角色。因此，每當民間有新戲登場時，昇平署都會安排太監伶人從速學會，以供帝后們娛樂所需。「旗裝戲」《四郎探母》也就很快被太監伶人學會了，隨時可以為帝、后們演出。所以說，這組《四郎探母》人物繡像是同、光時期太監伶人的戲裝像。

有的戲劇史學家斷言，《清宮戲畫》中的蕭太后，畫的是名伶梅巧玲，其實這一論斷是錯誤的。在《清宮檔案》中，迄今並沒有發現有梅巧玲進宮演戲的記載。只記有一次，昇平署調「四喜班」到圓明園承應戲，梅巧玲做為班主前去支應了兩日。所以說，這幅蕭太后的繡像並非梅巧玲所飾。

不過，這兩幅畫像傳遞了當年「旗裝戲」的不少信息。首先是蕭太后的扮相，她梳的旗頭與今日舞臺上的化妝不同。反映了同治初年，晚清宮中貴婦「兩把頭」的梳法。長髮後盤，於腦後梳成雙髻，再垂向後方，額頭頂端兩側各簪兩朵大花，髻上飾以珠翠。於珠光寶氣之間，洋溢著無限春色。身著黑底富貴團花旗蟒，翻花大袖，項戴朝珠，頸圍緞帶，戴朝珠，端莊秀麗、儼然入畫。把蕭太后的慈善與威儀都刻畫得淋漓盡致。

旗裝戲《四郎探母》之蕭太后

圖見〔清〕《昇平署戲劇人物扮相譜》

〔**圖說**〕蕭太后是京劇「旗裝戲」《八本雁門關》、《四郎探母》、《三關
排宴》、《南北和》等劇中的主要角色。她是遼史上著名的女政治家、
軍事家。在《四郎探母》劇中，蕭太后刻畫得十分飽滿，即有權傾一
國的威嚴，又有疼愛兒女、通達人情的心境。蕭太后由旦角飾演，俊
扮，梳旗頭，戴鈿子。穿團花旗蟒，掛朝珠，足穿花盆底兒旗鞋。

旗裝戲《四郎探母》之月華公主

圖見〔清〕《昇平署戲劇人物扮相譜》

〔**圖說**〕圖中所題月華公主乃是同、光年間，清宮廷演出旗裝戲《四郎探母》時的稱謂，光緒末年坊間演出《四郎探母》時，改稱鐵鏡公主。由旦角飾演，俊扮，梳旗裝兩把頭，戴大朵牡丹花，身穿旗裝宮衣，懷抱喜神兒，一手執帕，見駙馬時，做謙恭禮讓狀。圖中所繪「兩把頭」尚保持清代中晚期用真髮梳成的式樣。到了光緒末年，經王瑤卿改制，只用頭髮梳成一個「頭座」，再帶上假髮制的「燕尾兒」，然後用青色緞子或黑絨蒙上骨架，做成「兩把兒頭」的樣式固定在頭座上，叫做「大拉翅」。此後，這種旗頭就在舞臺上固定了下來。

　　據說，《四郎探母》的最早演法，蕭太后身為一國之君，縱有慈母般的仁愛之懷，但在大事大非之前，依然以國事為大。蕭太后對楊四郎的韜晦、欺騙、不忠、不義的行為憤恨之極，以國法難容，定斬不赦。苦於自己女兒的百般哀求，國舅們的千般勸解，礙著滿朝文武眾卿的面，當時把楊延輝赦了。命他戴罪立功，鎮守邊關。但是，太后下朝以後權衡利弊，還是痛下決心，以國法為重，命人在楊延輝離朝上任的路上，將其殺死，以絕後患。從而表現出一位大政治家的剛愎與權謀，全劇乃終。大概在慈禧太后臨朝主政之前，是這種演法。後來，之所以刪去了「回令」的後半部分，想是伶人想借戲曲意迎奉太后，故意討好獻媚而進行的改動。

　　《清宮戲畫》是慈禧太后的用來養眼的御覽畫冊，平時收藏在太后的寢宮之內。畫中的《四郎探母》一劇中的人物扮相已然定型，成為一齣典型的「清裝戲」。

　　另一幅題為「月華公主」的人物就更有趣味了，這個名字想是「鐵鏡公主」前身的愛稱。至少在同、光年間，這一角色用的是這一稱呼。其義取自成

語「日精月華」，說明蕭太后對這個女兒愛如珍寶，惜如月華。據傳奇考證，這位公主的原名叫作耶律金娥，「鐵鏡公主」的稱謂，顯然是光緒末年才給予改動的。

圖中，公主的扮像與太后相似，所梳的「兩把頭」尚保持清代中期用真髮梳成的式樣，一字比肩、雙翅下垂，是「兩把頭」向「大拉翅」發展的一種過渡式樣。公主所穿旗袍繡工華美，通體花團錦繡，身袖都很寬大，鑲滾較寬的花邊。與後期腰身逐漸改小的旗袍迥然不同。此圖，也是旗袍演變史中的一幀很有價值的圖證。

慈禧太后尤愛「旗裝戲」

在「三鼎甲」大紅大紫的年代，正值咸豐皇帝主政。彼時，慈禧太后還是個普通妃嬪，在宮中的地位不高，既便咸豐宣召「十三絕」進宮演戲，慈禧也是無緣一睹的。所以說，慈禧太后沒有機會欣賞他們的演出，包括梅巧玲演的戲，慈禧太后也是無緣見過的。但是，咸豐皇帝一死，母以子貴，慈禧名正言順地坐上「太后」的寶座，並開始了長達半個世紀的統治。

同治年間，京師中的戲劇基本上是二簧佔領了主導地位，崑腔、弋腔日趨式微。居於深宮的慈禧愛聽二簧，她多次傳旨，要宮內的太監伶人學唱二簧。例如《清宮檔案》載，同治八年九月二十六日，太后命「印劉傳西佛爺旨，著劉進喜、方福順、姜有才學二簧、鼓、武場，張進喜學武場。王進貴、安來順學二簧笛、胡琴、文場。不准不學。」不學，就是抗旨不遵，給予嚴懲。

平亂。結果引狼入室，清兵借機入主中原，順治在紫禁城里正兒八經地坐了皇帝，開創了大清國的一統天下。滿族人的服飾就隨之堂皇過市，變成了正裝。日久天長，受漢人影響，旗袍的圓領變為立領，下擺變為兩側開衩的袍裾，窄袖變為上寬下窄的喇叭筒袖。上層男式旗裝則衍變成補服、箭衣、馬褂，帽子也由皮氈帽變為紅白纓帽，花翎官帽、皂帽、帽頭。旗藉婦女穿用的旗袍，因質地、做工、款式的不同，也衍變成一種顯示身份等級的象徵。繡製華美的旗裝屬於宮中的禮服，只有皇太后、妃子、格格以及王公大臣、皇親國戚的內眷才有資格服用。

到了光緒年間，慈禧一改祖制，把京城所有著名演員都羅致入宮獻藝。《清宮檔案》記載：自光緒九年到光緒十六年，慈禧太后先後選入宮中承差的演員有袁大奎、張雲亭、張淇林、楊隆壽、喬蕙蘭、孫菊仙、時小福、楊月樓、王

楞仙、譚鑫培、陳德霖、羅壽山、侯俊山（十三旦）、王長林、孫怡雲、朱四十、汪桂芬、郎得山、裘荔榮（即著名花臉演員裘盛戎之父裘桂仙）等數十人。入宮後或充當教習，或供奉演戲。大批民間新戲，如《玉堂春》《回籠鴿》《雙官誥》《二進宮》《包公案》《施公案》等，也都登上了宮中的舞臺。在慈禧太后大飽眼耳之福的同時，二簧升為主流，崑弋完成了蛻變，京劇從此成型。

「旗裝戲」《四郎探母》《坐宮》劇照，攝於光緒二十二年（1896）左右，王鳳卿飾楊四郎（左），王瑤卿飾鐵鏡公主（右），梳「兩把頭」。這時的「兩把頭」還未發展為「架子頭」，鐵鏡公主也不是主演，尚處於「裏子」階段。

慈禧太后喜愛京劇，對「旗裝戲」情有獨鍾。如《探親家》《鐵冠圖》《鐵公雞》《四郎探母》等，更是宮中常演之戲。慈禧太后看戲，喜歡「對號入座」，常把自己與戲中的角色混成一體。她特別重視戲中關乎「皇太后」的行動舉止。演員和侍候戲的官員們也都善於察言觀色、曲意迎奉。所以，把《法門寺》中的皇太后，《探母》中的蕭太后，都演得是那樣恩威並重、通情達理，真像一位大慈大悲的活菩薩。《四郎探母》的結尾，把四郎「被殺」改為「被赦」，也是為了圖「太后老佛爺」高興而為。飾演太后的演員自然更加注重化妝修飾，盡量模仿慈禧太后的儀容舉止，以博太后的青睞與歡心。

慈禧太后喜歡《四郎探母》，但是，她依然留戀宮本《昭代簫韶》的曲折纏綿。所以，一直想自己動手改一改。在光緒皇帝頒布「明定國是」詔之後，慈禧太后退居「二線」，打算不再過問朝政，在頤和園頤養天年。她曾降旨，要親自改編《昭代簫韶》，並計劃讓昇平署付諸排演。她在懿旨中稱：排戲時要以昇平署的太監伶人為主，人手不夠，可用民間藝人替代。再不夠時，可調用宮中「普天同慶」科班的小太監們上場。慈禧還特別降旨為《昭代簫韶》添辦了布城、平臺、山樹，到桌圍椅帔等名目繁多的切末，囑咐內務府大臣要「趕緊辦理」。戲劇史家周明泰先生曾向「舊日慈禧太后本宮內監中曾列名於本家者」詢問過此事。他在《「昭代簫韶」之三種腳本》一文中寫道：

> 據其所目睹慈禧太后當日翻製皮簧本《昭代簫韶》時之情況，係將太醫院、如意館中稍知文理之人，全數宣至便殿。分班跪於殿中，由太后取崑曲原本逐出講解指示，諸人分記詞句。退後大家就所記憶，拼湊成文，加以渲染，再呈定稿，交由「本家」排演，即此一百零五齣之腳本也。故此一百零五齣本，亦可稱為慈禧太后御製。

「旗裝戲」《八本雁門關》劇照，攝於光緒二十八年（1902）左右，王楞仙飾楊八郎（左），陳德霖飾蕭太后（中），錢金福飾韓昌（右）。

齊如山在《談四角‧陳德霖》一文中也轉述了陳德霖參加改編這齣「旗裝戲」的經過。他寫道：

> 《昭代簫韶》原為崑腔，此次改為皮黃，卻是一件很大的工作，昇平署沒有這種人才，紫禁城內，只有內務府、如意館、太醫院幾個機關。於是，就由內務府、如意館及太醫院諸人出來全體幫助。可是如意館之人則甚少。按宮中關於文字的事情，都交翰林院辦理，可是這件事情，西太后又不好意思交翰林院。於是，就大家胡湊起來，西太后自己編的唱詞也很多，德霖除安置場子並編詞句外；還要把西太后所編之詞，都安上唱腔。德霖常對我說：老佛爺所編的詞，不但不能改，而且還得大恭維。可是有許多詞句，真是難以安腔，無論如何，也得想法子遷就。所安的腔，唱出來好聽，她便得意，自以為編的詞句好，容易唱，倘安的腔唱出來不好聽，她不好說她詞句不容易唱，她說腔安得不好，所以為她編的一套詞安腔，得出幾身汗。（見《齊如山全集》）

奈何，未幾國事大亂，戊戌變法失敗，慈禧太后再次親政。這齣戲只改到一半便匆匆收場了。後來，陳德霖、王瑤卿等人在宮外演出的八本《雁門關》，便是這次改編結果的再改編。

旦角獨擅的「旗裝戲」

京劇自成熟之日起，向以老生為主，各班社均以老生掛頭牌，以老生的唱工戲、做工戲為號召。因此，出現了「鬚生三傑」、前後「三鼎甲」、「鬚生泰斗」等獨重老生的溢美之詞。舞臺演出也只有以老生為主的戲碼，才能排入倒三、倒二（壓軸）和大軸。旦角戲並不「拿人」，多放在前邊演。戲班裏的青衣、花旦，多為「裏子」和配角。因為，早先旦角的表演和唱腔都很簡單，尤其青衣，在臺上沒有什麼身段動作，只會「抱著肚子傻唱」，而且唱腔直樸單調，不太受聽，尾音拉長腔，好像「火車拉笛」一樣。如果扮相不好，觀眾多不愛聽。所以，旦行的地位比生行總是矮一頭。

「旗裝戲」的出現，改變了旦角的地位，因為戲中旦角的「旗裝」打扮，粉雕玉琢，清新入時，一出場便讓臺下的觀眾眼光一亮。如果旦角兒生得漂亮，旗袍的款式時髦，色彩豔麗；足下的「花盆底」又把身量兒一增高，頭上的「大京祥」梳得周正，大朵的花兒一插，活脫一個「時裝大美人」，叫「好」、

喝彩之聲寧不四起！「旗裝」的旦角兒一亮相，不用張嘴，「已定三分天下」。迄今，評論一位京劇旦角的技藝水準，依然離不開「色藝雙全」四字。「色」，也就是旦角的「俊美」，是打動觀眾的「利鐧」之一，絢麗奪目的女式「旗裝」，遠勝過鬚生的扮相。就是在同類的「旗裝戲」中，太后、公主、格格、福晉、太太等任何一個角色的打扮，皆勝過身穿「清裝」的生角。

旗裝扮相的角色在場上說「京白」，一口標準的「京片子」，字字清楚，入耳明白，更是拿人的一絕。就是不愛聽京劇的或是根本聽不懂京劇的，幾句清新的大白話，也會叫你洗耳駐足，這也是旗裝戲受人歡迎的一大特點。朝野聽眾喜聞樂見，自是「旗裝戲」大興的主因。

如是，儘管在清末民初湧現出很多「清裝戲」，如寫清剿太平天國的《鐵公雞》，寫清軍入關的《鐵冠圖》，寫緝拿綠林好漢的《施公案》，寫刺殺雍正的《血滴子》等，都是轟動一時的連臺大戲。這些戲都是以鬚生、武生為主，多被列入「清裝戲」的範疇。而「旗裝戲」的稱謂，在演員和觀眾的心目中，則約定俗成地成為「旗裝旦角戲」獨亨的旗號了。

那麼，在清末民初這一時期，都有那些戲稱為「旗裝戲」呢？京劇史學家愛新覺羅·溥緒在《「旗裝戲」考》一文稱：「旗裝戴鈿子戲始自前清國治時代」，劇碼有：

《八本雁門關》：脫自宮本連臺本戲《昭代簫韶》，戊戌年間由慈禧太后主持改編，且由陳德霖帶出宮外演出。名伶梅巧玲、陳德霖、王琴儂等均演過蕭太后一角。

《四郎探母》：為道光廿五年，由張二奎、黑貴壽根據全本《雁門關·八郎探母》改編。梅巧玲飾演過蕭太后，四喜班孫彩珠、三慶班王金蘭、福壽班王瑤卿均飾演過公主。

《梅玉配》：一名《櫃中緣》。清庚子之亂後，由老票友松茂如與王瑤卿自秦腔移植為京劇。故事寫宋代，宦家蘇文昶之女玉蓮許婚周仲書之子琪芳為妻。一日，玉蓮進香失帕，為秀才徐廷梅拾去。徐思慕致病，店主黃婆知而力任撮合，偽送花於蘇府，暗告玉蓮，乘周家行聘時，使徐喬妝抬夫混入，與玉蓮相見，還其手帕。時因天晚閉門不得出，玉蓮乃藏徐於櫃中，被玉蓮嫂韓翠珍勘破。韓翠珍憐其情，喚黃婆至，定計放火焚屋，縱徐赴試。使玉蓮藏黃婆店

中，詐稱被火焚而死。周琪芳正因浪蕩被父逐出，蘇遂悔婚。徐廷梅中試，座師適為玉蓮之兄蘇旭，韓翠珠乃迎玉蓮回家，令黃婆追述前情，徐、蘇兩家締姻。該劇於庚子後在中和園演唱。王瑤卿飾韓翠珠，旗裝大扮。後來，小翠花亦演此劇。

《探親》：亦名《探親家》，出自《綴白裘》。通場用「銀鈕絲」演唱。講述胡媽媽嫁女野花於城中李氏。一日胡媽媽攜子前往探親，知野花受虐。見李母后，言語失和，互相罵詈，繼以相打。李母著旗裝。當日四喜、三慶班，梅巧玲、張梅五、李寶琴均演此戲。後之王瑤卿、小翠花亦演之。

《閨房樂》：是齣傳統老戲。演趙孟俯妻管道升，因趙戀妓宇羅玉姬，乃故召宇羅玉姬來家侍宴，匿玉姬，自以身代；趙不察中計。天明管責趙，趙謝罪。其中管夫人一角也是梅巧玲的拿手戲。此戲甚難，先是漢裝，念揚州話，後改旗裝，念京白。繼巧伶之後，四喜班楊桂雲、楊小朵及近代小翠花、朱琴心均演此劇。

《查關》：又名《查頭關》，出自《綴白裘》。清末四喜班賈桂喜、楊桂雲擅演此劇，後小翠花亦演此戲。故事描寫漢元帝娶昭君之妹賽昭君為妻，生太子劉唐建。唐建在巡查幽界關時，睡夢中真龍出現，驚動了番將蘇里煙，以為蛇鑽七竅，乃報知了公主尤春風。尤春風見劉英俊，便產生了愛慕之情，故意嚴加盤查。遂由蘇里煙從中撮合，二人訂婚。是一齣以小旦、小生、小丑為主的鬧劇。尤春風係旗裝打扮。

《兒女英雄傳》：亦名《十三妹》，係清末名士李毓如根據文康的同名小說編撰而成。庚子前，由余玉琴在福壽班率先搬演，頗受觀眾歡迎。十三妹，本名何玉鳳，係軍官何紀之女。何玉鳳的美貌被奸臣紀獻堂之子看中，紀獻堂向何紀提親遭拒，便誣陷何紀罪名，使何紀死於監中。何玉鳳與母親寄居在老英雄鄧九公的青雲山莊，苦練武藝，綽號「十三妹」，等待時機，為父報仇。下山途中，十三妹古道熱腸，暗中保護攜帶重金的書生安驥，跟隨他行至能仁寺，殺了劫財劫色的惡僧，救出張金鳳一家人。劇中安太太由李寶琴飾演，旗裝大扮。其後，吳富琴亦飾演此劇。復經「通天教主」王瑤卿再次改編，

成為王瑤卿的代表作之一。劇中十三妹一身紅衫、束腰、風帽、薄底
鞋的造型、一口動聽的「京韻白口」，皆是王瑤卿的首創。

「旗裝戲」《八本雁門關》劇照，攝於光緒三十四年（1908）左右，王楞仙
飾楊八郎（左），王瑤卿飾蕭太后（右），梳旗頭墊子。

《回龍閣》：又稱《大登殿》，由《趕三關》起，《武家坡》、《銀
空山》、《算軍糧》到《大登殿》連演。其中，代戰公主一角為旗裝
大扮。早年，春臺班的胡金喜、四喜班的鄭秀蘭，福壽班的胡素仙
均擅此劇。

《珠簾寨》：亦稱《竹簾寨》或《沙陀國》，脫自雜劇《紫泥宣》，
寫五代殘唐故事。最早徽漢班有《解寶收威》一戲。自譚叫天（譚
鑫培之父）將其移植為京劇。《珠簾寨》故事寫西突厥人李克用，隨
父立功佐唐，賜姓李，襲封至晉王。後以功高震主，貶還西陲，故
心中不無怨望。程敬思解寶至沙陀搬兵，途經越虎嶺，為王天龍、
王天虎弟兄所劫。程敬思至此無可為計，欲圖短見。適遇大太保李

嗣源出獵，遂前解救，並奪回珠寶。乃一同進見，述明來意，主賓
甚為歡洽。李克用初時，即慨然擬發兵，詎一轉念，竟遂中止。一
切珠寶禮物俱已照收；而出兵事，則始終不提，一不令返命，竟若
將程敬思軟禁之。既而程敬思結好大太保，知李克用懼內，遂由大
太保運動二位皇娘，轉出掛帥，傳令發兵。並反將李克用點為前戰
先行官，且又故意提早點卯，使其誤卯，當場幾欲正法，以羞抑之。
而李克用竟果不敢倔強，只自挪揄而已。此劇本是一齣有意打諢的
惡作劇。劇中之二皇娘一角本非旗裝大扮。自王瑤卿演此角色起，
以二皇娘出身少數民族而改為旗裝打扮，梳起了「兩把頭」，同樣贏
得觀眾認可，演至而今。

《珠簾寨》亦稱《沙陀國》，寫五代殘唐故事。最早由徽漢班演出。譚叫天
（譚鑫培之父）將其移植為京劇。劇中之二皇娘（曹月娥）一角原本不是
旗裝。王瑤卿為了適應「旗裝戲」熱，而將此角色改為旗裝打扮，梳「兩把頭」。
理由是，二皇娘乃少數民族出身，可以以此裝變通。後輩演員亦循此例化妝。
此劇照攝了上世紀 20 年代末，言菊朋飾程敬思（右 1）、王幼卿飾劉銀屏
（左 1）、劉公魯飾李克用（右 2）、王瑤卿飾曹月娥（左 2）。

《送盒子》：也是一齣「旗裝戲」，小旦、小丑應工，描寫清末的市井小民生活，活潑有趣，但流傳不長，到民初就失傳了。史料載，清代名丑黃三熊擅演此劇。據蕭長華說：「他嗓音清亮嬌脆，有童子味、老人音」，以京白擅長；面形豐腴；扮相滑稽，出語詼諧，擅佐花旦演玩笑戲，如《趕考》、《送盒子》、《一兩漆》、《入侯府》和《盜韓》等；表演上具有高腔丑角的淳厚、質樸特色，與楊鳴玉、劉趕三並為清代同治、光緒年間京劇醜行的三大代表人物。

《東皇莊》：是富連成根據《施公案》小說改編的一齣武打戲。劇情寫平民吳老好因家境貧窮，欠地方張三銀兩。張令以其女償債，吳只得另借銀錢，與眾客商同行。中途遇強人康天辛打劫。吳苦苦哀求，說明原委，康知張三事，心甚不平，遂至吳家，見其女美貌，心生歹意，強又逼婚。吳一家不從，均被擊死。康投紅樓山丁全順寨下。江華甫令楊俊等緝拿，楊俊求關外楊玉山相助。康天辛憤何家莊莊主何鳳祥設連莊會，故向何家當鋪勒索，何佯允於夜間付與，與孫國太設伏待之。不想康至，又將孫國太打死，劫銀而去。是一齣連臺本戲。戲中有旗裝旦角一角，昔年小翠花尚飾此角，故也列入旗裝戲內。

《惠興女士》：是我國話劇先驅王鐘聲先生編寫的一齣實事戲。寫光緒末年，杭州旗籍女子惠興女士捐資創建新學，因遇到重重阻力而悲憤自殺的故事。上演後，社會反響強烈。後經田際雲改編為一齣「旗裝戲」，由玉成班搬演，也曾紅火一時。

《佛門點元》：又名《金瓶女》，是田際雲編撰的一齣古裝戲，首演於宣統元年。故事寫牛邈入侵中原，總兵吳順守潼關失機，其妻馬氏逃至四川，途中產女，被報恩寺僧普明拾去收養，取名金瓶。普明又救幼童金潛元，收為己子。金潛元長大偶遊園中，見金瓶，私訂婚姻。潛元赴試，宿旅店，被店主班虎所劫。班叔班能救之逃走。班虎追蹤，入周員外家行竊，殺死其女，故留僧帽而去。巡按文嘉祥私訪報恩寺，見金瓶，疑普明，逮父女回衙審訊。吳順調四川，其妻馬氏赴文妻之宴，談及此案，傳金瓶入見。馬氏見金瓶手為枝指，盤問生年，認出係己所失之女，母女重逢。適潛元中狀元榮歸，來辦普明之冤。文嘉祥乃擒斬班虎，兩家團圓。其中馬氏一角係旗裝打扮，故也列入「旗裝戲」。

《塞北奇緣》亦稱《萬里緣》，是王瑤卿編演的代表作之一。
此戲最早以花衫為主，旗裝大扮，從胡阿雲上殿演起，老生
是配角。二十年代，馬連良重排此劇改為老生為主，劇名
改稱《蘇武牧羊》。馬連良飾蘇武，王幼卿飾胡阿雲。

　　《塞北奇緣》：亦稱《萬里緣》或《蘇武牧羊》，是王瑤卿編演
的代表作，此戲最早以花衫為主，旗裝大扮，從胡阿雲上殿演起，
老生是配角。於民國三年正月首演於吉祥茶園，王鳳卿飾蘇武。民
國十一年王瑤卿搭尚小雲玉華社時，重排此劇，改名叫《塞北奇緣》，
由譚小培扮蘇武。

《春阿氏》：係清末「四大奇案」之一，春阿氏謀殺親夫一案發
生於清末北京，當時正值清末新政，報界以揭露司法黑暗為切入點，
對該案進行了追蹤報導，十分轟動。後被改編為戲劇公演，因係真
人真事，觀者如雲。

以上「旗裝劇碼」為愛新覺羅‧溥續在 1932 年所撰《旗裝戲考》（見民
國二十一年九月二十三日《國劇畫報》第三十六期）一文中所記，彼時京劇
舞臺上常演的「旗裝戲」。他認為：除此之外，「不通大路的戲概未記之」了。

據景孤血先先回憶，清季「四大徽班」的劇碼主要分「奸、盜、邪、淫」
四大類（這種提法並非全是貶意，是把古人爭奪政權的勾心鬥角稱為「奸」，
把綠林好漢稱為「盜」，神話故事稱為「邪」，男女情愛稱為「淫」），其中，也
有不少「旗裝戲」或有「旗裝」大扮的角色登場的戲，如《混元盒》、《官得
福》、《蓮花塘》、《思志誠》、《奇巧回圈報》，寫聊齋故事的《申氏》、《羅剎海
市》、《珊瑚傳》等，還有奎德社的《難中福》、《白蓮寺》，天慶園首演的《愛
國血》、《孽海花》等。

進入民國以後新編、新演的以旦角為主的「旗裝戲」還很多。就拿轟動
一時的清末「四大奇案」（實非四案，其說不一）系列劇來說，還有《楊乃武
與小白菜》、《張文祥刺馬》、《太原奇案》、《楊月樓風月案》、《逆僕弒主》、《淫
婦殺夫》，《殺子報》等等，戲中皆有旗裝打扮的旦角登場，但多因劇本編寫
粗糙，或是缺少精彩的表演和唱段，只能熱鬧一時，隨著時光流逝，很快就
在人們的記憶中淡忘了。有的戲因為涉及兇殺、淫亂，有悖風化，多次被政
府明令禁止上演，也就不再流行了。

此外，還有《半把剪刀》、《鋸碗丁》等「旗裝戲」，京劇演的少，地方戲
如評劇、河北梆子演的多。還有一些後起的女角，如王蕙芳的《情天血淚》、
《女俠秋瑾》，林顰卿的《貞女血》，崔靈芝的《桂嶺勞人》、新豔秋的《春閨
選婿》等，也都是「旗裝戲」。

三、四十年代，隨著清裝電影的上演，不少京劇班也排演過《清宮秘史》、
《珍妃》、《賽金花》、《血滴子》、《乾隆下江南》等「旗裝戲」，但是，都沒有
流傳下來。個別名伶認為「旗裝」的扮相「有一賣」，還將「紅樓」劇碼中的
王熙鳳改為旗裝大扮，貼出《王熙鳳大鬧榮國府》、《王熙鳳與紅樓二尤》等，
也只是圖個時髦，當時也很叫座。但是，以上所談的這些「旗裝戲」總不及
《四郎探母》、《大登殿》唱得久遠。一百多年來，幾經改朝換代，歲月滄桑，

唯有《四郎探母》、《大登殿》等這幾齣「旗裝戲」越演越精，越唱越好。它成就了一大批京劇表演藝術家，也吸引一代又一代的戲迷觀眾。

「旗裝戲」《梅玉配》是老票友松茂如與王瑤卿自秦腔移植為京劇，於庚子之亂後，在中和園演唱。王瑤卿飾韓翠珠（中），王麗卿飾蘇玉蓮（左）、王楞仙徐廷梅（右）。

《四郎探母》風靡全國

自從「旗裝戲」《四郎探母》一劇問世以來，加之慈禧太后的提倡，和諸京劇表演藝術家們的研究和努力，它以曲折的故事情節、感人肺腑的人間親情，以及生動婉轉的曲調、膾炙人口的唱腔，華麗多彩的戲劇服飾，而迷倒了成千上萬的觀眾。從清同治到光緒再到宣統、民初，直至三、四十年代，《四郎探母》的唱段、唱腔好似流行歌曲一般風靡全國。這齣戲不僅是專業演員必擅必會的基本戲，就是票房票友入門開蒙，這齣戲也是必修的功課。彼時，大大小小的戲班子、戲園子在唱；茶摟酒肆、廟會地攤也在唱。一時間，上至達官權貴、下至引車販漿之流，士、農、工、商、兵，誰都能唱上幾句「我好比」，或「芍藥開牡丹放」。《四郎探母》的故事，更是家喻戶曉、婦孺皆知。時人可不知孫中山、黎元洪為何許人也，而楊四郎、鐵鏡公主則無人不曉。

在清季的兒童歌謠中，竟然有這麼一首歌：

下不完的雨，刮不完的風；

探不完的母，坐不完的宮。

可見「旗裝戲」《四郎探母》這齣戲，在晚清市井中的風行。在沈蓉圃的繪的《同光十三絕》中，有關《四郎探母》的角色就佔了兩個。其中楊月樓飾演的楊四郎，其扮相與今日這一角色的扮相已無二致，幾乎沒有任何改變。足見在一百三十年前，此人物的造型已成定制。

從現存的資料來看，當然《四郎探母》不僅在各大城市風行，就是廣大的農村城鎮也「莫不逢人說項斯」。說書的流動藝人，跑野檯子的小戲班，也把「楊家將」的故事，「探母回令」的戲文演釋得淋漓盡致。這一點，我們可以從清末流行在農村的各種傳媒之中，看到到個中端倪。

首先，說說年畫。清季農村鄉鎮再偏遠、再落後，再窮再苦，過年應景，順應時俗，家家也要供灶王、迎財神、吃餃子、貼年畫。豐富多彩、五光十色的木版年畫，描述著時風的印痕和廣大民眾喜聞樂見的內容。「旗裝戲」就是他們愛聽愛看的內容之一。如下這幀本版單色的年畫《四郎探母》，出版於光緒初年的山東平度地區。單線木刻，構圖和刀法都承襲了明季刊本插圖「回回畫」的形式，古樸、清麗，簡潔可愛。它從一個特定的角度證明《四郎探母》一劇成型之早，普及之快，影響所及，早已深入到四鄉八鎮，惠澤下里巴人了。

《四郎探母》

山東平度木版年畫（清光緒年間）

二十世紀上半葉有句俗話說：「唱不完的《探母》，起不完的解」，這裡的「解」是指京劇中的《女起解》和《男起解（亦稱〈三家店〉）》，而《探母》指的就是《四郎探母》。足知，當年這齣戲影響之大，人人會唱。這幀木版單線年畫，構圖和刀法都承襲了明季刊本插圖「回回畫」的形式，古樸、清麗，十分可愛。它也從一個角度證明《四郎探母》一劇成型之早，影響所及，早已經深入到鄉鎮和農村。

下面兩幀木版年畫，印行於民國初年，一為山東濰坊出品的《四郎探母》，一為江蘇蘇州木版年畫《四郎探母》。兩幀作品，出版年代相近，均在 1911～1915 年之間，繪畫內容也十分相近。皆是《哭堂》一折。應該說，是全齣戲的戲核兒，也是戲劇矛盾最為衝突的地方。

山東濰坊的畫家強調的是，楊四郎見到分別十五載的妻子四夫人，又親又愛、又敬又憐；自愧自責，自慚形穢。欲留不能、欲去不忍。四夫人猛然見到分散多年的夫君，神思若夢，將信將疑，欲哭無淚，欲隨不能；被楊六郎攙扶著的佘太君，見子歸來，對其欲責不忍、欲挽不成，悲從衷來，刻骨銘心。圖中人物，神態各異，又皆在戲中，真是眉目生情，呼之欲出。

蘇州的一幀，更表現出南方畫家筆端的細膩。四郎見母一面，杯水未進，天色即曉，便要匆匆而別。全家大小拉扯在一起失聲痛哭，不忍放歸。這也是全劇最為動情之處。四夫人托著楊四郎的靴子，楊六郎扯著他的臂膀，佘太君和八姐九妹嗆天呼地、泣不成聲。畫面設色粗獷、稚拙，但線條細膩，人物傳神阿堵，畫面與劇情同樣精彩。

人所共之，山東濰坊出品的木版年畫在民國初年主要發行於山東中部、南部以及河北、河南一帶的農村和山區。蘇州的年畫，則重點發行於江蘇、浙江、安徽、南京一帶的鄉鎮農村。二者，一北、一南，用五彩的圖畫覆蓋著廣大的城鄉地域。年畫、年畫，家家戶戶貼在居室牆上，一貼就是一年。一家大小、老老少少終年在這張年畫下吃飯、休息、飲茶、閒話，就這樣《四郎探母》的故事不僅得到廣泛的傳播，而且耳濡目染、深入人心。

我們從這些泛了黃的年畫中，不僅看到人們對這齣「旗裝戲」的酷愛，還能使人想到，在當年，《四郎探母》一劇不僅京劇能演，大江南北的地方戲也有演出，河此梆子、山西梆子、河南梆子、山東一帶的曲子、迷糊，以及秦腔、晉劇，南方的崑腔、漢劇、徽劇、弋陽、韶興大班等，許多老劇種也都有此劇劇碼。

上圖為民國初年山東濰坊印製的木版年畫《四郎探母》中的《見娘》；下圖
為民國初年江蘇蘇州出品的木版年畫《四郎探母》中的《哭堂》。兩圖的
產地不同、畫法各異，但都深刻地描繪出劇中人物的喜、怒、哀、樂，反
映出悲、歡、離、合的人類的共同感情。因之，備受平民百姓的喜愛。

　　這類有關《四郎探母》的木版年畫，在收藏家王樹村先生的寶庫中便有許多種，生動地反映出，《四郎探母》這齣戲的演出和流傳在全國各地的分布。這裡就不一一枚舉了。

　　此外，在清末民初之際，隨著國際煙草壟斷資本的進入，在中國市井社會還流行著一種極其活躍的傳媒——香煙畫片，它們在推銷香煙的同時，使盡周身解數發行了上億枚的戲曲畫片，其中以「旗裝戲」《四郎探母》最為突出。數以千萬計的楊四郎、鐵鏡公主，乃至大國舅、丫環、馬童，隨著一包包的香煙，送到全國各界的煙民手中。小小的煙畫如此殷勤主動地為「旗裝戲」宣傳服務，也是前所未有的奇觀。

　　在清朝同治之前，國人吸的都是旱煙、水煙和鼻煙，從不知紙卷香煙為何物。紙卷香煙是美國人在十九世紀中葉的發明。在香煙包裹襯上一張印製精美的小畫片，一方面妨止香煙的折損，一方面也是還贈消費者的一個小禮品、也是個宣傳產品的小廣告。這件一舉三得的小畫片，乃是美國人阿倫・金特的發明。

　　據《頤中檔案》記載，光緒十年（1885），上海美商怡德洋行開始代理美國杜克煙草公司的「小美女牌」香煙，從此，香煙和煙畫一起登陸中國。說來也巧，香煙與煙畫進入中國之時，正是我國京劇臻於成熟之時，沈蓉圃繪製的《同光十三絕》，正好懸掛在前門大柵欄廊房頭條方學圃畫鋪的門額之上了。到了香煙開始普及的時候，上海、天津、北京的娛樂業已是一片繁榮。各大戲園，日日絃歌，「夜燭通明、履縶滿座」。時人有《竹枝詞》云：

　　　　洋場隨處足逍遙，漫把情況筆細描；

　　　　大小戲園開滿路，笙歌夜夜似元宵。

　　人們吸著香煙，看著京劇，嘴裏哼著「家國興亡誰管得，滿城爭說叫天兒（譚鑫培藝名）」的妙句，怡然自得。煙商為了爭取消費群，開始在煙畫上印行京劇戲出。從此，煙畫與京劇結下了不解之緣。方興未艾的「旗裝戲」也就成了戲劇煙畫內容的首選題材。筆者自幼喜歡收藏煙畫，現今共收藏中外煙畫數萬枚之多。其中，戲劇煙畫佔有相當大的比例。下面是筆者收藏的部分有關「旗裝戲」的畫片，刊之於此，以供賞析，從中還能發現很多有關「旗裝戲」的趣事。

戲煙畫《四郎探母》，出版於清宣統元年，一直是一枚發行量極大的作品。煙畫左下角有畫家李菊儕的簽名。

照相版煙畫是上海華成煙公司出品的煙畫《坐宮》，也正是胡適先生觀後做詩的佐證。

旗裝戲煙畫《坐宮》，則是英美煙草公司在上世紀二、三十年代的出品。發行之多，實屬驚人。深得婦女、兒童和煙畫收藏者的喜愛，但迄今存世不多，亦屬珍品。

相版煙畫是上海義昶煙草公司在二、三十年的出品的京劇《四郎探母》，它見證了舞臺上旗裝的變化。

其中，最早的一幀煙畫《四郎探母》是清末畫家李菊儕先生繪製的（見附圖上左一幀）。出版於清宣統元年，是一枚發行量極大的煙畫。李菊儕（188？

～？），原係北京人，曾任《黃鐘日報》編輯。後定居上海，繪有《石頭記繡像插圖》一百二十幅。他是最早投入商業美術的先驅畫家之一。同時，他還是名京劇票友，曾繪製了許多京劇題材的畫作。他的畫風，汲取了民間木版年畫的特長，線條剛健、設色明快。而且在繪畫中，突出舞臺設施、砌末、甚至「出將」、「入相」的上、下場門，都鄭重入畫。他對於戲劇人物的化裝、服裝、道具的繪製，亦精細有加，一絲不苟。從他畫的煙畫作品中，可以看到清末民初京劇演出時的舞臺風貌。

附圖左下邊的幾幀「旗裝戲」煙畫作品分別是英美煙草公司、上海華成煙草公司和上海義昌煙草公司在上世紀二、三十年代的出品。有的是用七彩石印，有的是用四色膠印，有的還採用照相版單色或彩色膠印。如今看來，畫面質地未必盡如人意，但在當年已是屬高新技術精心泡製的了。這些煙畫隨香煙上市之後，如水銀泄地一般，滲入大江南北的尋常百姓之家。如是，畫面上「旗裝戲」的風貌和劇中人的音容笑貌，不脛而走，無聲而傳，浸人心脾，對宣傳「旗裝戲」亦功莫大焉！

在這些寫真的圖畫中，我們還可以看到很多關於「旗裝戲」的演出信息。例如上海華成煙公司出版的這幀照相版彩印的《坐宮》（見附圖右上一幀）。這位鐵鏡公主居然是一位七、八歲的童伶。身量兒不及桌子高，坐在椅子上雙腳騰空，童稚之相竟與其懷中抱的「喜神兒」不相上下。這樣直躬直令的演出，怎不令臺下的觀眾捧腹。忍俊之餘，我們也可以看到當年的「旗裝戲」熱，早已波及童稚，可以說，《四郎探母》一劇已經普及到了極至。時人有《竹枝詞》云：

> 六七八歲唱坐宮，紅了一個小人精。
>
> 別看臺上能盜令，在家還會偷糖廳。

胡適先生在看了十歲童伶世伶玉、世俐玉合演的戲後，也曾作一詩戲贈：

> 紅爐銀燭縷金床，玉手相攜入洞房；
>
> 細膩風流都寫盡，可憐一對小鴛鴦。

（見胡適《藏暉室日記》庚戌第一冊）

而附圖右下邊的這張單色劇照煙畫，則是上海義昌煙草公司的出品。上海義昌煙草公司的老闆唐春生是一位京劇迷，也是一位資深的鬚生名票，與馬連良先生私交甚篤。在他決定投資開辦捲煙公司時，馬連良先生特別贈送

他十幾張劇照，允其印製煙畫，隨煙發行，算是朋友對朋友的一種幫助。其中有馬先生的一齣《打魚殺家》，餘之還有《挑華車》、《小放牛》等十數齣戲。其中，有「旗裝戲」《探母回令》兩幀，如圖，旦角由何人飾演，現已無從考證。但圖中鐵鏡公主的扮相與而今很不相同。最招眼的是公主穿的旗袍很短、露足露踝，下擺寬大，形如西洋紗裙。推敲起來，這種款式的出現，可能與二十年代末「上海旗袍」的改良潮有關。

　　二十年代，上海經濟在外國資本的影響下迅猛發展，人們視野開闊，思想解放，女權伸張，婦女地位提高，表現在服裝方面的改革與突破，上海遙遙領先，獨執全國牛耳。尤其旗袍的改革，她們把原本滿旗的服飾，能化腐朽為神奇，創造出新奇漂亮的現代化服飾，成為上海獨有的旗袍文化，盡展滬上女性風流。二，三十年代，上海旗袍的款式變化時長時短、腰肢時束時放，千變萬化，時時更新。這種形勢，自然也會影響到京劇舞臺上的旗裝戲。女演員為追逐時髦，也會把臺上用的旗袍製成多種款式，以迎合潮流，「與時俱進」。這兩幀煙畫恰恰記錄了這種情形。筆者贅言此事，是想說明，舞臺上「旗裝戲」的人物裝束，並不是一程不變的。舞臺上旦角旗裝發展到如此美侖美奐的地步，是與諸多擅演「旗裝戲」的表演大師們的不懈努力汲汲相關。

二、擅演「旗裝戲」的歌郎們

　　慈禧太后在宮中看戲、編戲、改戲的所作所為，直接佐佑著掌管戲劇演出的最高權力機構──昇平署和精忠廟。她的所喜所惡也直接影響著宮內、宮外伶人們的擇藝傾向。大凡宮中演過的、經過御覽的、受到「老佛爺」肯定的戲，再到民間演出，立馬被貼金鍍銀，身價百倍，成了價值連城的「名劇」。大凡在宮中上過臺，為帝后觀瞻過、恩賞過「綠豆糕」的演員，也立馬身價百倍，成了一流的「大明星」。包銀和戲份兒也自然而然地水漲船高。如同今日的劇團到中南海演出過，或曾與某政要握過手、叫過好的演員一樣，霎時間修成正果、光芒四射了。

　　「旗裝戲」的流行也是如此，在清代末年，市井每演「旗裝戲」，莫不九城轟動，觀者趨之若鶩。尤其從宮中出來的「供奉」們，他們演出的《雁門關》、《四郎探母》、《探親家》，更成了煌煌精品，炙手可熱。因之，清末出現了一大批擅演「旗裝戲」的「歌郎」。

　　歌郎，亦稱「像姑」、或「相公」。因為清季禁止女子唱戲，戲班裏唱青衣、花衫的演員，大多是從江南一帶拐買來的、面目姣好的優童。這些俊美的雛伶原本被稱為「像姑」，語意是「像個大姑娘」的意思。後來被訛呼為「相公」。歌郎在舊「三百六十行」中是踞有一席之地的。這行人都是由師傅攜帶入門，入籍註冊，經過「領家兒」的調教訓練，琴、棋、書、畫，件件略通；唱歌、拍曲、歌舞、表演，樣樣皆能。學成之後，不僅在臺上唱戲，還在私寓中接待捧客，行歌侑酒「打茶圍」，甚至還可以與捧客之間發生錢色交易，男風一度。有作為的，成名成家，開壇納徒，或當了「堂主」，或

當了「領家」。墮落者，則成了「變童」和「男妓」。

「歌郎」的住處叫「堂子」，「打茶圍」也叫「逛堂子」。在晚清的社會生活中，官紳富賈、雅士閒人，「打茶圍」是各種娛樂活動中最時尚、最風流的一種。從嘉慶直到光緒年間，這一行在京師南城發展得十分旺盛，如火如荼，前後持續了將近一個世紀左右。

顧頡剛先生在 1927 年所撰《九十年前的北京戲劇》一文中寫道：

那時的相公，會吟詩，會作書繪畫，歡喜和名士往還，活像明代的妓女。所以我們看《長安看花記》等篇，竟分不出它們和《板橋雜記》、《秦淮八豔圖詠》等有什麼兩樣。試看楊氏在《丁年玉筍志》中寫歌郎鴻喜的一段：

鴻喜宛轉如意，姿首清灑而意趣濃鬱，如茉莉花：每當夏夜，湘簾不卷，薄紗四垂，柳稍晴碧，捧出圓月，美人浴罷，攜小蒲葵扇子，著西洋夏布衫，花影之身，納涼以足，就曲欄花下設麋鹿竹小榻，八尺紅藤蕈，開奩對鏡，重理晚妝，著豆青瓷合裝茉莉蕊，攢結大蝴蝶二支，次第安戴鬢旁，補插魚子蘭一叢，烏雲散雪，微摻金粟。頃之，媚香四溢，真乃竟體蘭芳矣。

在這段文字上，我們可以看出他所寫的乃是一個男子嗎？

（此文原載《國劇運動》1927 年新月書店出版）

「歌郎」們都想擁有支持自己的豪客，以藉重他們的財勢，成為舞臺上的紅角。為此，以聲色吸金、曲意獻媚，也是這一行的特點，向為「正派人」所不恥。《越縵堂菊話》一書的作者李慈銘很感慨地說：「其惑者至於偏徵斷袖，不擇艾豭，妍媸互濟，雌雄莫辨。」蔣心餘有《戲旦》一詩描寫歌郎們的日常生活：

朝為俳優暮狎客，行酒釘筵逞顏色。
士夫嗜好誠未知，風氣妖邪此為極。
古之嬖幸今主賓，風流相尚如情親。
人前狎昵千萬狀，一客自持眾客嗔。
不道衣冠樂貴遊，官妓居然是男子。

清末戲班裏的「歌郎」，擅演旦角人物。擅治容，漂白肌膚。有的還裹小腳，做仿女子形態。此照片攝於 1890 年，係在華居住的美國僑民所攝《穆桂英》一劇的劇照。

張次溪編《清代燕都梨園史料》中，也有很多這類的詩詞和文章，其中高陽酒徒的《懷諸郎絕句》最有代表性：

> 盈盈十四妙年華，一縷春煙隔絳紗。
>
> 如此嬌憨誰得似，前身合是女兒花。

由此，可以看到當時士大夫狎玩男優的風氣之盛。清末，「旗裝戲」頗受歡迎，因此，擅演「旗裝戲」也是「歌郎」在舞臺上爭鋒顯俊、大出風頭的一椿能事。顧頡剛還通過實地調查記述了北京相公堂子的居處：

> 那時的相公堂子大都在北京八大胡同一帶。今就《京塵雜錄》
>
> 裏單摘出「韓家潭一條胡同中」的堂名，以見一斑：如
>
> 傳經堂（林韻香、俞鴻翠等）
>
> 敬義堂（陳鳳翎、潘玉香、小蘭、董秀蓉、小玉林、愛齡等）
>
> 三和堂（錢雙壽等）
>
> 深山堂（陳玉琴、宋金寶等）
>
> 春和堂（邱三林、德林、法林等）
>
> 春元堂（黃聯桂等）
>
> 寶善堂（大清香、玉蓮、張雙慶、文蘭、清香等）
>
> 春暉堂（胡秀蘭、小秀蘭等）
>
> 雲仍書屋（徐桂林等）
>
> 天馥堂（湯鴻玉等）
>
> 梨園中人推陝西巷的光裕堂為「世家」，韓家潭的敬義堂為「大

家」，故敬義的人才特多。

（此文原載《國劇運動》1927 年新月書店出版）

作為娛樂業的「堂子」在中國文化史、戲曲史上，是一個重要的存在。這不僅因為它有將近一個世紀的歷史，而且在當時北京的社會生活中還發生過重要效應在。在嘉慶、道光直至光緒年間，「堂子」與「科班」共存，共同擔當著培養造就戲曲藝人的職責。

但是，這段「堂子」歷史則一直被「諱言」而被掩埋了。分析起來，其中的原因比較複雜。么叔儀在《晚清戲曲的變革》一文中說：

> 首先梅蘭芳的口述實錄性質的《舞臺生活四十年》所確立的敘述原則是：我生經過的事很多，不要記流水帳，我們要挑選出能夠說明某種問題而有意義的，使讀者從中得點益處。這也許可以看作為什麼梅蘭芳遺漏了「堂子」，而突出「喜連成」與自己的關係的一種解釋。

> 其次，梅蘭芳在新中國成立以後加入了中國共產黨，當選為全國人民代表大會代表，中國人民政治協商會議全國委員會常務委員，中國文學藝術界聯合會副主席和中國戲劇家協會副主席，先後任中國戲曲研究院、中國戲曲學院、中國京劇院院長等職。他不再僅僅是一位因為「人緣好」而走紅的「名伶」，而且成為藝術界的一面旗幟、一個官員，一位「尊者」或「賢者」。因此，研究者也都自覺或不自覺地採取了這種經過「規範」的方式。於是，「堂子」的歷史以及往事中不便被提起的那部分內容，便一起被掩埋起來。

> 第三，「堂子」的有關情況和歷史，與許多從舊社會過來的藝人相關。除了梅蘭芳之外，如王瑤卿身為戲校的教授、校長；姜妙香和程硯秋不僅在舞臺上已是頂級的藝術家，而且也是戲校的師長，那麼，迴避這段歷史，就免去了很多不必要的尷尬和麻煩呢？總而言之，還是與大氣候相關吧？

旗裝大師梅巧玲

舊文獻中稱梅巧玲是「旗裝戲」的鼻祖，多是以清代畫家沈蓉圃所繪《同光十三絕》畫像為根據的。該圖中繪有梅巧玲飾演《雁門關》中蕭太后一角的扮相，雍容華貴，端重莊嚴，即有母儀天下之神態，又有允文允武之容姿，

一直為內行奉為圭臬。

提起京劇，必然要提到「同光十三絕」。因為，這十三名演員是徽班進京後由演唱徽調、崑腔而發展演變為京劇的十三位奠基人。他們又都是技藝非凡的表演藝術家，名動公卿，在京都紅遍半個天。每每登臺作場，必至萬人空巷、滿城爭睹。畫家沈蓉圃也是個戲迷，他參照畫師賀世魁所繪《京腔十三絕》（已佚）戲曲人物畫的形式，把同光時期的十三位京劇大角兒畫在一起，懸掛在北京前門廊房頭條東口誠一齋店鋪裏，十分引人注意，好奇者、好戲者全都前去觀賞。畫中人物與扮演者神貌酷似，莫不為人嘖嘖稱道。

後來，這幅畫被人購去，藏入石室，不可見矣。及至民國三十二年（1943），此畫才又浮出水面，鬻於琉璃廠書肆之中。恰巧被「進化社」的朱復昌看見，遂以重金收購，用柯羅版縮小影印出版，並附撰《同光名伶十三絕傳》一冊同時發行，傳為一時之盛。後來，這幅畫又幾經輾轉，被「梅黨」中的人物購得，轉贈與梅蘭芳先生。從此，該畫作便成為「綴玉軒」的鎮宅之寶。梅蘭芳逝世之後，梅家把這幅畫獻給了國家，現藏於中國戲劇研究院。

畫中共繪有老生四人：程長庚飾《群英會》的魯肅，盧勝奎飾《戰北原》的諸葛亮，張勝奎飾《一捧雪》的莫成，楊月樓飾《四郎探母》的楊延輝。武生一人，既譚鑫培飾《惡虎村》的黃天霸。小生一人，既徐小香飾《群英會》的周瑜。旦角四人：梅巧玲飾《雁門關》的蕭太后，時小福飾《桑園會》的羅敷女，余紫雲飾《彩樓配》的王寶釧，朱蓮芬飾《玉簪記》的陳妙常。老旦一人，郝蘭田飾《行路訓子》中的康氏。丑角二人：劉趕三飾《探親家》中的鄉下媽媽，楊鳴玉飾《思志誠》的閔天亮。其中，梳著旗頭的梅巧玲居一側，十分顯著。足見，他飾演的蕭太后實為名不虛傳，是當年演「旗裝戲」的佼佼者。

至於，「天子親呼胖巧玲」這一詩句的出處，一直語焉不詳。有的說是出於詩人樊樊山之口；有的說，原出於清季市井刊出的《竹枝詞》，一直為無數學人引用。其實，在同光年間的《清宮檔案》中，並沒有梅巧玲入宮演出的記錄，這是一句後人吹捧梅巧玲而做的。當然，這並不影響對梅巧玲在京劇藝術上所取得成就，反而烘托出眾多顧曲者對他的一種抬愛。

梅巧玲，生於道光二十二年（1842）農曆八月，原名芳，字慧仙，號雪芬，別號蕉園居士，自號梅道人，乳名阿昭。據蘿摩庵老人所著《懷芳記》

稱：其祖籍江蘇泰州。因家貧，幼而失學，被寫入「福盛班」，從班主楊三喜學習崑旦兼皮簧青衣。後來又從夏白眼、羅巧福學習花旦。藝成之後，即顯露頭角。以演出《盤絲洞》，飾演蜘蛛精，一炮而紅。文載：這齣戲一向有「裎」體出場的表演，「裎」者，既是上身裸露登臺。他的肌膚特別白嫩細膩，光潔照人，大獲捧客喝彩，是其他歌郎所無法匹比的。此外，他的扮相俊美富貴，謔稱「白胖」，且極有臺緣、人緣，捧客如過江之鯽，私寓門檻幾被踏破。芳名之著，冠壓九城。不久，便升為四喜班頭牌旦角。他還擅演《梅玉配》、《閨房樂》、《得意緣》、《玉玲瓏》、《胭脂虎》、《浣花溪》、《彩樓配》、《二進宮》等戲。同光年間，成為紅極一時的歌郎。

清徐珂撰的《清稗類鈔》中，記有《胖巧玲工貼劇》一條，稱：

> 胖巧玲（一作鈴，又作林），京師人，以貼劇著。體貌厚重，扮相（化妝之後謂之扮相，南人謂之颱風。）不佳，而舌具燦花，如嚦嚦鶯聲囀於花外，長言短語，妙合自然。如《胭脂虎》中之史鍾玉，《浣花溪》中之任容卿，說白皆駢語雅辭，與尋常科白不類。常伶不諳文義，按圖索驥，如拙童背書，斷續梗塞，文理全失。且又多引古書古語，滿篇之乎也者，讀頓頗難，稍不留心，全無收束。如容卿道白中之「舜何人也，予何人也，有為者亦若是」數句，更為難讀，非略通文義，以精神貫之，殊無可取。巧玲貌雖不揚，而心有靈犀，於諸劇雅詞，不啻若自口出，以此見賞於上流人物，不以環肥而少之。

在梅巧玲所演戲中，最為人稱道的是「旗裝戲」《雁門關》和《四郎探母》。他在此二劇中飾蕭太后，既有青衣的端莊風度和唱工清麗的特色，又有花旦睥睨媚行的表演技巧。因為扮相華麗，唱做俱佳，故有「活太后」之稱。民間傳流一種說法是，慈禧太后主政時，常傳外班進宮演戲，梅巧玲也曾多次隨「四喜班」入宮獻藝。慈禧見他生得臉圓體胖，一團和氣。飾演太后的化裝，頭上梳的「兩把頭」和身上穿的服飾，作派雍容，行止華貴，不少動作竟然和自己十分相似。巧玲每一登場，常使「老佛爺」忍俊不已。曾親口賜他一個雅號，叫作「胖巧玲」。

梅巧玲（1842～1882），是清朝同治、道光時期技藝非凡的京劇表演藝術家,也是京劇奠基人之一。此圖係清人沈蓉圃繪梅巧玲飾演蕭太后的畫像,刊於民國二十一年版《國劇畫報》第三十五期。

時人說這三個字應該拆開來念,既「胖、巧、靈」,意思是「其材雖胖,但不失其靈巧」,是謔中有贊也。戲劇史學家愛新覺羅‧溥緒也寫道:

> 旗裝戴鈿子戲始自前清國治時代。名花衫梅慧仙（即梅巧玲）獨創。因慧仙與各邸第迨內府顯宦交遊,故創宮裝。與戲裝大不相同。如八本《雁門關》蕭太后,《探母》蕭太后。在彼時,四喜班每演此二戲,即有人滿之患。同時三慶部花衫張大元,仿摹慧仙宮裝,只能演《探母》太后,八本《雁門關》,除慧仙無人敢動。可見當年秘本難得,及名角之自愛矣。（清逸居士《旗裝戲考》見民國二十一年九月二十三日《國劇畫報》第三十六期）

梅巧玲雖然身處「景和堂」私寓之中,是個風月場中的人物。但是他頗多豪氣,樂於助人。梨園史料中記有他仗義疏財,周濟落拓捧客的事情。也可能正是他的這種氣質,造就他飾演的蕭太后不僅端莊大氣,還真有些天綱獨斷的帝王氣象。

京劇早期的青衣、花旦的界限,原本分得很細很嚴,但梅巧玲戲路很寬,且勇於創新,除花旦戲外,還兼工青衣和崑旦,為後學創立花衫行當,打下了堅實的基礎。因為梅巧玲為人正直,辦事公道,他三十多歲的時候,就被公推掌管「四喜班」,一生授徒甚眾。後來活躍於舞臺上的許多著名的旦角,如余紫雲、陳嘯雲、劉朵雲、陳五雲、劉倩雲、劉曼雲、朱靄雲、王湘雲、周綺雲、鄭燕雲等等,都出自他的門下。

在京劇化裝方面,梅巧玲還有一大發明,那就是旦角用的「長包頭」。徐

慕雲在《梨園軼事》中寫道：

> 巧玲因為身體肥碩，晚年時本已一絕歌壇，不常露演。不過他為慈善心的驅使，每值年終歲尾，眼看貧善同業無衣無食，實在覺得情景淒慘。因此，就自動發起一次或兩次「窩窩頭會戲」並邀請其他名伶參加，以所得票款，救助貧苦同業。此外，他對於窮朋友的搭桌戲或地方公益的義務戲，照例是一概不予拒絕。所以，當時稱道他的人的確不在少數。可是，他所困惑的是，他老人家每歲日高，臉上的皺皮和抬頭紋日益加多，而且愈長愈深，以滿面皺皮的老頭兒再唱花旦（巧玲是以花旦出名），未免與純重唱工的青衣有些不同，而且自個扮出戲來也覺得太瞧不上眼了。因此，他老先生就發明了一種人工補救的辦法，每逢扮戲的時候，就用長約五、六尺之黑紗包頭一條，命梳頭的夥計將此包頭拉緊，等他以兩手用力將臉上的皺皮和抬頭紋向上推揉的當兒，那個站立身後的夥計，遂將包頭展開，向上提一次，就用紗包頭用力緊纏一次。如是者若干次，直等臉上皺紋全瞧不見了，方算完畢。試想他那樣大的年紀，還甘願受這般的苦痛，來替貧寒人請命，這種功德著實很不小呢。不常登臺的票友，偶以水紗勒頭，有時還昏倒臺上，何況是上了歲數的人，又緊纏得如此厲害，那還有不頭暈腦漲的麼。然而，據他戲畢後與人談起這事，他實在並不覺得怎樣苦楚，這正合了「為善最樂」的這句話。可見一個人只要精神上覺得愉快，則一切皮肉上的痛苦，也就自然而然地消滅於烏有之鄉了。

梅巧玲的這一發明，一直為旦角沿用至今。不僅京劇演員使用，各種地方戲的演員也都廣泛採用。這種方法不使許多老演員突破了年齡的桎梏，也使中、青年演員在舞臺上的扮相更加俊美漂亮，容光煥發。

跨行越界時小福

時小福，是與梅巧玲同時代的一位歌郎。他比梅巧玲小四歲，生於道光二十六年，原名慶，別名小馥，祖籍江蘇吳縣。因其生得眉清目秀，天生有女兒情態，十分著人愛憐。彼時，江南的風俗為「笑貧不笑娼」，不以為伶為娼為恥。娼伶一但作出名堂，可以出外見大世面，掙大錢，也是一種榮耀。他的

父母和鄰里都認為「此子實可造之材」，別在本地開蒙，怕被不高明的師傅導引，耽誤了孩子的前程。於是，在他十二歲時，便隨父母來到北京探訪名師，謀求深造。後經人引導，便寫給「四喜班」，拜在了歌郎徐阿福名下，學習崑旦兼皮黃青衣。

此子果非「池中物」，很有出息，師傅無論教什麼，皆一點即通，多麼複雜的唱腔，只要給他說上一、兩遍，便可牢記心中。再次唱出，渾如爛熟。徐阿福如獲至寶，待其如同己出。於是，更加用心培養，纏足、站椿、上蹻、洗膚，讓他吃盡了苦頭。

且說纏足，男旦纏足並不是要纏成女子一樣的「三寸金蓮」，但是一定要抑止腳的生長，使其盡可能修長秀氣。站椿，是保證身體的筆直端莊。上蹻，是為了在舞臺上更好的模仿女性行動的婀娜多姿。這種技藝是乾隆年間名旦魏三發明的表演技術，一直延續到民國時期，一些旦角仍在臺上使用。其間，諸多開明人士多次呼籲廢蹻，但始終未見成效。直到解放，共產黨明令禁止，這才把男旦的足下工夫給取締了。「文革」之後，這種蹻功又被一些旦角給恢復了。

洗膚，是一種很辛苦的事情。彼時的歌郎不但在臺上唱戲，在臺下還有唱歌佑酒，接待捧客的業務，肌膚之美，第一重要，講究不以脂粉之白為尚。皮膚必須「白、潤、滑、脂」，天然生香。所以，要日日用藥膏遍體熱敷，藉以換卻浮皮，方使肢體柔軟、肌如凝脂，遍體生香。如若「肢膚不白、棄若糟糠」。

做歌郎，還有一件很痛苦的事，那就是絞臉和拔毛。絞臉，就是定期用絲線的滾動，把臉上、額頭上的汗毛和鬢角邊上的毫毛拔將下來，如同女人開臉一般，為了使顏面光潔漂亮，如粉雕玉琢、白潤生光。儘管這些汗毛、毫毛細弱輕柔，但一遍遍地滾絞生拔，也如蚊叮蚤咬一樣，讓人難受。至於拔毛一項，就更讓人痛苦不堪了。

拔毛分為三種，一種是拔眉毛。男人的眉毛比較修直粗硬，造型挺拔鋼毅，唱旦角，必須修眉，要把男性的劍眉修成若「黛色遠山」、「柳梢彎月」般的女性曲眉，著實要吃些苦頭。到時候，專有幹「梳頭桌」這一行的師傅為其修理，用專門的鑷子細細修理，每拔一下，就如蠍子螫了一下，一直把眉毛修薄、修細、修彎為止。使之彎如新月、媚似春山，以達到「畫眉深淺入時

無」的境界。這項工作是要長期進行的。再有就是拔鬍鬚。男孩子進入青春期，一長喉頭，就開始長鬍鬚了。一開始很輕，隨著年齡增長就越長越重。演旦角，不能用剃刀刮鬍鬚。因為越刮越長，越長越重，越重，鬍鬚越粗。男像一露，再擦上多厚的脂粉，也是難掩廬山真貌了。因此，鬍鬚必須一根一根用鑷子拔。生拔鬍鬚可與拔眉毛更叫勁了，簡直叫馬蜂蟄了一樣。拔一根，蟄一下，而且這等苦刑，還都要自己動手。只要有閒工夫，就照著鏡子拔上一番。只要演旦角，唱到老，就得拔到老。待到中年，氣血最旺時，鬍鬚最硬，日日要往外竄，拿起鑷子來，真是「難以自拔」，沒點兒狠心，就乾脆別上臺了。行裏有句話：「要在人前顯貴，就得人後受罪」嘛。

◀ 像裝旗君福小時 ▶

時小福（1846～1900），原名慶，別名小馥，字琴香，清代著名歌郎，寓所「綺春堂」，祖籍江蘇吳縣。此圖係清人沈蓉圃繪時小福旗裝戲像，見刊於民國二十一年《國劇畫報》第三十五期。

第三處，就是拔腋毛。舊日有幾齣戲，男旦都是要裎體上臺的。所謂裎體就是赤裸上身登臺表演的。如《萄葡架》、《雙麒麟》、《盤絲洞》、《大鬧銷金帳》等，旦角上身裸露，有的前胸戴一兜肚，有的什麼都不戴，故意赤條條，露出一身白肉。這種演法在不少梨園史料上均有記載。如清吳長元在《燕蘭小譜》中記述：《雙麒麟》一劇，「未演之前，場上先設幃榻花亭，如結青廬以待新婦者，使年少神馳目瞤，罔念作狂。淫靡之習，伊胡底歟！」他在該書裏還記述了這樣一個事實：

> 友人言，近日歌樓老劇冶豔成風，凡報條有《大鬧銷金帳》者，是日座客必滿。魏三《滾樓》之後，銀兒玉官皆做之。又劉有《桂花亭》，王有《葫蘆架》，究未若銀兒之《雙麒麟》，裸裎揭帳，令人如觀大體雙也。

史載：南漢劉鋹曾令宮女與人赤裸交合，自己擁抱著波斯女人觀看，號稱「大體雙」。「大體雙」一詞也就是「裸體春宮」的代名詞，足知此戲之荒唐污穢。時人有詩嘲之：

> 虢國風流別有春，每嫌脂粉污天真。
>
> 卯金故事堪持譽，帳裏盈盈兩玉人。

正因如此，這種演法曾召來不少禍事。「有大力者譖之要津，謂其妖淫惑眾，且多狂誕不法」。這類粉戲在乾隆五十年，曾被禁止演出。但是，一直到清末，《雙麒麟》、《盤絲洞》依然屢禁不止，依然是歌郎、男旦們用以炫耀肢體、鬻色掙錢的看家戲。歌郎要在臺上展示肌膚之美，拔去自己臂膀下的腋毛，是不可缺少的一件工序。拔腋毛之痛，可比蜂螫蚊咬甚之又甚了。親身經歷過者稱，真好像鯉魚拔鱗一樣。

身為歌郎的時小福與其他男旦一樣，自然也要經過如此痛苦的打磨。不出數年，小福才出落得水蔥一般，體態旖旎多姿，聲似百囀黃鶯，儼然是一個婷婷玉立的女孩。還未出師，便已小有名氣，能戲有數十齣之多，可以連演十天半月不「翻頭」。加上他嘴甜舌巧，早已拴住一大批捧客。小福出師後，經常參加春臺、四喜、三慶各班的演出。他的嗓音委婉動聽，高亢嘹亮，吐字真切，唱腔挺拔，而且極富情韻。加之扮相好看，臺緣更佳。每每登場，只要在臺口一站，真像個精雕細琢的玉人一般。一張口，鶯啼重柳，醉人心脾，遂贏得「天下第一青衣」的美譽。戲未終場，捧客們早已在後臺門外、香車寶馬殷勤伺候了。很快，他也成了「四喜班」的主演，與梅巧玲齊名，同時稱為「四喜班」中「二絕」。待其羽翼豐滿之後，他便脫離了戲班，自立門戶。他在北京宣南豬毛胡同置下寓所，名為「綺春堂」。門前終日車馬盈道，捧客登門拜訪者無計其數。

時小福的能戲極多，尤其善演悲劇，十分動人。他善於使用水袖來表達劇中人物的性格，這在「青衣抱肚傻唱」的時代，有著很大的突破。他以演青衣唱工戲為主，曾以《三娘教子》享譽一時，與孫菊仙、穆鳳山合演的《二進宮》，稱得上一時無兩。

他也演出「旗裝戲」，例如《四郎探母》，他就主動飾演鐵鏡公主。早年間，《四郎探母》的劇本規定，是以楊六郎和蕭太后為主要角色的。鐵鏡公主並不十分重要，《坐宮》裏的唱作，也都很平庸，甚至於一帶而過，沒有絲毫的「冒花兒」之處。公主的戲份還遠不及四夫人吃重，向來由二路花旦飾演。

「四喜班」貼演《四郎探母》，自然是以梅巧玲為頭牌，飾演蕭太后。時小福本工青衣，按理說他只能飾演劇中的四夫人。而這幀畫像畫的是時小福飾演鐵鏡公主的繡像，梳的是「一字頭」（鬢翅拉得並不大，乃是老式旗頭的一種梳法），說明他在「四喜班」中的地位，已與梅巧玲齊肩而立。所以他才敢於破格越制演出原本是二路活兒的鐵鏡公主。這樣做，無形中也增加了公主的戲份。因為他演得特別出色，才開始被畫家關注，繪成此幀繡像以彰顯時小福的功績。畫成之後，這幅畫被一位有地位的捧客收藏。未幾流於市井，才為齊如山先生購得。齊先生把它放在「國劇研習社」中陳列。不久，此圖為《國劇畫報》印刷披露。

清光緒十二年二月，時小福與孫菊仙、李燕雲、李連仲四人，同時被選入昇平署進宮當差。不久，又選為清宮南府的教習。而且，曾以旦角演員身份，破例被委任為精忠廟廟首。可見，當時時小福的聲譽之盛。徐珂在《清稗類鈔》中，記有他曾為山東巡撫任筱園演唱《落花園》一折，巡撫酬以三千金，而小福堅持拒而不受的事情。

據傳，時小福演戲是用白酒飲場潤喉的，人稱他是「酒嗓兒」，越喝酒嗓音就越豁亮。但是，他平時也嗜酒過度，只要見到酒，必要喝得酩酊大醉。最終，他還是被酒所毀。《梨園軼事》載：光緒二十五年，時小福應朋友之邀，在某王府堂會當戲提調，組織演出《五花洞》。誰知道，臨近開戲，主演張靄卿竟然沒來。時小福為了不使主人掃興，親自代為演出。演畢，主人盛宴款待，時小福由於心情不佳，飲酒過量，被人扶持還家，第二天便臥床不起。其時，正值八國聯軍攻進北京，病中的時小福又被洋兵騷擾驚嚇，不久便一病身亡了。

擅創新腔胡喜祿

歌郎胡喜祿，也是一位對「旗裝戲」卓有貢獻的人物。「旗裝戲」《大登殿》中代戰公主與王寶釧合唱的那段著名的「十三咳」，就是胡喜祿發明的。

胡喜祿是揚州人，他生於道光七年（1827），名國梁，一名長慶，字藹卿，號丹芬，兄弟三人全都從藝，唱青衣、花旦。他排行第二，自幼隨父母進京，入敬義堂，拜師深造。藝成之後，三兄弟均修成「色藝雙馨」的紅歌郎。且各立門戶，哥哥胡慶福居桐義堂，弟弟胡三居東安義堂，胡喜祿自主西安義堂。其中，尤以胡喜祿最為突出，人稱「美檀郎」。他的扮相俊秀，

形同處子；嗓音甜潤，宛若啼鶯。念白每帶南音，逾顯嬌媚可人。梨園史料說他「演唱時善用鄂音」，較他伶用徽音演唱，吐字清晰，真切入耳，能使觀眾聽來更加熨貼明瞭。這一特點較梅巧玲、時小福等人就勝之一籌，故有「清於老鳳」之贊。

胡喜祿不但唱得好，聲腔舒展潤朗，自然流暢，而且，他還善於設計新腔，在京劇日臻成熟的時期，他創造了不少旦角新腔，啟迪後學，一直流傳至今。例如，《玉堂春》中蘇三唱的「來至在都察院舉目往上觀」的尾腔，還有「玉堂春跪至在都察院」後邊的「回龍」腔，都是他的首創。還有，京劇中為人稱道的「十三咳」，也胡喜祿在一百五、六十年前發明的，時至今日，活潑清新的「十三咳」，猶自揚聲於京劇舞臺之上，成了使人百聽不厭絕腔兒。

清道光年間，當時舞臺上流行《五花洞》，這齣戲本是藝人們編演的一齣荒誕的「鬧妖」戲，後來發展成《四五花洞》、《八五花洞》，無非是讓全班的旦角都可以濃妝豔抹的走到臺上來買買色相而已，既沒有合理的劇情，又沒有什麼拿人的好唱腔。胡喜祿這個人極聰敏，他飾演潘金蓮的時候，為了「冒花」，就把秦腔中旦角常用的「咳咳腔」移植到戲裏來。當潘金蓮唱到「你是個蟲精怪變人形」時，就用「咳咳腔」來收尾。他這麼一唱可不得了了，全場都炸了窩，喝彩之聲驚天動地，從此流行了起來，滿城爭唱「十三咳」。因為這套腔兒連著唱了十三個「咳」，所以就落了個「十三咳」的名兒。彼時，前門外韓家潭、石頭胡同、楊梅竹斜街的堂子、妓院的歌郎、窯姐兒莫不競相傚仿，用它做了接客侑酒的「名曲兒」了。舊京散人有《竹枝詞》云：

> 查樓酒肆燕子堆，蜂蝶下處打茶圍；
> 宴客三巡持雙箸，莫不擊節十三咳。

胡喜祿最為拿手的是「旗裝戲」，且以飾演《大登殿》的代戰公主享名於世。他的旗裝扮相不但風流俏麗、雍容華貴，而且氣韻高致，雋美凌人，特別有一股異域女性的英武之氣。這也得利於他有刀馬旦的功底。梨園史話中說他表演細膩，重做工，還擅長打出手。他在《銀空山》一折的開打中，能在拋槍接槍的一瞬間，間以「拋接手絹」，堪稱一絕。可見他的身手不凡，當年查樓每貼《趕三關》《銀空山》《算糧登殿》，代戰公主一角非喜祿莫數。胡喜祿

在《五花洞》裏唱「十三咳」大獲成功，嘗到了甜頭，於是，他又把「十三咳」的腔兒用到了《大登殿》裏。鐵鏡公主與王寶釧在金殿上合唱：

> 學一對，咿哪咿哪呼哪呼哪咳，
>
> 鳳凰女哪一哪呼咳，
>
> 伴君前哪呼咳，
>
> 咿哪一哪呼哪咿呀呼呀呼哪呼咳，
>
> 呼哪呼咳，呼哪呼咳咳咿呀，
>
> 以哪呼咳，咿哪一哪呼哪呼咳，
>
> 呼哪呼咳，呼哪呼那呼哪呼咳呼哪呼咳咳。

不成想，這一招也歪打正著，觀眾的反映更為強烈。本來嘛，丈夫薛平貴一生歷盡坎坷，九死一生，終於「頭戴王帽，身穿蟒袍，腰繫玉帶，足蹬朝靴，端端正正，正正端端，打坐在金鑾」。對於王寶釧說來是一大歡喜，對於代戰公主說來，也是無比的驕傲和榮耀。二人都發自內心的得意自豪，一起唱起了「十三咳」。這種突兀於京劇傳統腔式的唱法，無比精準地刻畫出這二位「皇娘」彼時彼境的歡快心情。同時，這一賦有特殊韻味唱腔也把全劇推向了高潮。正因如此，一唱奏凱，再獲成功。「十三咳」從此成了全劇的經典，經久不衰地傳了下來，觀眾對這段「十三咳」的認同程度，最終超過了《五花洞》中的「十三咳」。

胡喜祿在演「旗裝戲」時，經過細心的摸索和實踐，對旗裝人物的身段有許多獨特的發明。例如：他創造了旗裝人物的「鵝步」。蕭太后也好，鐵鏡公主也好，代戰公主也好，穿上旗鞋，一定要仿傚「鵝」的行走步式，挺胸、昂頭，邁八字方步。當然，因人物的身份不同，蕭太后盡可誇張一些，鐵鏡公主、代戰公主要收斂些，但基本步式，並無本質區別。另外他強調，公主走路甩手的動作，小臂千萬不可抬得過高，高，不能超過肚臍。不甩手時，小臂微抬，手腕兒一定要下垂。這些在舞臺經驗，都成了行內「寧贈一錠金，不教一口春」的「秘訣」。

同光年間，程長庚、余三勝常與胡喜祿同臺合作，余三勝每演《四郎探母》，一定要約請胡喜祿飾演鐵鏡公主。因為，有一次胡喜祿誤場，還給劇壇留下了一段特別有趣的掌故。劇評家徐慕雲先生在三十年代所著的《梨園外紀》中說：

從前余三勝（叔岩祖）與名青衣胡喜祿合演《探母》，是日‧喜祿以事誤場，管事先生請老余「馬後」，於是，三勝竟連唱六七十個「我好比」，直至喜祿至時方止。

翁思再在《余三勝即興救場》一文中，對這件掌故說得更為仔細。他寫道：

余三勝演《四郎探母》（當時稱《探母回令》）時，鐵鏡公主一角為旦胡喜祿扮演。有一次，開演時間到了，胡喜祿還沒進後臺，原來是派戲的人失誤了，管事的急得直跺腳。此時，已經扮好戲的余三勝照例吩咐場面開鑼！只見他沉著上場，打引子，念定場詩，開唱大段西皮慢板：「楊延輝，坐宮院，自思自歎──」這段唱中有四個「我好比」的排比句，余三勝唱完，不見胡喜祿蹤影，為了拖延時間，不斷即興編詞，加唱「我好比」。他熟讀《楊家將演義》，又是編詞編腔的能手，竟唱得頭頭是道，臺下起先一點也沒看出來，還以為余三勝又改了劇本，看得津津有味。「我好比，中秋月，烏雲遮掩；我好比，東流水，一去不還……」。此時，後臺管事大汗淋漓地來到臺口，向他示意，胡喜祿還沒到，要不要臨時換個旦角？余三勝卻在過門裏暗示：不必換，等胡喜祿！等到過門到了，他立即接唱：「我好比，井底蛙，難把身翻……」就這樣，他竟即興連編了七十四句「我好比」，直到人們往返七八里，把胡喜祿從家中接到後臺，他才接唱以下的規定的唱詞，歷時幾十分鐘。待余三勝見胡喜祿化裝來到臺口，便開唱尾聲「哭頭」，化險為夷，後來有人問余三勝：「如果胡喜祿還不來，你怎麼辦？」余三勝回答：「我好比八十句為度，若喜祿再不到，我就改唱工為念白，歷敘天波府家事，可以整整說上半天！」。

這段掌故，內外行幾乎人人盡知，足見實有其事。但對余三勝在臺上所添改的是何詞句，皆語焉不詳。因為本書專門講述「旗裝戲」的故事，筆者也把此事的見聞補述一些如下。

筆者少年時居北京白塔寺東街，與北京鐵路局的名票閻仲裔先生毗鄰。閻先生每日在家操琴調嗓，對學生時代的我頗有吸引力。一下課，我就常跑到他家去玩，有時隨他一起去票房，有時陪他一起去票戲。我看他的演出最

多的是《四郎探母》，因為他是尚小雲先生的弟子，飾演蕭太后最為拿手，故有「活太后」的綽號。在五十年代，北京票界凡票演《四郎探母》時，必請他串演無疑。平時，很多內行也常到他家聊戲。我記得，有一次馬連良先生的弟子胡某某（他也是位名票，住在程硯秋故居左近，是在馬先生收張克讓之前兩年，正式拜的師，名子想不起來了）與閻先生聊起了胡喜祿和余三勝的這段軼事時。閻仲裔先生驀然興起，翻箱倒櫃，從他珍藏的一大摞老《國劇畫報》中，翻出了一張發了黃的舊剪報。上邊刊印著某位戲迷遺老撰寫的文章，內容是他記憶中余三勝現場編唱《坐宮》的戲詞兒。因為這張剪報是豎排繁體，印得密密麻麻，不易識讀。胡先生就囑我用筆抄下來。我當時正在學這齣戲，對這篇文字特別好奇，就用筆抄錄了兩份，一份給了胡先生，一份自己留了下來。這段詞沒有七、八十句，只有四十多句，除了以景比情的排句之外，更多的是以古人的處境，類比楊四郎愁坐番宮的鬱悶心情。當時筆者十五、六歲，記性很好，至今還能背出一些句子來，草記於此，以助好戲朋友們的談資。唱詞是這樣的：

> 我好比籠中鳥有翅難展，我好比虎離山受了孤單。
> 我好比中秋月烏雲遮掩，我好比水東流去而難還。
> 我好比商箕子隻身遇險，我好比姜子牙獨釣渭灘。
> 我好比介子堆綿山避難，我好比伍子胥愁坐昭關。
> 我好比信陵君救趙難踐，我好比孟嘗君夜奔函關。
> 我好比春申君棘門塗炭，我好比平原君被困邯鄲。
> 我好比秦李斯物忌生患，我好比蒙將軍坐鎮北番。
> 我好比漢蕭何成敗難斷，我好比韓信將三齊寡歡。
> 我好比蘇子卿北海身陷，我好比漢李陵有口難言。
> 我好比劉玄德屯兵小縣，我好比關雲長暫寄阿瞞。
> 我好比諸葛亮空城獨擅，我好比李克用左右為難。
> 我好比薛仁貴月下長歎，我好比王李密投唐不甘。
> 我好比秦叔寶病臥天堂縣，我好比羅士信淚染征衫。
> 我好比唐太宗少林歷險，我好比唐玄宗劍閣夢殘。
> 我好比莊子夢真假莫辯，我好比陶淵明看破逝川。
> 我好比傲王勃三秦遊宦，我好以李後主無限江山。

　　我好比杜子美歸心似箭，我好比李太白夜思故園。

　　我好比鏡中花風光無限，我好比水中月心有波瀾。

　　我好比天上雲陰晴難斷，我好比天際風難有掛牽。

　　我好比蘭臺馬身隨蓬轉，我好比江上舟一任顛連。

　　我好比浪遊子失了同伴，我好比出岫雲倦飛欲還。

　　我好比南來雁失群飛散，我好比淺水龍困在沙灘。

　　想當年……

　　據說，舊日裏有的票友為了「出彩」，以示與別人唱法不同，在臺上還真借用這段唱詞中的兩三句，出出風頭。就好像唱《二進宮》時，數一數「春夏秋冬四扇屏」一樣。其實，以上的唱詞是否真是余三勝的原創，實未可知，很有可能是後人的託偽之作。但是，這段唱詞的條理性和文學性還是有一定可取之處的，故特錄於此存案。

後來居上余紫雲

　　繼梅巧玲、時小福之後，以擅演「旗裝戲」而聲名雀起的還有一位名旦余紫雲，他也是京師紅得發紫的一位歌郎。

　　余紫雲生於清咸豐五年，名金梁，又名培壽，字硯芬，號硯芳，因為排行第五，綽號余五。他是南方人，祖籍湖北羅田，生於北京的梨園世家，父親是老生「三鼎甲」之一余三勝。在紫雲出生的時候，余三勝正處於炙手可熱的階段。名聲震耳，收入極豐。他也善於理財，在南城置了好幾處房產，家中有奴僕數人。可以說，余紫雲從小嬌生慣養，未受過什麼委屈。其母深知伶人這一行的甘苦，就希望余紫雲讀書識字，改換門庭。而余三勝堅持讓自己的兒子繼承父業，學戲，唱老生。並為他請了教習老師開蒙。

　　余紫雲最初學了《馬蹄金》、《捉放曹》、《汾河灣》等戲。原本門裏出身，學得很快，師傅一點即通。但是，余三勝從側面觀察到，小紫雲對旦角的表演更為熱心。一齣《汾河灣》學的是薛仁貴，可柳氏的唱做竟然無師自通，表演起來比鬚生還老到。而且紫雲的肌膚白嫩，平時又好弄脂粉。於是，三勝就下決心為其改工，去學旦行了。

　　余三勝與梅巧玲的私人關係甚篤，二人經常合作，平時兩家也有走動。一日，三勝帶著紫雲到「景和堂」拜訪，梅巧玲見紫雲聰明靈俐，也很喜愛，三勝就勢讓紫雲磕頭，拜在了梅巧玲的名下學習花旦。巧玲也樂不可支地揀

了這麼個好徒弟，令其進門，手把手地教他旦角的基本功。當然，他在嚴師的督練之下，也吃盡了學戲的苦頭。

　　總之，余紫雲經過嚴格的訓練，最終修成正果，成了萬人追捧的紅伶。他為了深造，還私淑了時小福和胡喜祿的青衣戲。出師後搭「四喜班」，專為梅巧玲配戲。自立門戶後，在北京宣南石頭胡同購置了寓所，名為「勝春堂」。

◀像畫裝旗君雲紫余▶

余紫雲（1855～1899），清季著名旦角演員，「同光十三絕」之一。乃父為京劇創始人余三勝，其子為著名鬚生余叔岩。此圖係清畫師沈蓉圃繪余紫雲旗裝戲像，見刊於民國二十一年《國劇畫報》第三十五期。

　　紫雲的能戲頗多，花旦戲有巧玲的風采。青衣戲可與時小福稱一時瑜亮。徐珂在《清稗類鈔》中，記有《于（余）紫雲為旦界名宿》一文。他寫道：

> 　　于（余）紫雲，鬚生三勝之子也，為旦界名宿。其唱聲柔脆而堅，絕非後輩虛浮一派，去臺遠坐，字音絕清。《彩樓配》、《御碑亭》、《趕三關》、《祭江》、《別宮》、《坐宮盜令》等劇，皆委婉動人。晚年稍近遊戲，好演《虹霓關》一劇，效婢子裝，見夫人與伯黨論婚，腹誹眉語，方隻手擎盤茗而出，見之而怒，乃銜杯而指弄其盤，迅急如風，官體並用，喉仍作唱。其唱西皮〔二六〕一段，至「自古常言講得好，最狠狠不過婦女心腸」等句，字字酸心，針針見血，觀者點首太息，深入人心。

　　這幀圖畫是余紫雲在《四郎探母》中飾演鐵鏡公主的扮相，左手執扇，梳「一字頭」，神情開朗、自然瀟灑，把公主在「桃花開牡丹放花紅一片」中歡快登場的神態，表現得呼之欲出。從畫家的筆下可以想見，他在舞臺上活潑可愛的表情。當年，「四喜班」貼演《四郎探母》時，梅巧玲飾蕭太后，比巧玲小十三歲的余紫雲飾演鐵鏡公主，比巧玲小四歲的正工青衣時小福飾演四夫人，這在當時是相當齊整的陣容！

　　梅巧玲在四十歲時，英年早逝，時小福一度代其掌管「四喜班」。此時的余紫雲也成長為當家花旦。正當他應該在舞臺上大顯身手的時候，余紫雲卻心有旁務，喜好起古玩字畫來了。時常奔走於達官貴人之門，鑒別古器，遍尋珍玩，最後發展為以專門販鬻古董為業的商人，而且發了大財。因為自己有錢，所以，常與昇平署的官員們發生衝突，動不動就違規罷演。據說，有一次他拒絕為某御史唱堂會，這位御史便放出話來說，此次不演，「日後就不得登臺」。紫雲為此大動肝火，就發誓再也不登臺唱戲了。但是他的技藝在身，一向為內行後學仰慕，梨園子弟們便紛紛登門求教，他也樂於提攜。其中以王瑤卿求教最頻，也受益最多。

　　他的兒子余叔岩極有出息，不僅是「余派」老生的創始人，還享有「鬚生泰斗」的尊號，向為後人景仰。

身手不凡葉中興

　　清季末年，還有一位出類拔萃、身手不凡的男旦，名叫葉中興。戲劇史中對他的記載不多，但他在劇壇中的地位也是舉足輕重。

◀葉中與君旗裝畫像▶

葉中興（185？～189？），清季著名旦角演員，祖籍太湖小池。富連城科班創始人葉春善之伯父。此圖係清畫師沈蓉圃繪葉中興之旗裝戲像，刊於民國二十一年《國劇畫報》第三十五期。

　　葉中興祖居太湖小池，他的家鄉與京劇創始人程長庚的老家相距不遠。父親葉庭柯是一個忠厚老實的農民，以祖上傳留下來的幾畝水田耕種為生，撫養著自己的兩個兒子，長子葉中定，次子葉中興。本想讓他們讀上幾年書，知書達理，改換門庭。不想，咸豐年間太平天國暴起，他們與清軍在太湖一帶反覆廝殺，使得平頭百姓，難以聊生。農村更是無法生存，葉庭柯手足失措，任憑田園荒蕪，毅然棄家北上。他用手推車推著老婆孩子一路來到了北京。稍事安定之後，把自己所帶盤川傾囊取出，在天橋一帶做起了小買賣。

主要賣「炒貨」，來維持一家生活。

在天橋站住腳之後，葉庭柯認識一幫唱戲的朋友，有的還攀成了老鄉，走動得挺勤。其中有一位戲班裏的人，看中了中定、中興兩兄弟，說這兩個孩子不是池中之物，將來可成大器。竄綴著要介紹他倆進科班學戲。庭柯先是不允，奈何自己又身單力薄，實在沒錢送他哥倆上學讀書。最終還是聽了這位朋友的話，葉中定進了「老嵩祝」科班，學唱花臉。葉中興則寫進了「三慶班」，學習花旦。彼時，「三慶班」的掌門人正是程長庚程大老闆，極是愛護人才。見葉中興聰明伶俐、悟性又強，便指派名師，對其全力提攜培養。

中興也不負恩師的栽培，一出科就成了當家花旦。擅演《彩樓配》、《三擊掌》、《趕三關》、《梅玉配》、《打金枝》、《金水橋》、《二進宮》等戲。因其嗓音甜美，扮相俊秀，身段瀟灑，捧客趨之若鶩。

他也唱「旗裝戲」，以《探親家》中的城裏媽媽一角最為稱手。葉中興扮演的城裏媽媽，是位沒落的旗人太太，平日裏刁鑽古怪，架子大，事兒多，講究多。看不起從鄉下娶來的兒媳婦，更看不起從鄉下來的親家母。梳旗頭、穿旗袍，套馬甲，拿班做科地又酸又辣。葉中興在生活中注意觀察，對市井在旗婦人琢磨得入木三分，在臺上演來的行動作派，維妙維俏，足使觀眾捧腹。本來，這齣戲是個墊場的「帽兒戲」，竟被葉中興演成了壓軸兒，這在當年也是樁奇事。時人有《竹枝詞》云：

> 《彩樓》《擊掌》不為重，《探親相罵》不為輕；
>
> 信手拈來皆有戲，身手不凡葉中興。

程長庚過世之後，「三慶班」逐漸衰落，待到楊月樓掌管班之後，一度風光重現。葉中興掛頭牌旦角，隨楊月樓赴上海演出，著實紅了一陣。但是，楊月樓因與一廣東女子有染，被其族人告發，而爆發了轟動一時的「楊月樓拐帶良家婦女案」。楊月樓獲罪，鋃鐺入獄，「三慶班」遂告解散。葉中興亦不知所終了。有人說他滯留上海成家立業，不再演戲了。有的說他已改行，返回故里，再也無籍可考了。筆者翻看舊畫報，有一篇民國二十二年的通訊，說有人在天津某票房見到過葉中興。彼時他的年事已高，應票房之請，專為票友們說戲輔導云云。

他的哥哥葉中定學的是淨行，出師後，成了享譽一時的花臉。葉中定的兒子葉春善最有出息。最早坐科習老生，出科後歷練得精明能幹，帶著同行們到處跑碼頭。後來，經前門大柵欄的「盔頭張」介紹，結識了東北富商牛子

厚，並且接受了他的重託，創建了著名的「富連成」科班。數十年嘔心瀝血，為京劇培養了無數人材。這當是後話了。

備受呵護李寶琴

說起早年間「旗裝戲」的翹楚們，屈指數來，還有一位鼎鼎有名的胖寶琴。胖寶琴是他的綽號，因為人生的體態豐滿，較一般旦角微腴，富有肉感，因而得名。胖寶琴本人姓李，名叫李寶琴，也是一位清末的歌郎。

李寶琴原籍河北滄州人，自幼被賣入戲班，成為名旦孫彩珠的入室弟子。他的成名，著實借力於這位師傅。孫彩珠，原籍蘇州人，少年時即帶藝晉京，一直活躍在京師的舞臺上。他以姿色、表演雙絕，為時人傾倒。據顧曲家陳定山在《春申舊聞》書記載，孫彩珠與譚鑫培二人合作甚篤。一生一旦，在金桂茶園曾演出了很多戲，如《汾河灣》、《桑園會》、《三娘教子》、《黑水國》、《盜魂靈》等，深受滬人歡迎。

愛新覺羅‧溥續曾在《國劇畫刊》上撰文說：早年間《探母》的公主一角，只有「四喜班」的孫彩珠和「三慶班」的王金蘭演唱。可見，彩珠是繼梅巧玲、時小福之後，數一數二的人物。他把自己的全部經驗，手把手地教給了愛徒李寶琴。李寶琴得到個中三昧，演起「旗裝戲」來，當然分外精彩可人。

劉趕三對李寶琴的表演也給予了充分地肯定，且愛護備至，多次陪李寶琴唱《探親家》。自己飾演鄉下媽媽，寶琴則飾演城裏旗籍媽媽。加之他本人胖胖答答，一身富相，一出場就是滿堂彩，每次演出，必然舉座轟動。所以，畫家沈蓉圃不放過這一精彩的命題，不惜濃彩重墨，將他二人拈入畫圖。為這齣小戲和這兩位演員留下了生動的舞臺形象。

這幀畫像，首次披露於民國二十一年九月二十三日《國劇畫報》第三十六期的封面上。同時，還刊登了齊如山撰寫的《探親畫像識語》一文。他在文中寫道：

> 《探親》畫像是一位朋友送我的，我收藏了十幾年的工夫，未嘗與人看過。這次本刊《旗裝專號》才用它作為封面。因為這也是兩位名角，一位劉趕三，是四十年前演醜婆子戲最出名的。自皮簧盛行以來到現在，醜婆子戲當推劉趕三為第一名。一位李寶琴，此人現尚健在，也是四十年前最出名的花旦。人人都管他叫胖寶琴。演旗裝戲最好。在三十年前，去《探母》之太后，最受歡迎。

按從前的規矩，青衣決不許去太后，大蓋（概）是班中最年幼的花旦去公主，年紀稍長的花旦去太后，真正的青衣去四夫人。比仿時小福等名角，都是去四夫人，沒有去公主的，自從陳德霖以去太后出名之後，太后一角才歸青衣了。然而據我看來，仍然是花旦比青衣好。因為旗裝是時裝戲，一切身段說話都須活潑趨時，才能美觀。所以青衣演著總不及花旦對工。青衣演戲向主拘謹，此種戲倘一拘謹，便要失之於呆板。所以說，青衣演來總不及花旦合身份。可是現在看戲的人，看過花旦去太后的很少了。（見民國二十一年九月二十三日《國劇畫報》第三十六期齊如山《探親畫像識語》）

李寶琴（1867～1935），河北滄州人，清季著名青衣花旦，孫彩珠的入室弟子，因胖而名胖寶琴，此圖係清季畫家沈蓉圃繪《探親家》，李寶琴飾城市媽媽，劉趕三飾鄉下媽媽。刊於民國二十一年《國劇畫報》第三十六期。

清末名士李毓如曾編了一齣「旗裝戲」《兒女英雄傳》，贈給余玉琴排演。余玉琴因故未動。此戲改由「福壽班」搬演。當日，頗受觀眾歡迎。劇中的安太太是旗裝打扮，特聘由李寶琴飾演。當時人所公認，「非此君而別人莫能為也」。到了民國初年，安太太這一角色才改由吳富琴飾演。

文武兼擅秦稚芬

這是一張極為難得的老劇照，照片中的人物是清末著名的花旦秦稚芬。當年《國劇畫報》披露這張照片的目的，是為了研究「旗裝戲」在化裝方面變遷的歷史。我們站在現今的審美角度來看的話，面對這位鐵鏡公主，不論內、外行都會見之捧腹。可是在光緒年間，這可是張讓人讚不絕口的豔照。

秦稚芬，小字五九，也是私寓出身，尤以相貌出眾，而為無數達官顯貴追逐吹捧。當時人們誇他是「貌似潘安、態若宵娘」，素享「美姿容」之譽。加之身姿婀娜，嗓音清脆，煙視媚行，善於做戲，一度紅遍京都。文人雅士多

有詩文吹捧，商賈名流，欲親近者如過江之鯽。

秦稚芬也算是個傳奇人物，他不僅戲演得好，還頗有武功。他曾拜在天津著名武術家魏鐵柵門下習武，獲有真傳。他能把所學武術融於戲劇表演之中，不但青衣花旦「兩門抱」，而且還兼演武旦，出手打得又疾又快，特別邊式俐落。所以戲路極寬，文戲《坐宮》、《朱砂痣》、《牧羊卷》、《二進宮》，武戲《青石山》、《竹林計》均為稱手。如是色藝雙全，名揚一時。另外，他自幼在私寓中讀書識字，文學底子很好，尤擅書法，臨摹孫過庭的《書譜》最有工夫。他還喜歡研究歷史，熟讀通鑒。與名士羅癭公、魏鐵珊均為文字交。所以，他扮出戲來書卷氣很足。

秦稚芬為人情性剛毅，待人心誠，雖然身為伶優，但行事俠肝義膽，古道熱腸，很令人尊重。《梨園軼事》中記載，他在私寓時，素與侍郎張樵野相好，二人常形影不離。張樵野對其有言必尊，愛護備至，一擲千金，無所不惜。而稚芬待其也專心之至，從無旁顧。戊戌變法時，張樵野被新黨彈劾，謫戍新疆。秦稚芬千里伴行，不辭風塵，直到張家口才依依而別。返京後，便自動出籍為良，再也不登臺演戲了。時人論及此事，稱其此舉可與大刀王五護送安維峻直至戍邊一事媲美。

秦稚芬出籍以後，與梅雨田的妹妹結了婚。依此論來，梅蘭芳是他的親內侄。他在息影舞臺之後，便把自己的技藝悉心地傳授給梅蘭芳了。梅蘭芳從十歲開始，即隨著名花旦田際雲所組的「玉成班」裏登臺演出，演出地點多在鮮魚口「天樂茶園」。同臺演員有老生孟小茹、賈洪林、高慶奎，武生田雨農（田際雲之子），旦角王蕙芳、路三寶、胡素仙，小生張寶昆等。

秦稚芬（187？～），別號五九。光緒年間著名的歌郎，主修花旦，為梅蘭芳之姑父。此旗裝劇照係秦稚芬在《四郎探母》劇中飾鐵鏡公主。刊於民國二十一年《國劇畫報》第三十六期。

　　戲班裏人事繁雜，梅蘭芳素來老實，常常受人欺負。每當後臺發生爭執的時候，秦稚芬都出面替梅蘭芳擋橫說話。梅蘭芳在排演時裝新劇《一縷麻》、《鄧霞姑》時，秦稚芬不但不保守，還積極主動地為他提出了許多指導性的意見，使該劇更加臻於完善。可見，秦稚芬是一名很有藝術見地，而且思想維新的人。如果不是過早地離開舞臺，一準會有很多新的創造。

平生俠義陳德霖

　　張伯駒先生在《紅氍憶夢詩集》中有詩讚陳德霖：

　　　　德劭年高氣自祥，喜看桃李滿門牆。

　　　　平生風義兼師友，一別音容兩渺茫。

　　　　詩後注曰：陳德霖正工青衣，嗓音亮，《祭江》一劇無能繼者。

　　人慈祥和藹，梨園旦角皆其弟子，故有「老夫子」之稱。某歲逝世，袁寒雲代王瑤卿集唐詩，挽以聯云：「平生風義兼師友，一別音容兩渺茫」，最為工切，合兩人之身份。

陳德霖（1862～1930），清代京劇演員。名鈞璋，號漱雲，小名石頭，北京人，滿族。幼年先後入全福崑班和三慶班坐科，習崑旦、京劇青衣兼刀馬旦。以唱功著名。此二幀照片係陳德霖在《八本雁門關》中飾演蕭太后。

　　陳德霖，小名石頭，在京劇旦角的地位是人所公認的祖師爺。他是北京宛平縣人，滿族，同治元年生於一戶普通的旗人家庭。據說，其祖上隨皇上進關時立過戰功，封過官。後來不知何故被參，從此家道衰落。到德霖出生時，已淪落為城市貧民。儘管如此，他父母依然硬撐著旗人的面子，供養德霖上學。後來，經濟上實在支撐不住了，十二歲才把他寫入恭王府辦的「全福班」裏學戲。他在班內拜了朱蓮芬為師，學習崑旦。老師給他起了個藝名叫陳金翠。

　　陳德霖十九歲時，藝成出科，為了深造，又從田寶琳、時小福學唱京劇青衣。一邊學，一邊搭「三慶班」演出，掙錢養家。經過多年舞臺上的捧打磨練，技藝已臻成熟，而且有了名氣。在「三慶班」解散以後，陳德霖便獨立挑班，組織了「承平班」（後易名「福壽班」）進行業務演出，頗有盛譽。

　　陳德霖的嗓音清朗圓潤，高亮嬌脆、剛強中含有清越、委婉，非常悅耳動聽。而且他吐字講究，發音準確，在唱腔方面改變了舊式青衣直腔直調的唱法，創造出一種用甩腔收音的新法，更顯得峭拔有力，清新好聽，很為顧曲家賞識。他的這種唱法，後來發展成為青衣常用的唱法，後學大多沿用。陳德霖的身段、武功都很熟練。而且做工謹嚴端莊，扮演雍容華貴的婦女形象，特別合乎身份。

　　1890 年，他以民籍學生身份被選進昇平署當差。進宮以後，有機會仔細觀察、描摹慈禧太后的裝束打扮和行動舉止，並將心得體會運用到舞臺表演之中。所以，他演出的「旗裝戲」更加面目一新。例如，《雁門關》劇中蕭太后的形象，原本是以梅巧玲的化妝稱最，陳德霖也是從梅巧玲處得到真傳，但是，他在梅巧玲的基礎上，進一步發展美化，使得太后這一角色更加威儀端莊，雍容富貴，一舉一動都有「老佛爺」的神氣兒。據說，連慈禧太后看了都撫掌稱絕，極為欣賞。當然，其中不乏伶人討好太后的小聰明，但這樣的改變，使蕭太后這一角色更加生色，則是無可否認的事實。

　　《清宮軼事》記載，慈禧在改編連臺本戲《昭代蕭韶》時，就請陳德霖來幫助安排場子，改編詞句，再配上唱腔。可知，陳德霖的表演藝術在當時已是相當全面的了。果然，經他重新導排的京劇《昭代蕭韶》相當成功出色，慈禧很高興，恩准他把這齣戲帶出宮外演出。從此，陳德霖的名聲更加響亮，各王府演戲都請陳德霖當戲提調，安排戲碼兒、組織人頭、角色分配、報酬多少，由他全權負責辦理。因此，他個人的收入也異常豐厚。

　　陳德霖一生與之合作的都是京劇界的名家翹楚,如楊小樓、譚鑫培、盧勝奎、王楞仙、俞菊笙、孫菊仙、劉鴻升等。陳德霖擅演的劇碼如《祭江》、《祭塔》、《孝義節》、《落花園》、《三擊掌》、《探寒窰》、《三娘教子》等,都很精彩,尤以《四郎探母》、《雁門關》中的蕭太后更是出神入化,內、外行莫不口碑以頌。當然,這也與慈禧太后的「點頭認可」有著很大的關係。

　　陳德霖一生收徒甚眾,所以素有「老夫子」之稱。後起之秀的王瑤卿、梅蘭芳、王蕙芳、王琴儂、姚玉芙、姜妙香,並稱「六大弟子」,皆出自陳德霖的門下。此外尚小雲、荀慧生、歐陽予倩、黃桂秋等大牌,也都得其親炙。

藝高膽大路三寶

　　路三寶晚於陳德霖之後,他比陳德霖小十三歲,原名振銘,號玉珊。原籍山東濟南府歷城縣。因家境貧寒,幼年被寫入章丘縣的「祥慶和」科班學戲。最初學老生,後來才改為花衫。他的基本功紮實,還能兼演刀馬旦。而且因為他在外地小科班學藝,沒有那麼多清規戒律的約束,只有精力,可以海學,全無顧忌。因此成全了他的多專多能。在當時,這種全能的演員是極為少有的。

　　路三寶出師後,藝高人膽大,經武老生曹二順之邀,隻身來到北京。先搭「四喜班」,以《刺嬸》一劇打炮,結果一炮而紅、九城震驚。

　　《刺嬸》是全部《戰宛城》的最後一場。張秀追殺自己一向敬重的嬸母鄒氏,對其失節於曹操,怒不可遏,一定要親手將她置之於死地。鄒氏被曹操所棄,慌不擇路,頭髮散亂,衣帶不整,倉皇奪路,狼狽不堪。他的扮相更為誇張,上身露肩赤膊,一身白肉,胸前只著一個紅兜肚,下身彩褲。在張繡的追殺下,大跑圓場,跌撲翻滾、疾速緊張。被追上之後,走跪蹉、甩髮、屁股座子、五龍絞柱,鯉魚打挺,諸般技藝全都用上。最後,鄒氏跪地,雙手抓住直抵咽喉的大槍,乞命乞性,苦苦哀求。張繡不允,一刺、兩刺、左右翻身、下腰抵地,然後全身弓起後仰,再走「僵屍」,直挺挺地落地。緊張精彩,內外行莫不動容,臺下彩聲雷動,聲震瓦頂。從此,他創立了「刺殺旦」這一新的行當。其後,所有演《刺嬸》的演員都宗這一演法。

　　他與曹二順同掌「承慶班」和「小丹桂班」,成為當家旦角。三慶、同慶、福壽、長春、寶勝和、太平和等班遇有重大演出,也都爭相邀演,紅極一時。

他的唱做兼能，文武全才，戲路寬廣。在臺上舉手投足，具見光芒，京中乾旦一時無兩。

路三寶（1877～1918），名振銘，號玉珊，清代著名名伶，原籍山東濟南歷城。此幀照片係路三寶在新編京劇《兒女英雄傳》中，飾演安太太的老照片。梳兩把頭，著旗袍坎肩兒，手執紈扇，正襟危坐，派頭十足。見刊於民國二十一年《國劇畫報》。

他的演劇生涯中，一直與大角合作。他和譚鑫培演出《坐樓殺惜》、《翠屏山》等戲特別叫座。評論家認為他的扮相雖然不夠俊俏，臉型較胖，並帶有「慘屬氣色」。他演潑辣旦、刺殺旦如《殺惜》、《殺山》、《雙釘記》、《殺子報》等，他都能準確地抓住角色的性格，在臺上發揮得淋漓盡致。

路三寶雖然是山東人，但說了一口漂亮的京白，清脆爽朗，聲聲入耳。因之，他演出的「旗裝戲」也十分討好耐看。留存至今的老劇照中，只有兩幀路三寶的旗裝劇照。一幀是《兒女英雄傳》中的安太太。梳兩把頭，著旗袍坎肩兒，手執紈扇，正襟危坐，派頭十足。另一幀，則是《探親家》中的城市媽媽，俗稱旗婆。梳旗頭「大拉翅」，著旗袍，足蹬花盆底鞋，左手捧一柄仙鶴腿水煙袋，右手拿著銀煙簽，悠然自得，好不惬意。真是未睹其戲，已聞其聲，當年他在臺上的光景足可領略一二了。

路三寶經常與王瑤卿配戲，在表演方面很受王瑤卿的影響，如《梅玉配》、《兒女英雄傳》、《金猛關》、《五彩輿》等，唱、做、念、舞，莫不神似。一九零七年，路三寶曾與馬德成、郝壽臣等人一起到朝鮮望京劇院演出。這在光緒年間，可是件轟動朝野的大事情。這次演出雖無詳細的記載，但可以說是京劇出國演出的先河。

以花旦藝術而論，路三寶的貢獻極大。「四大名旦」中的梅蘭芳、尚小雲、

荀慧生都從路三寶學過花衫戲。他們常演的《貴妃醉酒》，就是路三寶的傳授。最負盛名的于連泉，他所創造的「筱派」藝術，也是從路三寶的演出實踐變化而來的。梅蘭芳在《舞臺生活四十年》一書中，多處談到路三寶，對他的演技十分欽佩。後來梅蘭芳排演的不少時裝新戲，如《孽海波瀾》、《宦海潮》、《一縷麻》、《鄧霞姑》等，都得到路三寶的鼎力支持。

路三寶的弟子除梅蘭芳、尚小雲、荀慧生、于連泉外，還有黃潤卿和臧嵐光等高足。

旗裝翹楚孫怡雲

早年間，孫怡雲與譚鑫培合演《四郎探母》，是一件極為轟動的事。九城內外的顧曲家無不前往觀瞻，如同過節一樣。票價賣得很貴，一張票合一席上好的酒席。不僅中國人看，連在京的外國人也附庸風雅，前去湊熱鬧。下面這張老照片，就是孫怡雲在北京天和會館即文明園舊址，與譚鑫培合演《坐宮》時，一位美國觀眾擠進了後臺，扯著孫怡雲在後臺的院子裏為他拍的照片。這張照片首次刊登於民國二十一年九月二十三日《國劇畫報》第三十六期上。從圖中可以看到，當時的鐵鏡公主還是舊式打扮，梳的「兩把頭」還沒有進化到「大拉翅」。

孫怡雲，字芷青，是「怡春堂」的歌郎，號稱怡春主人。他是個地道的北京人，其父孫心蘭也是伶界人士，只是業務一般，一生沒有舒展。因此家境不濟，才將怡雲寫入錢秋菱門下學藝。錢秋菱是個「領家」，收養著一大批孩子，教他們唱戲、演戲，以求還報。出了科能掙錢的，要依約「孝敬」師傅「養老錢」。秋菱先為他聘請了嚴福喜教習崑曲。孫怡雲聰慧機靈，一教便會，錢秋菱甚是高興。認定自己不會賠錢，說不定這個徒弟將來能成角兒，自己能沾光得利，就又花錢請了田寶琳、孫雙玉教他青衣皮黃。孫怡雲悟性極高，且扮相俊美，頗有臺緣，十二歲一登臺，即小有名氣。

他先後搭三慶、玉成、小丹桂等戲班，從開鑼戲唱起，隨著年齡的增長，道行也越來越大，牢牢地拴著了一大批捧客，戲碼也就越來越往後排了。到了十七、八歲時，就開始唱大軸了，常與譚鑫培、孫菊仙、汪桂芬等名角一起合作。孫怡雲的能戲很多，有《彩樓配》、《三擊掌》、《探寒窯》、《回龍鴿》、《玉堂春》、《琵琶行》、《祭江》、《祭塔》、《三娘教子》等。他與譚鑫培合演的《御碑亭》、《桑園寄子》、《朱砂痣》、《法門寺》都是享譽一時的名劇。因為他

的扮相秀麗，表演細膩，所演人物極為傳神，故《清代伶官傳》一書稱其「年甫弱冠，聲名已出陳德霖之上」了。

孫怡雲（1880～1944），清代名伶。字芷青，堂號「怡春堂」，人稱怡春主人。這張老照片，就是孫怡雲在北京天和會館與譚鑫培合演《坐宮》時，由一位美國觀眾拍的照片。首次刊登於民國二十一年九月二十三日《國劇畫報》第三十六期。

孫怡雲與譚鑫培合演的《四郎探母》是一等一的佳作。孫怡雲飾演鐵鏡公主的戲份兒也因角好身貴，開始從次要地位上升為主要地位了。

光緒二十一年，他與老生曹永吉、小生馬全祿、花臉穆長久、丑角王長林、老旦熊連喜六人，一同選入昇平署進宮承差。他不僅能演戲，教戲，還精於胡琴。在內廷承差時，他曾為陳德霖、王瑤卿操琴。後來，孫怡雲的嗓子壞了，不能登臺的時候，就專攻琴藝，一直傍著「老鄉親」孫菊仙。

孫怡雲的弟子很多，尤以尚小雲最為得意。尚小雲之所以稱為「小雲」，就是因為他在臺上的唱、做與孫怡雲十分相似，人稱「怡雲第二」。關於孫怡雲的史料不多，1945 年 3 月 29 日《立言畫刊》第 131 期《俠公談劇》欄內刊有一篇《孫怡雲之能戲》，對孫怡雲晚年的行止寫得很細，特全文錄之如下：

> 現入京劇研究會，教授青衣之老伶工孫怡雲，年逾耳順，精神頗佳，脫離劇場已二十餘年矣。怡雲為正工青衣，隸四喜班較久，為時小福、吳順林以次之最紅旦角，四喜班因吳靄仙（順林）在前，與孫菊仙配戲較鮮，常與合演者為韋久峰、劉景然，怡雲扮相端莊喉嚨朗潤，為純粹之正工青衣，故不演《女起解》、《玉堂春》，聆與韋久峰演《桑園會》及《二進宮》、《教子》、《金水橋》等，洵不同凡響，其聲望極盛，各園曾彼爭此奪，在東安市場丹桂園，睹與路三寶、朱素雲演二本《虹霓關》，怡雲扮丫環，為二十年前之事，渠

脫離劇場最早,平日以教子繪山水自娛,嗣後其子老旦孫甫亭成名,事父頗盡孝思,茲怡雲入京劇研究會擔任執教,首教《祭江》為根本戲,以次《祭塔》、《孝義節》、《大保國》、《二進宮》等,亦為學青衣戲者之基礎也。

與兄瑜亮的孫喜雲

孫怡雲有個弟弟叫孫喜雲,字芷仙。也是私寓出身,擅演《蘆花河》、《戰蒲關》、《三娘教子》、《五花洞》等戲。「旗裝」戲也很拿手,與其兄孫怡雲一時瑜亮,不相上下。在同光時期,他一直隸屬「四喜班」,《四郎探母》、《探親家》也是他常演的戲。各班爭約出演,有時竟與其兄孫怡云「打了對臺」。時人有《竹枝詞》寫道:

> 風雲雨雲總相親,時時綢繆道不分。
> 東邊日出西邊雨,不知怡云是喜雲。

以上這幀旗裝劇照十分罕見,是孫喜雲在前門外某茶樓演出《坐宮》以後,沒有卸裝,一時興至,徑直走到隔壁的一家洋人照像館裏拍下了這幀劇照。後來為馮耿光先生所得,轉贈「北平京劇研究會」展覽之用。以這幀旗裝劇照十分罕見,是孫喜雲在前門外某茶樓演出《坐宮》以後,沒有卸裝,一時興至,徑直走到隔壁的一家洋人照像館裏拍下了這幀劇照。後來為馮耿光先生所得,購得,轉贈「北平京劇研究會」展覽之用。

孫喜雲(1883～19??),清季名伶。字芷仙,為孫怡文之弟。此照片是孫喜雲在前門外某茶樓演照《坐宮》後,到隔壁的一家洋人照像館拍攝下來的劇照。後為馮耿光所得,贈與「北平京劇研究會」展覽之用。首刊於民國二十一年《國劇畫報》。

孫喜雲的舞臺生涯也不長,與他哥哥一樣,到了中年嗓子就不行了。於是改行操琴,為人託腔保哏,手音極佳。直到民國三十四年,孫喜雲依然健

在。《立言畫刊》上的專欄——《俠公談戲》記道：

> 怡雲年六十九歲，時，其弟喜雲現年六十四歲，乃師為善教青
> 衫之田寶琳，與歿伶陳德霖為師兄弟。喜雲乏嗣，其妻生一女亦亡。
> 隸慶樂寶勝和班，常與老生德建堂演對兒戲，喉嚨之沉著，扮相之
> 莊重，為青衣中不可多得之人材。逾四旬停止奏歌改操胡琴，在肉
> 市廣和樓，與富連成社諸生伴奏最久。喜雲出外十餘載，不知蹤跡
> 所在，近觀《立言》天津專刊，始悉在該地各票社教戲，待遇極優。
> 怡雲現入榮春社執教，頗能獎掖人材。喜雲在津授諸票友，如丁至
> 雲等，獲益當弗妙也。

名動公卿郭際湘

在擅演「旗裝戲」的老一輩歌郎中，郭際湘也是個不可忽視的人物。郭際湘，原係梆子演員，後轉演京劇，藝名便是名動公卿的「水仙花」。

在清代梨園史料中，對郭際湘的記載並不多，但一提起「水仙花」，名氣之大，伶票兩界，無人不曉。筆者所收集的這張照片，也是一幀鮮見的珍品。這張劇照攝於三十年代初，係名票朱琴心「下海」以後，向「水仙花」學了八本《雁門關》後，在什剎海「會賢堂」飯莊舉行謝師演出，事畢在臺上拍的照片。這場演出特煩「水仙花」飾演蕭太后，又特邀好友名票任鳳侶配演碧蓮公主，朱琴心自己飾演青蓮公主。在當時甚為轟動，因為老「水仙花」登場，不少周郎從上海、天津趕來捧場。又因為這齣戲的內容與《四郎探母》很相似，很多年已無人貼演。而今一露，反而更覺新鮮，以至內、外行的朋友趨之若鶩、雲聚一堂，報紙再一宣傳，一時好不熱鬧。

八本《雁門關》原是宮廷內部常演的戲，曾經慈禧太后同意，由陳德霖帶出宮外上演，都中觀眾才有幸睹其全貌。飾演蕭太后的最佳人選，老一輩向為梅巧玲、陳德霖、「水仙花」郭際湘、王瑤卿等人為魁首，其餘能演者已多有不及了。當初，拍這張劇照時，「水仙花」已經是過五望六的人了。

郭際湘在年輕時扮相秀美，眼大傳神，有捧客引宋代劉邦直寫《水仙花》的詩來讚美他。詩云：

> 得水能仙天與奇，寒香寂寞動冰肌。
>
> 仙風道骨今誰有？淡掃蛾眉篸一枝。

自此，郭際湘改藝名為「水仙花」。此名豔麗易記，所以一叫便響。另外，

他的嗓音豁亮，高遏行雲。除擅演《三疑計》、《拾玉鐲》、《英傑烈》、《花田八錯》等戲之外，「旗裝戲」尤為出色。「水仙花」在《雁門關》中飾演蕭太后的特點，梳「兩把頭上不戴花枝」，全部點翠頭面，前臉垂飾珠簾，為帝王冠戴冕旒之意。這種化妝的不足之處是珠簾遮面，很影響演員的面部表演，臺下的觀眾難辯演員的眼光神色。沒過多久，這種化妝就不時興了。後起者就把珠簾改短，或是改為插戴花朵。

郭際湘在唱紅火戲時，除挑班唱戲之外，還辦有「鳴盛和」科班，教授梆子、皮黃。他的弟子于連泉做科的時候，就是個「科裏紅」，在臺上的唱、做皆神似乃師，曾名「小水仙花」。時人為了區別師徒二人，便改稱郭際湘為「老水仙花」了。

郭際湘（1884～1938），藝名為水仙花。民初名伶。此《雁門關》劇照，中為郭繼湘，左為朱琴心、右為任鳳侶。攝於三十年代初北京會賢堂飯莊。該劇照的可貴之處，是郭繼湘飾演蕭太后的扮相。梳「兩把頭上不戴花枝」，全部點翠頭面，前臉垂飾珠簾，為帝王冠戴冕旒之意。這種化妝的不足之處是珠簾遮面，很影響演員的面部表演，臺下的觀眾難辯演員的眼光神色，後學已加以改進。

1911 年，「鳴盛和」科班解散後，郭際湘便不常登臺演出了。二十年代，曾受山東省政府之邀，到山東濟南省立實驗劇院任教，與話劇名家趙銘彝、孫師毅、洪深；京劇名家孫怡雲、鮑吉祥等人合作，培養出王泊生、李雲鶴（即江青）、趙榮琛等一大批京劇人材。後起之秀朱琴心、任鳳侶也都曾受過他的親炙。

通天教主王瑤卿

當我們說到王瑤卿的時候，已進入清代的尾聲。在慈禧主政之下，國事不堪理論，但京劇卻唱得如日中天。老生是「滿城爭說叫天兒」，旦角則是「通

天教主王瑤卿」了。尤其他演的「旗裝戲」，從扮相和表演方面又上升到一個新階段。

王瑤卿，原名瑞臻，號菊癡。祖籍江蘇清江人。他出身於梨園世家，父親是著名的崑曲演員王絢雲。王瑤卿自幼受家庭薰炙，對京劇情有獨鍾，九歲從師田寶琳學戲，在「三慶班」跟著崇富貴練功。後來，又拜了謝雙壽為師，才正式學唱青衣。在不斷進步的道路上，王瑤卿廣搜博覽，集腋成裘。他還向張正荃、杜蝶雲學習刀馬旦，前後學會了能戲一百多出。這些劇碼，大體囊括了京劇旦角表演程序的各種技藝，文、武、崑、亂，相容並蓄，為他後來的舞臺實踐和傳道授業方面，打下了無所不能的基礎。

王瑤卿十九歲時，搭入「福壽班」登臺演戲。邊演出邊向名伶時小福、李紫珊（萬盞燈）、陳德霖等名家求藝，技藝大進，名聲隨之雀起，成了一代紅伶。當年，北京九城任何一個戲園子裏都有一間包廂。這個包廂平時寧可空著，也不能對外賣票，是專門留給昇平署官員們聽戲的「官座兒」。王瑤卿的演出，被昇平署官員看中，在他二十三歲的時候，就被選為外學民籍學生，定期到景山或南府排戲，以備宮中調用。就這樣，他有機會經常進入清宮演出，並受到慈禧太后的嘉許。在《清宮檔案》的《恩賞檔》中，常有他受到賞賜的名字。

王瑤卿在舞臺上的表演善於革新，勇於突破。他率先打破了青衣「抱著肚子傻唱」的舊傳統，能根據劇情戲理使舞臺人物活動起來。最突出的一點，也表現在演出「旗裝戲」方面。他首先對旦角的旗頭進行了改造，把舊式低矮的「兩把頭」，改用一個支架裝在髮座上，外用青絨布包裹成兩個勻整漂亮的「架子頭」「大拉翅」，翅上再插飾「三花」，在正中絹上一朵大牡丹，兩個翅尖上再絹以兩朵小花或金銀頭飾，顯得人物格外精神漂亮，富有生氣。這一發明是王瑤卿對舞臺人物形象的一大貢獻。

《四郎探母》中鐵鏡公主一角，在舊日的演出中是一個不太重要的裏子活兒，由二旦飾演。原因之一，是公主的旗頭大都梳得不好看，因為沒有髮座，髻基不穩，髻上再絹上各種花式，被贅得前傾後仰，走起路來顫顫巍巍，令人發笑。公主上臺後，頭剛一動，髻翅就東倒西歪，能引得臺下觀眾發噱不止。如果梳不好時，還會出現在臺上「散髻」的事故。這可是臺上的大忌，觸犯了祖師爺，還要跪香請罪。據「清逸居士」愛新覺羅・溥緒先生說：

因昔年戲班中扮演旗裝梳兩把頭不得樣，故當日凡笑旗人家婦女兩把頭梳不好，皆謂之《探母》公主的頭。以此可知。後自王瑤青（卿）在福壽班時，始將旗頭梳好。

我家親戚田淞先生曾在五十年代初，在中國戲校當過王瑤卿校長的秘書，據他回憶：

王瑤老曾經在學校講過關於梳旗頭的事。他說，當初鐵鏡公主改梳用青絨包製的「架子頭」時，是受到恭王府瑞大奶奶的啟發。他在一次堂會中見過瑞大奶奶一面，那時他在臺上，瑞大奶奶坐在臺下後排的正中，旗頭梳得別提多周正漂亮了，又黑又亮，正中一朵大絨花，可打眼了。回到後臺，我悄悄地向府中管事的阿福問過，瑞大奶奶五十開外的人了，怎麼頭髮那麼好啊？因為阿福專門在後臺張羅，所以與我們這一行人混得廝熟。他就趴在我耳邊說，那是假的，是用平絨裹的。您老人家的頭髮掉得利害，可難梳了。全是身邊的胖媽兒給鼓搗的。

事後我就琢磨，現而今大家主都講究梳「大京樣」，兩個髻翅都提的挺高，何不設計個架子固定在髻座上，上裝時即方便又好看，反正是在臺上，臺下也看不出個真假，何樂而不為哪。我這個人，想幹的事，說幹就幹。我就把「梳頭桌兒」小四兒叫來，一塊兒琢磨。他說我這個主意挺好，就回去打樣子。做了一副「架子頭」，挺周正，可就是裝不上去。小四兒就說，乾脆我們託阿福把胖媽兒請過來，幫著鼓搗鼓搗，出出主意。我說可以。就讓小四兒去找阿福。誰想阿福連連推託，口口聲聲不敢應，說府裏規矩大，這個忙可幫不了。不過，他到是給指了個道兒，說瑞大奶奶看過王大（瑤卿）的戲，可叫王大自己跟瑞大奶奶去說。就這麼著，我還特意去府裏給她老人家請了個安，順便把我的想法和遇到困難向瑞大奶奶說了。瑞大奶奶特別開明，當即就應了。不過您說，我離不了胖媽兒，她也不會到你那兒去的。乾脆，你得空兒帶著小四兒過來，找間屋，叫胖媽兒教教你。

就這樣，胖媽兒真幫了大忙，一起鼓搗了好多次，最後才定了型，琢磨出「上頭」的方法，順手把小四兒也教會了。小四兒有眼力見兒，還認胖媽兒當了乾媽。就這麼著，梳好了之後，瑞大奶奶

要過目。那天真熱鬧，我早晨扮上了之後，自己都覺得眼睛一亮，穿上了花盆底兒，一進慈恩堂的大門兒，我都傻了。恭王府上上下下的女眷和老少爺們都擠在了堂屋裏等著看我，沒點道行，讓人看也看毛了。就這麼著，近身、請安、見禮；再左轉身兒、右轉身兒，幾十雙眼睛把我上上下下看了個夠。真象看「希希罕兒」一樣。記得當時天已秋涼了，可我的汗珠子叭噠、叭噠地直往下掉。這陣式可根臺上演戲不一樣，整個是個「當面審賊」！事後，不出半個月，是瑞大奶奶的生日。府裏的堂會點的就《坐宮》。那是我頭一次梳「架子頭」，一出場就是個滿堂彩。瑞大奶奶那個得意勁兒就甭提了。連胖媽兒走路都橫起來了。從此，這個旗頭樣兒就這麼興起來了。不僅行內時興，就是皇親國戚也都跟著學。

徐珂在《清稗類鈔》中記有《王瑤卿有名貴氣》一條，寫道：

　　王瑤卿少時姿首，不過中人，而有一種名貴氣，盛飾衣冠，儼然貴族。與譚鑫培同供奉內廷，有青衣叫天之號。孝欽後甚眷之，每頒賞，必與譚垺，故頗饒私蓄。

　　王瑤卿會演戲，不僅頭梳得好，身段好，他還能著力刻畫人物，把公主對楊四郎的「情」和「義」都表現的十分突出，細膩的表演，加之一口標準的「京白」，在發聲、吐字、氣口上極盡輕重疾徐、抑揚頓挫的變幻之妙，使公主躍然生輝。他的演法，全然改變了以前的路數，唱、念別有創新，一直流傳至今。

王瑤卿（1881～1954），原名瑞臻，字稚庭，號菊癡，晚號瑤青，齋名「古瑁軒」，祖籍江蘇淮安。其父為晚清著名崑曲演員王絢雲。王瑤卿在光緒三十三年（1907年）演（坐宮）時，「兩把頭」就衍變為青緞製成高大的橫架置於頭頂，側垂流蘇，腦後髮梳成燕尾式的「大拉翅」，俗稱「架子頭」。此照為青年時期的王瑤卿在《八本雁門關》中飾演蕭太后。見刊於《京劇史照》。

此外，他在《八本雁門關》中，飾演蕭太后也是一絕，一出場即采聲不斷，連慈禧太后都連聲誇讚王大不凡。

王瑤卿的「旗裝戲」演得精彩，就願意多多顯露。他還把旗裝的扮相引用到其他戲中去，例如《珠簾寨》戲中的二皇娘，原本與大皇娘同一扮相，穿女蟒、戴鳳冠，在筆者編纂的《清宮戲畫》一書中，有同光時期二皇娘扮相圖畫做證。後來，二皇娘穿旗袍、梳「兩把頭」，就始自王瑤卿。《塞北奇緣》（馬連良重排時改為《蘇武牧羊》）中的胡阿雲的旗裝扮相，也是王瑤卿先生的首創。

慈禧和光緒在同一年先後過世之後，三十七歲的王瑤卿在宣統元年（1909）就自己組班演出了。從此，改變了以往京劇舞臺上以老生領銜的局面，他以旦角掛頭牌，形成獨樹一幟的「王派」藝術，時人將他與譚鑫培並稱為「梨園湯武」。

王瑤卿在四十多歲時，嗓子突然「塌中」了，亮音全無，不得不離開舞臺。從此，在馬神廟家中高搭杏壇，傳道授業。入室弟子無數，主要傳人除了「四大名旦」梅蘭芳、荀慧生、程硯秋、尚小雲之外，還有趙桐珊、于連泉、榮蝶仙、徐碧雲、王玉蓉、朱琴心、黃玉麟、程玉菁、雪豔琴、華慧麟、章遏雲、于玉蘅、劉秀榮、謝銳青等數十人，真可謂「桃李滿門」，成為京劇界的一代宗師。

假鳳虛凰姜妙香

在「四大名旦」還未成氣候的時候，唱「旗裝戲」的還有一塊美玉，那就是唱小生的姜妙香。

清帝遜位之後，民國政府成立，在革命新人的宣導下，一切推行新政，戲曲界的陳規陋俗也要打破。首要推翻的就是培養「歌郎」的私寓制度。精忠廟會首田際雲思想維新，他與社會賢達一起上書國民政府，要求取締各種「相公堂子」。這一建議得到了社會各界的廣泛支持，政府也雷厲風行，發布《布告》，即日取締。於是，前門外一帶的堂子、私寓紛紛關門謝客，改弦易轍了。這也是戲劇界的一件大事。當時尚寄身私寓的許多男旦和尚未成年的變童，都得到了解放。其中也包括尚在學戲的梅蘭芳和姜妙香。

姜妙香，本名姜紋，字慧波，係河北直隸獻縣人。幼年寫入田寶琳門下，從陸小芬學青衣。五、六歲就能唱一些段兒活，如《起解》、《武家坡》等。七歲拜謝雙壽為師，學習青衣，進步很快。初次登臺演出《三娘教子》，便得到

一致好評，認為他是個好「坯子」。九歲初頭，他就正式登場唱帽兒戲了。他嗓子好，會戲多，而且身材長得高，十一、二就有一米五、六了。扮出戲來真是個婷婷玉立的美少女，戲班裏都叫他「姜大個兒」。也有人說他發育過早，將來長成一個細高挑兒，祖師爺的這碗飯就吃不成了。

說也怪，在他十四、五正式搭入「寶勝和班」的時候，身子便定了型，再也不長了。常貼演《落花園》、《孝義節》、《彩樓配》等唱功戲。由於他嗓音嘹亮、氣力充沛、口齒清晰，講究輕重緩疾，剛柔相濟，很是為人稱道。他的「旗裝戲」唱得也好，個子高，梳上旗頭，在臺上嫋嫋婷婷，秀色可餐，很是受人歡迎。他常與王鳳卿、賈洪林合演，每貼《坐宮》，定賣滿堂。

彼時的姜妙香嗓子好，能連唱兩個小時都不覺吃力，有「姜八刻」的美譽。就在他旦角表演的極盛時期，因為勞累過度而吐血輟演，一病兩年。病情稍好後，嗓音恢復較慢，嗓音轉暗，有些瘖啞。在高人的指點下，他在二十一歲時拜了馮蕙林、陸杏林為師，改唱小生。從此，鳳鳴鶯囀、龍吟虎嘯，剛柔相濟，更揚其長。一入道，便以勝籌在握，不幾年就成了無人所及的名小生。關於他改工的事，《立言畫刊》第 26 期的《俠公劇話》中有這樣一則記錄：

> 姜妙香字慧波，幼時原從陸小芬學青衣，能《探母》、《進宮》、《母女會》諸劇，品貌秀麗，歌喉清脆，不在梅蘭芳後下。與王蕙芳、朱幼芬同入廣德樓時，曾聆與王鳳卿、劉鴻升（鴻升是時唱花臉）合演《二進宮》，藥行會館同仁堂樂宅祭神堂會，與老譚演《探母回令》，扮鐵鏡公主，聲調悠揚入味，臺下靡不讚賞。逾念歲患吐血症。徐州張勳堂會，由胡二立提倡改小生。是年十月，孟小如等在張處演《探母》，妙香飾楊宗保為首創。《探母》孟小如飾四郎，王蕙芳公主，梅蘭芳四夫人尚記憶。妙香由徐歸京後，即投入馮蕙林門牆，進行學小生戲不輟，二十年來執弟子禮弗衰，馮對妙香器重，故以愛女金芙妻之。妙香蒙師陸小芬，亦青衣改小生，師徒如一，可謂無獨有偶也。（見《立言畫刊》《姜妙香二十四歲改小生，首在徐州堂會演《探母》飾楊宗保》一文）

姜先生演戲認真，一絲不苟，且認真琢磨，勇於創新。就拿《四郎探母》來說，舊日裏楊宗保《巡營》一場，一般只唱兩句搖板，「適才領了父帥令，尋營嘹哨要小心。」姜先生經過反覆推敲，研究出了一段精彩的「娃娃調」，即在楊宗保唱完前兩句〔西皮散板〕之後，道白：「俺，楊宗保。奉了父帥將

令，巡營了哨，這軍士們，聽爺一令！」接唱〔西皮導板〕：楊宗保在馬上忙傳將令，轉〔慢板〕：

> 叫一聲眾兵丁細聽分明：
> 蕭天佐擺下了無名大陣，
> 他要奪我主爺錦繡龍廷。
> 向前者一個個俱有封贈，
> 退後者按軍令插箭遊營。
> 耳邊廂又聽得鑾鈴震，
> 〔西皮散板〕軍士撤下絆馬繩。

　　這段唱合於劇情，把這一人物描摹得淋漓盡致，即不張揚攪戲，又為全劇增光，受到內行的一致認可，後來的演唱者也都競相仿傚，這段詞也就成為經典保留了下來。

　　正因為姜先生人好、戲好，忠厚、守職，長期為梅蘭芳配戲，其小生腳色均有姜妙香一人充任，如「紅樓戲」中的賈寶玉、《玉堂春》之王金龍、《白蛇傳》之許仙等，二人配合嚴密，默契很深，實為梅蘭芳的得力助手。二人合作長達四十六年之久。

　　姜妙香有這綽號叫「姜聖人」。說明他平日裏為人歉和，與世無爭，嚴於自律、事事讓人的性格。據說他這個「聖人」綽號，還與「旗裝戲」有關。有一天晚上，他唱全本《四郎探母》，下了場，已近子時。劇場外雷霆大作、風雨交加。他坐黃包車回家，車子在胡同裏七轉八轉，快到豬毛胡同時，從暗處猛不丁地殺出一個截道的來。手裏拿著一把菜刀，把車夫轟到一旁，說道：「俺手頭緊，要借點錢花。窮小子站一邊，我放不過坐車的。」說著，衝著車裏一陣亂比劃。坐在車內的姜妙香不驚不怕，慢條似理的說：「您這是幹什麼嘛？著這麼大的急，有話慢慢說。得，剛開的戲份全給你。夠不夠？這還有塊懷錶也給你。」

　　這下可把賊樂壞了，伸手接過錢和表，把菜刀往地下一丟，說道：「這回我可碰上聖人了。得，謝了您哪！我是窮瘋了，您可別跟我一般見識。」說罷還鞠了個躬，一拐彎，就跑了。拉洋車的在一旁埋怨姜先生：「您幹嘛這麼大手哇？」姜先生說：「嗨，這麼大的雨。這年頭幹哪一行都不容易。」從此，姜妙香就落下一個「聖人」的雅號。

姜妙香（1890～1972），京劇名伶。直隸獻縣（今屬河北）人，梅蘭芳先生的老搭當。這張照片是姜妙香在十五歲飾演鐵鏡公主時所攝。原為傅惜華先生所存，三十年代初，傅先生將之捐贈京劇研究所。齊如山視為奇珍，遂在《國劇畫報》上刊登出來。藉以說明姜妙香不僅是「小生泰斗」，早年間唱旦角也是隻金鳳凰哩。

三、擅演「旗裝戲」的男旦們

　　男旦，是中國戲曲裏的一個專用名詞，在戲劇史上有著悠久的歷史。它是一種戲曲表演行式，簡單的說來，就是戲曲裏男扮女裝、男唱女腔的一類角色，屬於反串藝術的一種。國學大師陳寅恪有詩云：

　　　　改男造女態全新，鞠部精華舊絕倫。

　　　　太息風流衰歇後，傳薪翻是讀書人。

（見《陳寅恪詩選·男旦》）

　　「男旦」由來已久，漢代初年，叔孫通制定郊祀儀式時，就設有「偽女伎」一行。所謂「偽女伎」，就是「男人裝扮的女人」，在這種嚴肅的祭祀儀典上，准其粉墨出場，登臺演戲。此後，宋代院本、元雜劇、明傳奇也多由男演員扮演女角色進行演出。由此，才出現了前邊所說的「相公」與「歌郎」。

　　民國建元伊始，所有「相公堂子」都被政府明令取締。扮演旦角的男性演員，侑酒陪客的行徑逐漸消失，「歌郎」一詞便退出了歷史舞臺，代之以「男旦」的稱謂。「男旦」，亦稱「乾旦」，是相對於女性演員的「坤旦」之稱而形成的，從民國至今，成為戲劇行當中的一種獨特的演出群體。

　　由於男性的生理原因，男旦的假聲結實，音色脆亮，而且中氣足，有厚度，因而醇厚打遠，持久耐聽。另外，男旦的扮相，尤其年輕的時候，由於輪廓清晰，線條明朗，扮出來並不比女人差，有的甚至超越女人。中年之後，或許會更加飽滿豐腴。雖然不少坤旦比男旦的扮相更漂亮，但是，在講究唱、念、做、打的藝術表演中，戲劇追求的並不只是生活的再現。男性雖然不具備生理方面的優勢，但更會注重通過細節來刻畫心中完美的女性形象，往往男旦身上的「女性美」，更富有戲劇幻化的藝術色彩，因此也就更加嫵媚動人。

　　此外，男旦的武功把子以至「打出手」的技藝更加高超一些，這是一般坤旦難以企及的事情，尤其飾演刀馬、武旦，男旦的優勢更為明顯。而且相對來說，男旦的藝術生命力要比坤旦長得多。積於以上諸種因素，民國以降，舞臺上的「男旦」一直久踞輝煌不衰的地位。

　　直到二十世紀五十年代，新中國成立，文化部正式行文「移風易俗」，主張「男演男、女演女」，不提倡「男旦」佔據舞臺；並要求各地戲曲學校，「今後不要再培養男旦了」。從此「男旦」走入頹式，五十年代，依然活躍於舞臺上的只有張君秋、黃桂秋、王吟秋、閻世善、李金鴻、趙榮琛、楊榮環等為數不多的幾個人，而且劇團並不經常安排他們演出。進入六十年代之後，毛澤東提出「把帝王將相、才子佳人趕下舞臺」，要把「被顛倒了的歷史再顛倒過來。」於是，大小劇團一律把舊戲「封箱」，開始大演「革命現代戲」。儘管張君秋一類的「男旦」也一再向組織表示，今後一定「革面洗心、重新做人，自我革命、緊跟行勢」，但是，最終也逃不出被「掛起來」的噩運。

　　1963 年之後，全國所有的「男旦」基本上都「停工歇業」了。接著「文革」爆起，大多數「男旦」被打成「壞分子」和「牛鬼蛇神」，關進「牛棚」，進行勞動改造。荀慧生、筱翠花、楊畹農、許翰英等均被侮辱迫害中死去。「男旦」這一行瀕臨滅頂之災，被「踏上一萬隻腳，永世不得翻身」。

　　如今，我們要談民國以降擅演「旗裝戲」的男旦們，必然要從「四大名旦」說起。「四大名旦」的這一提法，最早見於 1921 年出版的天津《大風報》創刊號，當時的主筆沙大風為了譏諷曹錕內閣安福會議員程克等四人湊在一起結黨營私，組成了「四大金剛」，而提出京劇「四大名旦」、越劇「四大名旦」和電影「四大名旦」等語，藉以諷刺類比。這一時期「四大名旦」的提法還沒有確切的定指。

　　到了二十年代後期，梅、尚、程、荀「四大名旦」的正式形成，是與日本籍劇評家辻聽花有著千絲萬縷的聯繫。辻聽花，是一個「中國通」，也是個富有傳奇色彩的人物。他的本名叫辻武雄，號劍堂。生於日本明治元年（1868），係日本熊本縣人氏。1898 年，他從日本慶應大學畢業，為考察中國教育來到北京。在京、津兩地友人的邀請下，觀看了不少京劇。從而，對中國京劇產生了強烈的興趣。他在《中國劇及劇本》一書中寫道：「不可思議的是，從我初次觀看中國劇的那一刻開始，就十分喜歡，覺得很有意思。」為此，他給自己起名叫「聽花」。「聽」，是「聽戲」；「花」，則是指「花部」或是「花旦」而言。

辻聽花（1868～1931），本名辻武雄，號劍堂，他寫詩時多署「劍堂」，而評戲時則署「聽花」辛亥革命以後，辻聽花在北京擔任《順天時報》的副刊編輯，1927年6月20日，他和一些社會賢達在《順天時報》上撰文，發起了轟動一時的「徵集五大名伶新劇奪魁投票」活動。經過二十多天的投票「海選」，結果選出了梅蘭芳、尚小雲、程硯秋、荀慧生和徐碧雲五個「男旦」，並稱為「五大名伶」。辻聽花與京劇界的朋友（右為辻聽花）

辛亥革命以後，辻聽花在北京擔任《順天時報》的副刊編輯，在此期間，他每天聽戲，結識了不少戲園老闆、名伶和梨園界人士。自此開始撰寫劇評，對中國京劇進行了深入的理論研究。在他居京長達二十多年的「戲迷」生涯中，他利用報紙的力量和廣泛的人脈，策劃和贊助過許多梨園活動。1927年6月20日，他和一些社會賢達在《順天時報》上撰文，發起了轟動一時的「徵集五大名伶新劇奪魁投票」活動。經過二十多天的投票「海選」，結果選出了梅蘭芳、尚小雲、程硯秋、荀慧生和徐碧雲五個「男旦」，並稱為「五大名伶」。當時，朱琴心的票數僅次於徐碧雲了了數張，便名落孫山，令不少戲迷為之扼腕。

徐碧云是梅蘭芳的妹夫，自幼從吳彩霞學戲，唱、念俱佳。他又擅於踩蹻、打出手，喜歡排演新戲，他的《芙蓉屏》、《盧小翠》、《薛瓊英》、《蝴蝶杯》等戲，都極有號召力。尤其以《綠珠墜樓》一劇最為轟動。劇中不僅有大段唱功，而且在綠珠墜樓時，要從三張桌子上凌空翻下，而後平躺於臺上。其難度之大，旦行中幾乎無人可比，就是專工武打的演員對這一招，也視為畏途。

　　1931 年 6 月，杜氏祠堂落成時，全國京劇名伶雲集滬上，連演了三天堂
會大戲。徐碧雲與梅蘭芳、尚小雲、程硯秋、荀慧生全部蒞臨，且以「五大名
旦」的名義，合作演出全部《紅鬃烈馬》，他們五人分別在該劇不同場次中飾
演王寶釧。徐碧雲的《彩樓配》；尚小雲、貫大元的《三擊掌》；麒麟童、王芸
芳的《投軍別窯》；程豔秋、龔雲甫的《探寒窯》；郭仲衡、芙蓉草的《趕三關》；
梅蘭芳、譚富英、言菊朋的前後《武家坡》；譚小培、雪豔琴的《算軍糧》；荀
慧生、姜妙香的《銀空山》；最後是梅蘭芳，荀慧生，馬連良，龔雲甫的《大
登殿》。這齣戲唱足了有四個多鐘頭。這種陣容在京劇史上，堪稱空前絕後。
不幸的是，徐碧雲得意洋洋地從上海歸來之後，在一次朋友的聚會中，不加檢
點，酒後失態，竟然犯了一個「調戲婦女」的罪名，被人告上了法庭。因為證
據確鑿，無法抵賴，被法院判刑，拘役三個月。每日在獄卒的監視之下，身穿
號坎兒，在大柵欄抬糞桶、打掃衛生。人們爭相圍觀，一代名優，頓時威風掃
地。從此，徐碧雲一蹶不振，刑滿離京它去。所以，他的名字很少再被人們提
起了。就這樣，原本「五大名伶」之稱，很快就變成「四大名旦」了。

1927 年，《順天時報》「徵集
名伶新劇奪魁投票」活動選
出了梅蘭芳（後排居中）、尚
小雲（左）、程硯秋（前排居
中）、荀慧生（右）並稱「四大
名旦」。下圖為早年報刊合成
內「四大名旦」的旗裝戲像
（從左至右為序）分別為尚小
雲、梅蘭芳、荀慧生、程硯秋。

　　從近代戲劇史研究的角度來看，《順天時報》的投票活動，應是「四大名
旦」產生的源頭。此舉，另一重大作用，它促進了京劇表演藝術由生角擔綱，
開始向以旦角為主的轉移。這次活動的發起人、組織人，乃至從活動一開始
的文告，直至活動結束後的總結，都出自辻聽花一人之手。通過這次歷時月
餘、廣泛發動群眾參與的投票活動，在促使人們關注新劇的同時，奠定了「四
大名旦」的百年江山。

　　對於梅蘭芳、荀慧生、程硯秋、尚小雲這四位傑出的「男旦」說來，他們

以各自的風格特色，各自的代表劇碼，逐漸形成了「四大藝術流派」，創造了京劇舞臺爭奇鬥豔、絢麗多姿的鼎盛年華。當年，劇評家「雪鴻齋主」在《申報》上發表過一篇頗有見地的文章，既《平（京）劇「四大名旦」之比較》。他在文中說：

> 平（京）劇演員素來分為「生、旦、淨、丑」四行，因為過去生行的人才濟濟。且在舞臺上常居主要地位，以主角身份來演出。所以，無形中造成了生角，尤其老生的超然地位。但是，進入民國以來，生行已漸見衰落，成就卓然的老前輩們，老的老，死的死，而後輩繼起的善才很少。加之旦行中梅蘭芳的雀起，一鳴驚人，程硯秋、荀慧生、尚小雲、徐碧雲、朱琴心等輩的相繼而出，雖然名稱上依舊是「生、旦、淨、丑」的那樣稱呼著，但在事實上，旦行的地位已開始躍居於生行之上了。其中，尤以梅蘭芳、程硯秋、荀慧生、尚小雲四人的造詣最深，時至名歸，自然造就了梨園界「四大名旦」的榮銜。至於，他們四人的藝術特色究竟如何，各界早有定評。現在就筆者個人的見解，加以論評，是否之處，尚希諸戲劇專家予以指正焉。

> 梅蘭芳過去有「伶界大王」的尊稱，遊美後更加上了一個「文學博士」的榮銜。這天之驕子，足以在戲劇界裏自豪了。論他的藝術呢，的確有許多獨到之處，加之天賦本錢之足，當然給予了他不少的幫助。現在就他的唱做各方面加以觀察：他的嗓音屬宮，寬亮甜潤，聽來非常悅耳；加之說念清脆，京白流利，無怪他那樣吃香了。至於做工，落落大方，毫無拖泥帶水之弊，而且扮相娟秀，表情細膩，到處能體會劇情，一舉一動，都能恰到好處。榮據旦行盟主，當然不是一件偶然的事情哪！

> 程硯秋嗓子是唱戲人的本錢，硯秋就吃虧在這本錢上。但是聰敏人自有聰敏人的辦法，他竟丟過了沒有嗓子的死唱，而去往腔上用工夫，結果，就在這「程腔」上大大吃香。可見天下的事情全在人為的了。硯秋的嗓屬商，唱時高若猿啼，細如游絲，悽楚動人。加之他的扮相清麗，做派端莊，最合乎做悲旦的條件。而且他的臺步，非常穩煉，據說走的是丁字步，所以雙雙金蓮，從不會露出裙外。這種絕技，恐怕不是一般俗伶所能注意到的吧。此外他的跑圓

場的漂亮，水袖工夫及屁股墊子工夫的深，都不是他人所能及的。所以能與蘭芳相匹敵的，硯秋一人而已。

荀慧生小留香館的聰敏，不在梅、程之下。他感到梅程的作風，全往大家風範上去追求，但小家碧玉，自有小家碧玉的美處在，於是一貫他「俊俏」的作風。果然不出所料，大為顧曲家所讚賞。慧生的嗓音屬羽，唱來調門很低，但行腔宛轉，嫵媚非凡。並且他身材婀娜，雙目脈脈含情，最為惹人憐愛。加以踩蹺工夫，為「四大名旦」之冠，演花旦戲，不是他人所能及得到的。

尚小云：蘭芳、慧生嗓子的甜，當然為顧曲者所樂聞。而硯秋的苦，也很受聽者賞識。但他們只能為柔弱之音，而不能歌爽脆之句，這就是小雲的所以別成一家了。小雲的嗓屬宮，唱來「爽」「朗」二字，兼而有之。筆者曾聽到小雲唱《三娘教子》中「割斷機頭⋯⋯」之句，斬釘截鐵，毫無苟且，這在梅、荀固不能，求諸硯秋，也未必能如此直落。所以「響遏行雲」這四個字，除了小雲之外，恐怕很難再得到比較適合的人了。而且小雲的武工，在四大名旦中，堪稱獨步，「允文允武」這四個字，小雲也可以受之無愧。

總之，蘭芳雍容華貴，自然大方，完全大家風範，以演《四郎探母》的公主，《太真外傳》的楊玉環最合身份；硯秋穩重端莊，幽嫻貞靜，如一大戶閨秀，《金鎖記》中的竇娥，《會審》中的蘇三，演來最為適合；慧生娉婷婀娜，俊俏風流，十足小家碧玉，《鴻鸞禧》、《花田錯》等劇，非此君莫屬；小雲剛毅果斷，有如巾幗英雄，以演《出塞》裏的昭君，《能仁寺》中的十三妹，颯颯英武，無人匹敵。

以上的評語出自《鎖麟囊》誕生之前，寫得十分懇切。待程硯秋的《鎖麟囊》一登氍毹，「程派」的聲勢便直逼梅郎了。同樣，「四大名旦」在「旗裝戲」的領域內，也各有樹建，各具風姿。即使他們演的同是一個人物，在不同風格的表演中，也表現出各自不同的風味，足以令人咀嚼至今，猶有拍案稱絕之處。早年，王瑤卿曾給這「四大名旦」每人有一個「一字評」，仔細品味，實有入木三分的點睛之妙，其意直白坦誠、恰如其份地反映了他們各自的藝術特點。這四個人的「一字評」是：

梅蘭芳——「樣」；

程硯秋——「唱」；

荀慧生——「浪」；

尚小雲——「棒」。

而下，我們也用這四個字，分別審視他們演出的「旗裝戲」，也不失為不確。從中，還可以引帶出很多有趣的故事來。

梅蘭芳的「樣」

梅蘭芳，名瀾，字畹華，乳名裙姊。漢族，原籍江蘇泰州，長期寓居北京、上海。他家世代梨園，祖父梅巧玲，父親梅竹芬、伯父梅雨田，兒子梅葆玖、女兒梅葆玥，都是京劇表演藝術家。但葆玖之後，梅家子弟均不再唱戲而專心它務去了。那麼，今後「梅派」藝術的香火，就靠梅門弟子們承繼傳流了。這一點，梅家不及譚家，譚家自譚志道算起，是七代嫡傳。譚鑫培、譚小培、譚富英，到譚元壽、譚孝曾、最後還有個譚正岩。一門數代矢志從藝者，在中國戲劇史上已是十分難得的了。

關於梅蘭芳的成長和藝事的記述多如牛毛，筆者在這裡就不多講了。梅蘭芳天慧聰穎，扮相富麗，唱腔圓潤，臺風雍容大方，一出場便不同凡響。所以，他在青少年時代就得到許多顧曲家的呵護。尤其得到齊如山、馮耿光、李釋勘等一大批「梅黨」的幫助。大家集思廣益、精心設計，以雄厚的資金和深厚的文化底蘊為後盾，為梅蘭芳寫劇本、投資、排新戲，加之梅蘭芳自身對藝術不斷的探求和實踐，在唱腔、念白、舞蹈、音樂、服裝、化妝等各方面，都有著突出的創造，逐步形成了自己的藝術風格。開拓出獨領風騷的「梅派」藝術，成為「四大名旦」之首。

梅蘭芳與其他三位同行一樣，業餘文化生活，都精於書法、繪畫。但是在二、三十年代，初興的黑白照片著色，既「染相片」的技術，梅先生則是獨擅其長的。本書所刊登的這張《四郎探母》彩照，就是梅先生自己親手染製的。至今色彩鮮豔，渾若天成，好似如今的彩色照片一樣。這幀作品，不僅反映出梅先生的繪畫天才，而且，更生動地描繪出梅先生早年演出「旗裝戲」的風采。

梅蘭芳曾對許姬傳先生談過他塗染這張照片的經過，他說：

> 早年沒有彩色照片，有些帶彩的照片是照相館的技術人員上的色。這張照片是我上的彩，當然要比照相館地道些。因為我會繪畫，同時多年來設計行頭的圖案花紋色彩，知道各種顏色的搭配，如何美觀協調而又符合劇中人的身份性格。（見《梅蘭芳文集》）

梅蘭芳（1894 年 10 月 22 日～1961 年 8 月 8 日），名瀾，又名鶴鳴，乳名裙姊，字畹華，別署綴玉軒主人，藝名蘭芳，清光緒二十年（1894 年）出生於北京，祖籍江蘇泰州。中國京劇表演藝術大師。近日筆者在研究旗裝的時候，在《瀋陽故宮舊影》中看到了末代皇后婉容的一幀身著「旗蟒」的老照片，此時的婉容身體欠佳，已面帶病容。但從中我們可以看到，京劇舞臺上的「旗蟒」在款式與圖案設計方面幾乎沒有區別。

這張鐵鏡公主的旗裝照，也是梅先生在舞臺演出中最得意的一個扮相。公主穿的這身旗蟒，是「梅黨」們綜合了前輩藝術家時小福、陳德霖、王瑤卿等人穿戴過的行頭式樣，經過仔細對比斟酌、去粗取精，根據時代潮流的變化，將舊的旗袍減肥、收腰、加袗、收擺，重新設計。圓領、大襟，寬袖，穿時內襯「領衣兒」，外掛朝珠，下擺拖到腳面。身上的團龍、祥雲、立水，線條清晰、紋路美觀。原本由上海福州路的九福盔頭社監製，老闆怕自己的繡工誤事，毀了牌子，寧願自己賠錢，悄悄地下了蘇州，繡了半年才算完成。

梅先生扮的鐵鏡公主，「旗頭」向來由夫人福芝芳親自來梳，頭上的飾物也是由夫人親手插戴。「大拉翅」上花朵的顏色、鳳釵的款式、珠花的大小、流蘇的長短，都經過反覆試選後才最終定型的。飾物用的全是上等材料，正中的大鳳通體紅絨點翠，鳳嘴兒所銜是一顆愈寸的大東珠。就這顆東珠在當年的市值，便可置上一所宅子。

梅先生足下穿的「花盆底」也頗有來歷。大柵欄鞋店「內聯陞」的老東家，最愛看梅先生的「旗裝戲」，總想借個因由與梅先生套套近乎。想來想去，還是給梅先生送對「旗鞋」最為恰當。一來是櫃上是賣鞋的，二來，若是梅先生穿上本櫃的出產，也是件難得的口碑廣告嘛！不過，「內聯陞」做「旗鞋」並不是自己的長項。雖說「內聯陞」侍候北京四九城各王府的老少爺們的腳，無微不至，而且櫃上都存有他們的鞋樣底檔。但是，各王府、大宅門內眷們

鞋的製做，是從來不經「外人」之手的。所謂「外人」，就是決不從外邊買來穿的。而是由自家專門做鞋的下人，自產自用。起先，老掌櫃監督著夥計做了兩雙「花盆底兒」，外觀的樣子仿清宮大內，看著真不錯，就親自送進了無量大人的梅宅。梅先生待人謙和，還親自出面千恩萬謝。對此，老掌櫃好不得意，逢人就講：「咱與梅先生如何如何。」但是，到了演戲時才發現，梅先生腳底下根本沒穿櫃上做的那雙。

老掌櫃的挺納悶兒，向後臺管事兒的一打聽，說是樣子不錯，但底子好像有點向後傾，不跟腳。老掌櫃的不甘心，又讓夥計們做了兩雙，不上底子，囑夥計帶著「花盆底兒」，到「繼家大院」求繼大奶奶幫忙，讓她們家家養的下人霍六兒把底子給絎上。這一招真靈，不前不後，梅先生穿上正合式，走起臺步即平穩又舒坦。日後，每演公主都穿這雙鞋。這張照片上穿的旗鞋，大概就是當年「內聯陞」老掌櫃的饋贈。

這張彩照，留住了梅蘭芳演「旗裝戲」的風姿倩影，這個扮相和他在別的戲中塑造的角色一樣，講究個「樣」！這個「樣」，就是端莊、秀美、灑脫、大方，有富貴氣，還有書卷氣。清末狀元張謇因為看了梅蘭芳的《四郎探母》，對《盜令》一場的紅「旗蟒」扮相極為讚賞，比喻其像一枝傲雪凌霜的紅梅。歸後，特將大畫家湯樂民所繪的一幅國畫——《紅梅》寄至梅府，並在畫上題了《紅梅寄畹華》的詩句，寫道：

　　　　小湯仕女美無倫，畫作梅花也可人。

　　　　寄與玉郎時顧影，一叢絳雪媚初春。

梅蘭芳一生排演了許多新戲，塑造了無數古代婦女的形象和巾幗英雄。據不完全統計，總數不下二百來位。代表劇碼有《宇宙鋒》、《貴妃醉酒》、《霸王別姬》、《遊園驚夢》、《販馬記》、《洛神》、《抗金兵》、《鳳還巢》、《生死恨》和《穆桂英掛帥》等等。而老一輩的觀眾則說：「梅先生演的鐵鏡公主，是所有男旦中最有光彩的。聽他的《探母回令》，那才是真的過癮！」

張伯駒先生的《紅氍紀夢詩》中有一首《四郎探母》詩，專寫梅先生的扮相：

　　　　菊部祖孫是世家，五朝聲譽滿京華。

　　　　嚴妝儀態誰能比？此是梨園富貴花。

　　　詩後有注云：「梅蘭芳五世為伶，自清末騰譽京華，已經五朝。

　　余十八歲時，認豫王福晉為義母，見福晉嚴妝儀態，儼若天神。梅

演《四郎探母》公主，余睹之，雍容華貴，與福晉無二，在花中人
以花王譽之非虛。王瑤卿對四大名旦各有一字之評，對梅評一『樣』
字，亦甚恰當。」

梅先生在尚未大紅大紫之前，也常演「旗裝戲」《查關》、《雁門關》等。
但成名之後，就不再動了，只演《四郎探母》中的鐵鏡公主。他先後與眾多著
名老生合作過這齣戲，如「汪派」名宿王鳳卿、「譚派」傳人譚小培、譚富英
父子、「余派」創始人物余叔岩、「馬派」創始人馬連良、「麒派」創始人周信
芳、「楊派」創始人楊寶森、「言派」創始人言菊朋，以及李少春、管少華、紀
玉良等人，都有過相當精彩的合作，留下了不同版本的錄音傳世。此外，他
還與許多著名的老生名票如：程君謀、孫鈞卿、王琴生等人聯袂合作過這齣
戲。他們的《坐宮》一折，均有錄音流傳，成為後學的範本。

其中，他與孟小冬合演《四郎探母》，還敷衍出一段佳話和煩惱。1925 年，
梅蘭芳三十一歲，孟小冬年僅十七，但孟小冬在舞臺上已很有名氣了。他二
人的相識，是在馮耿光家中一起排練《坐宮》，計劃合作進行業務演出。他二
人的表演配合默契，嚴絲合縫，滴水不漏，在座的「梅黨」們聽得如癡如醉，
撫掌頷首，歎為觀止。大家齊說：「此曲只應天上有，人間那得幾回聞。」在
座的齊如山、馮耿光等人都覺得他二人鸞鳳可配，是「天生一對，地長一雙」。
事後，他們從中一力竄促，促使這一對假鳳虛凰，永結秦晉之好。

孟小冬閒居時，把自己扮成鐵鏡公主的旗裝
照片，懷裏抱著一隻白「哈吧」狗，儼然像
一位旗人貴婦模樣，安逸閒適，悠然自得。
這幀照片，還是梅蘭芳用新買的一架德國
「萊卡」相機親自拍照攝的，一直歸入私人
秘檔，鮮為人知。但從這幀照片中，也可以
看到彼時賦閒在家的孟小冬內心世界是何
等的孤寂與無奈。

梅蘭芳喜歡孟小冬的年輕、美貌和過人的才氣，孟小冬自身也慕梅以久。奈何，梅蘭芳已享齊人之福，家中還有正室夫人王明華和側室夫人福芝芳。冰人想成就此事也非容易。齊如山和李釋戡就想出了一個辦法，因為梅蘭芳的父親梅竹芬早喪，而伯父梅雨田又膝下無子，從族譜上講，蘭芳曾過繼給梅雨田為子，「兼祧」兩支。那麼，而今雨田一支有後，而竹芬一支尚空缺無後，於是，便以此為由，讓梅蘭芳先帶孟小冬探望住在醫院裏的王明華。王明華自知體弱多病，不能久長，而且又與福芝芳有隙，故而同意接納小冬，並親口許以孟小冬另居外室，「兩頭為大」。就這樣，眾人背著福芝芳，就把梅、孟的婚事定了下來。

1927 年正月，梅、孟正式結婚，婚禮是在東四九條馮公館裏舉辦的。這件事瞞得滴水不漏，直到「李志剛事件」爆發後，福芝芳才知道詳情。這是後話，且說梅、孟結婚之後，孟小冬便息影舞臺，在家讀書習字，養花蒔草，當了少奶奶。其實，孟小冬內心也很複雜，她從小學藝，唱的是老生，為了得到觀眾和社會的承認，她已把自己的女性天資悉數磨滅，日常生活中，不僅言談舉止，乃至嗓音說話都已趨於男性化。而梅蘭芳哪，他在臺上臺下都像個女人。婚後二人聚於一室，閨房之樂早已被扭曲變型。小冬不唱了，是想努力恢復自己的女兒身，過一過尋常百姓的生活。筆者曾收集到一幀孟小冬閒居時，把自己扮成鐵鏡公主的旗裝照片，懷裏抱著一隻白「哈吧」狗，儼然像一位旗人貴婦模樣，安逸閒適，悠然自得。這幀照片，還是梅蘭芳用新買的一架德國「萊卡」相機親自拍照攝的，一直歸入私人秘檔，鮮為人知。但從這幀照片中，也可以看到，彼時賦閒在家的孟小冬內心世界是何等的孤寂與無奈。

結果未出一年，二人的婚姻就出現了裂痕。九月份，有一位鍾情於孟小冬的戲迷大學生李志剛，因為孟小冬的婚嫁，嫉妒心重而發展到瘋狂的程度。他一心要殺死自己的「情敵」梅蘭芳，以泄「奪愛」之恨。有一天，他帶著一把「博郎寧」手槍，來到東四九條馮耿光的家中找尋梅蘭芳。恰巧，這天梅蘭芳不在馮府，李志剛急火攻心，竟失手槍殺了一名綽號叫「無事忙」的記者。當場被公安局警士抓獲，公訴到法庭，最終被判槍斃。在天橋行刑時，李志剛還口口聲聲地要殺梅蘭芳。此事成為當時北京大小報紙最為轟動的新聞。

梅蘭芳天生膽小，在聲譽、家庭、藝術、做人等種種壓力下，他退縮了，

對孟小冬採取了疏遠和淡化的態度，十天半月也不去看望孟小冬一次。對此冷遇，孟小冬也做出了報復，毅然跳出「樊籬」，也不與梅蘭芳打招呼，自己個兒就組團到天津唱戲去了。

次年，梅雨田的夫人因病去世，孟小冬來到梅宅祭奠。不想，福芝芳堅守大門，就是不讓孟小冬進去。對此，梅蘭芳進退兩難，他苦苦央求福芝芳說：「不看僧面看佛面，讓她進來磕個頭吧。」福芝芳非但不讓，揚言要以死相拼：「你要是讓她進門，我就死給你看。」面對這種尷尬的場面，孟小冬只得淒然離去。從此二人離異，形同莫路，各自東西了。

1931 年，杜月笙的家祠峻工，各方人等均紛紛祝賀。為了慶祝，要唱三天大戲酬賓。一時間，南北名伶薈萃一堂，莫不蒞臨捧場，而且不言報酬。梅蘭芳和孟小冬也全都去了。但是，二人不見面兒，連戲碼兒也不能排在一天。有好事者想借這次演戲的機會，力促梅、孟和好，重圓舊夢。擬將第三天的大軸戲碼定為《四郎探母》。《回令》一場安排孟小冬飾四郎，梅蘭芳飾鐵鏡公主。借戲中的臺詞兒，公主向四郎說聲：「駙馬爺，我們這兒給您陪禮了」，以釋梅、孟前嫌。奈何，梅、孟雙雙堅辭不演，此事也就作罷了。當時有報人評論此事：「梅、孟姻緣自《坐宮》而起，又至《回令》而終。」看來，這段梨園軼事，均與這齣「旗裝戲」有關了。

梅蘭芳的「旗裝戲」不僅有故事可談，同時，也出過不小的事故。1913年，梅蘭芳第一次闖上海，是由「第一鬚生」王鳳卿領銜主演掛頭牌，梅蘭芳「小荷才露尖尖角」，掛二牌。到了第二次赴上海演出的時候，梅先生就與王鳳卿並掛頭牌了。他與王鳳卿合演的《四郎探母》是一齣無人企及的佳構。不論走到哪裏，只要貼這齣戲，必滿無疑。

據說，1923 年 12 月梅蘭芳與王鳳卿第三次應邀赴滬時，演出於法租界鄭家木橋的老共舞臺。貼的也是《四郎探母》，觀眾滿坑滿谷，劇場老早就拉上了鐵閘門。從《坐宮》、《盜令》到《過關》、《見弟》，一路演得都很順當，不想到了《見娘》一場，竟然出了大事故。當老旦唱完〔哭頭〕之後，四郎唱〔西皮導板轉回龍〕：「老娘親請上受兒拜！」唱畢，楊延輝向老娘行叩拜大禮，三跪，三拜、三叩首。佘太君、楊延輝拭淚同哭，哭畢。起胡琴，楊延輝剛要唱〔二六〕：「千拜萬拜也是折不過兒的罪來」的時候，突然「撲通」一聲，從天幕上邊掉下一個人來，重重地跌倒在檯面上。對於這一突如其來的

情況，場內頓時大嘩，也把飾演四郎的王鳳卿嚇了個半死。人們還沒醒過神來的時候，又見掉下來的那個人忽然站了起來，拍拍屁股就跑進了後臺。原來是個管大幕的工作人員，不慎從上邊掉了下來。他到沒事兒，可把王鳳卿嚇出了一身冷汗，一時緩不過勁來，原本挺衝的嗓子，一下子大氣不哈了。他勉勉強強地把戲唱完，回到旅館以後就發高燒，病得起不來床。後幾天的戲也就都回了。事後有人說，這是前臺沒有「打點」到（既沒散「紅包」），遭人暗算了。他們沒衝梅先生下手就是萬幸的了。可王鳳卿的嗓子就再也沒有恢復過來，從此也就一蹶不振了。

梅蘭芳先生飾演的鐵鏡公主雍容華貴，美麗動人，是無人可比的。但也為此招來不少麻煩。據說，當梅蘭芳藝名噪起之時，北京長巷頭條某會館中，有一位戲迷某君，他對梅蘭芳傾慕頗深。最初在朋友聚會時，他與梅蘭芳偶有一晤，彼此略有交談。此後，這位先生對梅時時追逐，日日相邀。而且，時常舉止生變，神態失常。梅先生恐其神經有病，心中害怕，不敢再會，多次婉拒。而這位先生不知自愛，反而變本加厲，追逐更甚。梅先生每次演戲，他必然坐於前排，指手劃腳，如癡如狂。有一次演《坐宮》，梅先生剛一上場，他竟將一塊磚頭拋到臺上。梅蘭芳原本膽小怕事，經此一嚇，萬分苦惱，幾乎不敢登臺了。

有一日，梅蘭芳與其姐夫遲子俊，還有俞振庭等人，一起在石頭胡同的一家西菜館吃飯。剛剛坐下，忽然跑堂的帶話說，那位拋磚頭的戲迷要見梅蘭芳。梅蘭芳聞知，頗有難色。遲子俊問明瞭其中的原委，便獨身去見那位戲迷，神態從容地問他：「您找蘭芳有什麼事？」這位戲迷說，是邀請梅蘭芳到「天和玉」小酌。子俊當即應允，囑他在「天和玉」稍候，一會兒便到。返室後，便把剛才的對答告訴了梅蘭芳。梅蘭芳發怵，不想前去。子俊囑他別怕，有我擔待。二人就一起來到「天和玉」，與這位戲迷相見。三人落座，酒過三巡，菜過五味，子俊就站起身來拱手說道：「君對於蘭芳的情誼，我已熟聞，可謂厚意至誠。不過，今日梨園已與昔日不同。如今有了育化會組織，對於演員的行為監視甚嚴，不容許人們以舊日對伶人的態度相對待，致使全體蒙羞。您是位社會達人，希望您能顧全自己的身份體面，對蘭芳保持一種心心相印的友誼態度。二人不必常常相見，一些類似神經失態的舉動，亦望先生能克制免除。我與蘭芳乃為至戚，謹代他請求，敬希原諒採納，以防將來因為誤會而發生不幸。」

　　這排子話軟中有鋼、綿裏藏針，這位戲迷聽後，也無由發作，只得唯唯稱是。使其迷梅的腦筋，受棒喝而清醒。席終，子俊與梅蘭芳施禮告辭。這位戲迷的神情嗒然若喪，從此，再也不追逐於梅蘭芳之門前車後了。蘭芳如釋重負，對遲子俊感激不置！這段故事見於老劇評家殺黃先生的文章《遲子俊之軼事》，刊於當年《立言畫刊》第十一期。

　　向來，對於梅蘭芳的藝術，國人大多推崇備至。但也有人不買帳，魯迅先生便是一個代表。魯迅這個人從小就不喜歡看戲，他認為京劇無非「咚咚的敲打，紅紅綠綠的晃蕩」，坐在戲臺下簡直是「活受罪」，劇場裏的環境，太「不適於生存了」。他在《論照相之類》一文中說：「梅蘭芳飾天女、演林黛玉，眼睛凸，嘴唇厚，形象不美」。還挖苦地說：「中國最偉大、最永久的藝術是男人扮女人」。魯迅先生還把他對梅先生的排斥，提到了理論高度來詮釋。他在《略論梅蘭芳及其他》一文中寫道：

　　　　梅蘭芳不是生，是旦，是俗人的寵兒。士大夫們將他從俗眾中
　　提出，罩上玻璃罩，做起紫檀架子，教他用多數人聽不懂的話，緩
　　緩地《天女散花》，扭扭地《黛玉葬花》。

　　在這種思潮的影響下，不少激進的青年學生多次向政府聯名倡議，「不允許舞臺上再出現『男扮女』的現象。」這種堅決抵制「男旦」的提法，在1934年前後還真地形成了氣候，其聲勢一度嚴重地衝擊了「男旦」的演出，梅蘭芳也遭到了這種無奈。三十年代的一個秋天，梅先生應邀在南京演出。頭一天貼的便是「旗裝戲」《四郎探母》打炮，結果，遭到一大群「左」派大學生們的圍攻。他們包圍了劇場，擁到了前臺，吵吵鬧鬧，呼喊口號，至使無法開戲。當時為了緩解僵局，梅劇團不得不在臺口上豎起一面告白，上寫「這是最後一次（演出）了」，騷亂始得平息。此事見翁思再主編的《京劇叢談百年錄》一書，其中有王平陵先生所寫的《國劇中的『男扮女』問題》一文，便述及此事。

　　梅蘭芳是有民族氣節的，這一點魯迅就失察了。盧溝橋事變，北京淪陷後，梅蘭芳告別了舞臺，堅決不給日本人演戲。他居於香港時，生活十分拮据，一度以賣畫謀生。齊如山先生歎曰：「京滬梨園中人，獨保民族氣節者，惟畹華、叔岩兩人而已。」並寫詩讚道：

　　　　感時濺淚對烽煙，繞樹驚烏少一椽。
　　　　民族獨存真氣節，謀生賣畫隱南天。

尚小雲的「棒」

尚小雲，本名尚德泉，字綺霞。祖籍河北南宮縣，光緒二十四年生於北京。他的出身顯貴，是清朝貴族平南親王尚可喜的第十二世孫，隸屬鑲藍旗。

提起其祖尚可喜，那真是個大大有名的人物，他戎馬一生，身經百戰，為清王朝的建立和鞏固，立下不少汗馬功勞。皇太極改國號大清的時候，特意加封尚可喜為「智順王」。順治元年，他隨攝政王多爾袞入關；又隨豫親王多鐸南下，揮師湖北，南征廣東，為大清奪得半壁江山，封為平南王，賜金冊、金印，世享榮華。到了尚小雲父親尚元照一代時，昔的輝煌已然沒落，家境趨於破敗。但是，他父親依然保持旗人的驕奢，好吃、好玩、好聽戲，經常帶小雲出入劇場、票房，與伶、票兩界的知名人士混得稔熟。小雲受此薰染，從小就學會了不少娃娃生的戲。十二歲一登臺，就給孫菊仙配演《三娘教子》的小薛義，來了不少個「好」，報界稱之為「第一童伶」。

小雲十三歲時，清廷遜位，民國建元，他父親有出無進，房產家私，當賣一空，淪為城市貧民。一狠心，遂把小雲寫給李際良的「三樂社」坐科學戲。小雲先學的是武生，所以，他的武功根底十分紮實。後來才改學了旦角，先後受教於名伶張芷荃、戴韻芳、陳德霖、路三寶、王瑤卿等名師，隨著年齡的增長，藝事猛進。在科裏就已經挑大樑演戲，小有名氣了。

尚小雲對武生楊小樓的藝術十分崇拜，雖說他演的是旦角，但他把「楊派」武生的精湛表演，都吸收融化到旦角的表演裏邊去。特別是表演女英雄時，剛勁挺拔，颯颯多姿，於嫵媚多姿之中融入許多陽剛之美，實為一絕。出科以後，尚小雲自組「重慶社」，不斷排演新戲，如《卓文君》、《林四娘》、《秦良玉》、《雙陽公主》、《青城十九俠》、《峨嵋劍》等，都是他自己的獨有劇碼。

「尚派」的代表作《昭君出塞》，原本是李壽山先生傳授的一齣崑曲戲。他在表演上，進一步予以充實、完美，加入了武生的「鷂子翻身」、「趟馬」、俯衝式「圓場」等武功技巧，使全劇異常火炙。他的表演不僅符合人物的特定情景，而且，還增加載歌載舞的可視性。即使他演的一些文戲，例如《乾坤福壽鏡》、《御碑亭》等，他也根據劇情的需要，採取「武唱」的辦法表演，以求火爆。

他的唱腔高亢剛健，氣力充沛，很多大腔都是一氣呵成的，頗顯氣勢。他在演唱上善於運用立音、顫音、頓字和「節節高」的技巧，形成了「尚派」藝術的獨特風格。他的戲，不論是唱、做，還是念、打，無不體現一個「棒」字。看完他的演出，走出劇場的觀眾，都會異口同聲地舉起大姆指說：「真棒！

真過癮」！同樣，他的「旗裝戲」也是一字之評，真「棒」！

尚小雲（1900～1976），著名男旦。河北南宮人。幼入北京三樂科班學藝，藝名三錫，初習武生，後改正旦，從孫怡雲學戲，改名小雲，以演青衣戲為主。與白牡丹（荀慧生）、芙蓉草（趙桐珊）並稱「正樂三傑」。在民國「首屆京劇旦角最佳演員」評選活動中，他又與梅蘭芳、程硯秋、荀慧生並稱為四大名旦。這幀照片係尚小雲四十歲左右，在《四郎探母》劇中飾演蕭太后。

三十年代，日本駐華使節久保得二觀看了尚小雲的演出後，對尚小雲推崇備至，曾寫有一詩讚道：

更有青衣迴不群，宛轉歌喉高不分。

正樂雖廢傳頭在，婉孌第一尚小雲。

尚小雲唱的「棒」！演的「棒」！身體更「棒」！他一頓能吃七個餡餅，一個「醬肘子」。五十多歲時，還能在練功棚裏連走十多個「鏇子」，再饒上幾個「三起三落」。

尚小雲的為人也「棒」！他一向以熱心助人為樂。在富連成不景氣的時候，他分文不取地把自己的看家戲，都教給富連成的學生們。幫助他們排戲、演出，幫他們重新「紅火」起來。當他知道有個戲班落難溫州，無錢北返時，他就慷慨解囊，派人南下，將其全班人馬一個不落地全部接回北京。他還有個綽號叫「尚五元」，凡有梨園同仁遇到困難、登門告幫時，不用通報，傳達室當即會支付五元，以解其燃眉之急。彼時，五塊大洋可買兩袋半白麵，對揭不開鍋的同行，委其補益不小。解放後，他調到西安市建團時，把自己收藏的大批字畫、文物、骨董，全部無償捐獻給陝西博物館，當時的估值就是一個億。對這一豪舉，人人都翹起了大姆哥！

尚小雲的戲「棒」！尚小雲的「旗裝戲」更「棒」！眼下不論誰演《四郎探母》，蕭太后一角都是「尚派」的路子。原中國戲校校長貫湧說：

之所以走尚先生的戲路，是因為只有尚小雲扮演的蕭太后能威震八方。無論扮演鐵鏡公主的是哪位名家大腕，尚先生居高臨下，全都鎮得住。他的做派，他的氣勢、他的唱，大氣磅礡、威風凜凜，在誰面前我都是她的娘。

尚小雲先生自己說，當初他演蕭太后唱的那段〔慢板〕，全是「逼」出來的。早先，蕭太后的唱詞並不十分講究。悶簾起〔導板〕：「兩國不和常交戰」。然後轉〔慢板〕：「各為其主奪江山。老王爺擺下了雙龍會宴，楊家兒郎喪黃泉。番兒擺駕銀安殿」。歸座後，接唱〔搖板〕：「等候文武把駕參。」很簡單，也沒有什麼「看兵書」的身段，公主就上場了。他說：「起先我也那麼唱的。可有一年窩頭會，在京的角兒們一個不落全上。大軸子《探母回令》，『傻子』（梅先生的官稱）的《坐宮》，老四（程先生的官稱）的《盜令》、《交令》，慧生的《回令》，點了我個太后。我就想，得來點兒新鮮玩意兒才行。是『大個兒』（姜妙香的官稱）創的那段〔扯四門〕啟發了我，咱也得創創新。就這麼著，我就琢磨了這麼一段新詞，又請溥爺（溥續）給潤了潤色，把原詞就改成現在這樣了：

我主爺金沙灘早把命喪，文和武輔哀家執掌軍防。

奴隨忙掛點親率官員，一心心要奪取宋人江山。

叫番兒忙擺駕銀光寶殿，閱兵書看何人前來問安。

沒想到一唱就『過』（聽眾認可之意）了，還人人都學。」尚先生這段唱，剛勁挺拔、盪氣迴腸，且又絢麗多彩、遊刃有力，實為一曲傑作。只是六句中用了「江陽」、「言前」兩個轍口，顯得白璧微瑕，但也獨有特色。尚先生能把「不順」的詞，唱得那麼「順」，也真是夠「棒」的了。另外，尚先生飾演的蕭太后，「上場」、「蹉步」、「觀書」、「交令」、「下場」所用的身段、步法，也都成了定式，每一個演蕭太后演員都必須一一效法，一直傳至而今。

其實，早年間尚小雲在《四郎探母》中也是飾演公主的，後來年紀大了，才改演的太后。他對這兩個角色都嚴格地恪守行當規範，從不逾矩。公主以旗裝花衫應工，太后則完全是青衣的典型。二者涇渭分明，決不含混。

早年間，尚先生掛頭牌演鐵鏡公主時，戲名不叫《四郎探母》，而是叫《鐵鏡公主》。全劇是從楊四郎、楊八郎《雙被擒》演起，前面的公主以武戲為主，上戰場，披靠、開打，生擒楊延輝。蕭太后主婚以後，文戲才正式開始，從《坐宮》一直演到《回令》。這種連打帶唱地演法，是「尚派」獨有的，與眾不同，當年十分叫座。雖然，目前還沒有什麼音像資料予以佐證，但可以想

像出來，這齣「尚派」的「旗裝戲」是何等的活潑火炎。

前兩年，筆者有幸在海外看了一齣尚先生的長孫女尚慧敏演出的《坐宮》錄影。此時，尚慧敏已過五望六，身體微胖，扮演鐵鏡公主到也十分福態，很有乃祖的模樣。她在唱腔上有高、有脆、見棱見角，極具「尚派」的原味兒。唱到「四問」時，句句繪聲繪色、哀梨並剪、入耳好聽。

另外，「尚派」的演法特別細膩。比如公主猜破了四郎的心事之後，楊延輝有一大段唱：〔導板〕「未開言不由人淚流滿面，賢公主細聽我表一表家園哪。」這一段公主的表演與眾不同，尚先生增加了很多插話。

楊延輝這一句唱完，公主便安慰他：「別看急，你慢慢地說。」

延輝接唱：「我的父老令公官高爵顯，我的母佘太君所生我弟兄七男。」

此處，公主連連點頭，自言自語地說：「噢，你們一共哥七個。」

延輝接唱：「都只為宋王爺五臺山還願，我弟兄八員將赴會在沙灘。」

公主連忙示意打住。不解的問道：「剛才你說，你們是弟兄七個，怎麼這麼一會兒就變成八個了？」

楊延輝連忙解釋：「公主哪裏知曉，此子乃是我父在陣前認下的蝥蛉義子。」然後才接唱：

「我大哥替宋王席前遭難；

我二哥短劍下命喪黃泉；

我三哥被馬踏屍骨不見；

有本宮和八弟失落北番。

我本是楊——」

此處公主又問：「那麼，你是行幾呀？」

延輝起〔哭頭〕，唱：

「啊！賢公主！我的妻呀！

我本是楊四郎把名姓改換，

將楊字改木易匹配良緣。」

尚小雲這麼處理，不僅是為了讓觀眾聽明白楊四郎的家事，而且，生活化地表演，把一對夫妻私下裏的詢問與關愛之情，描摹得更加淋漓盡致。這也是「尚派」藝術的迷人之處。它宛如一幅國畫，大處是「寫意」，點睛的細處則是照鏡般的「寫真」。

　　不僅如此，整個戲的處理上也與眾不同，連伴隨公主上場的大丫環也是個角色，由彩旦飾演，有戲可做。在公主唱、做時，她從中插科打諢、口無遮攔，也很有趣。公主一上場，見楊四郎坐在椅子上發呆，就打「背工」說：「大白天的，駙馬爺怎麼就打起盹兒來了？」

　　大丫頭就接下茬說：「八成是想我了，沒有睡好。」

　　進門之後，給駙馬請安。公主坐定後問道：「駙馬爺，這幾日怎麼愁眉不展的，莫非有什麼心事不成嘛？」

　　大丫環接碴兒又說：「駙馬爺，您肯定是想我了。」逗得臺下哄然大笑。結果，駙馬爺大怒，把這個大丫環轟了下去，才接著往下唱。

　　細考，這種演法並非無本之木，筆者附上一幀王瑤卿王先生與王少卿合演《坐宮》的劇照。少卿的楊四郎，王瑤卿的公主，大丫環由王瑤卿的弟子楊紫林「反串」。紫林頭戴珠花、身著褶子，外罩「旗坎肩」，儼然是個人物。劇照中，鐵鏡公主回身正與大丫頭說話，大丫頭裝模作樣、神氣十足，側身做對話狀。由此可以看出，依照老路子演，大丫環是有一定「戲份」的。有的人要問，這麼演的大丫頭可也太沒規矩了，在主子面前怎麼能這麼放肆哪？名票閻仲裔先生曾說，這可能與旗人的舊俗有關。據說早一輩的貴族旗人結婚時，講究要有個陪房的大丫頭。白天侍候主子，晚上可以陪主子睡覺。戲中的這個彩旦，大概就屬於「陪房大丫頭」一類的人物。尚慧敏的演法，就是原樣照搬乃祖的老路子演的。

王瑤卿王先生與王少卿合演《坐宮》的劇照。少卿飾楊四郎，王瑤卿飾鐵鏡公主，大丫環由王瑤卿的弟子楊紫林「反串」。紫林頭戴珠花、身著褶子，外罩「旗坎肩」，儼然是個人物。鐵鏡公主回身正與大丫頭說話，大丫頭神氣十足，側身做對話狀。由此可以看出，依照老路子演，大丫環是有一定「戲份」。

　　加拿大多倫多京劇票房副社長，老票友謝偉良先生說：

　　《坐宮》中上場的丫環的安排，在這幾十年間變化很大。我今年八十三歲，在我小的時候看這齣戲，是上兩個丫環。大丫環也是梳兩把頭，穿旗裝、旗鞋。只是不及公主的衣著華麗，旗頭上只有一朵花，不及公主的大。不帶穗子。在臺上也有詞，說什麼，我就記不起來了。後來，看梅先生的《坐宮》，陣式大，是帶四個丫環上場。大丫頭也不梳旗頭了。本來嘛，一下子上兩個旗裝旦角，丫環要再扮得漂亮點，看不出主次來，那多攪戲呀。還有一些老角兒唱《坐宮》，大丫環都是由班裏的頭排大丑扮，因為有詞兒。如程硯秋、荀慧生、尚小雲都是大丑上場，有的還在臉上劃白粉，貼紅臉蛋兒，梳朝天錐或小歪辮。褲子襖，繫腰巾子，大紅鞋。這麼處理也有一定道理，是用醜女來襯俊婦的手法，顯得主演更加漂亮嘛！不過他們都是帶兩個丫環上場，只有梅先生帶四個。到了四十年代，大凡唱《坐宮》，大丫環的插科打諢基本上就全都去消了。

程硯秋的「唱」

　　劇評家丁秉鐩先生與「四大名旦」交往甚深，他對這四位大師在臺底下的印象是：梅蘭芳溫厚可親，尚小雲明快爽朗，荀慧生是大而化之；只有程硯秋狀若書生，是恂恂如也。丁秉鐩說：

　　　　他這個人城府很深，富於機智，聰明絕頂，而堅毅過人。四個人裏，程出臺最晚，年歲也比他們三個人小（梅長他九歲，尚、荀同年，皆長他四歲。），但是按照四大名旦的攤名次序，最早是梅、尚、程、荀，逐漸發展為梅、程、尚、荀，最後則是梅、程並稱，他已與梅蘭芳瑜亮一時，分庭抗禮了。程硯秋的天賦條件也比他們三個人都差，但能在菊壇上突飛猛，自成一家，這實在不是一件簡單的事。論起出身，程硯秋是滿洲正黃旗人，世代為官，他的父親世襲了旗營將軍之職，也是貴族子弟出身。奈何，在他出世的時候，「鐵杆高粱」已斷，家道敗落，父親貧病而亡。民國三年，他十二歲時輟學，被寫給名伶榮蝶仙學戲。蝶仙看他是個可造之材，便認真地「打」了起來。可以說，他演戲的基本功，都是榮蝶仙用藤子棍、刀坯子，一下一下打出來的。舊日教育用體罰，固然不當；但是學的戲磁實，終生不忘。程硯秋成名之後，對榮蝶仙也是敬如慈

嚴，家中的花園中還特意修了個蝶仙廟，供奉如儀。名士羅瘦公發見程硯秋後，不忍見他受榮蝶仙的管束，就花了銀圓一千三百塊，贖回他的自由身。並讓他師事梅蘭芳，再從王瑤卿學戲。

（見丁秉鐩撰《菊壇舊聞錄》）

程硯秋從小就與眾不同，特立獨行、志向高遠，他給陳叔通先生畫的一幅《寒梅圖》上，自題一首《絕句》，寫道：

淡極方知豔，清疏亦自奇。

風霜都歷盡，留得後開枝。

藉此以詩言志，表達出自己雖然寄身歌臺，但志趣高潔，風霜歷盡，不與眾同的孤傲心情。

程硯秋年輕時身材很苗條，修長灑脫，臺上美少女，臺下美少年。而且，他有超凡的武術工夫，唱、念、做、打，超凡脫俗；紅氍毹上，鶴立雞群。才逐漸嶄露頭角，耳目一新。他在北京丹桂茶園與趙桐珊、劉鴻聲、孫菊仙等合作演出《桑園寄子》、《轅門斬子》、《朱砂痣》等戲時，已顯帥材模樣。後來，他的嗓子出了問題，除了瘖啞之外，還冒出了一種「鬼」音。但是，他能「化腐朽為神奇」，在王瑤卿先生的調教誘導之下，加之個人的努力，研究出了一種幽咽婉轉、若斷若續、獨具魅力的「程腔」。用在舞臺上，使人物角色更加典雅嫻靜，恰如霜天白菊，有一種清峻之美。「程腔」乍一登場，頓時風靡全國，釀成「逢人莫不說程郎」之勢。

程硯秋在表演上無論眼神、身段、步法、指法、水袖、劍術等方面也都有新的創造。尤其在上世紀三十年代，程硯秋赴歐洲考察戲劇歸來後，與翁偶虹、王瑤卿共同創作了《鎖麟囊》一劇。劇中集「程派」藝術之大成，在演唱中運用長短句，使唱腔抑揚錯落、疾徐有致。例如，薛湘靈的「在轎中只覺得天昏地暗，耳邊廂，又聽得風聲斷，雨聲喧，雷聲亂，樂聲闌珊，人聲吶喊，都道是大雨傾天。轎中人，必定有一腔幽怨，她淚自彈，聲續斷，似杜鵑，啼別院，巴峽哀猿，動人心弦，好不慘然。」「程腔」唱來，高低自如、錯落有致；時如「大珠小珠落玉盤」，時如「幽咽泉流水下灘」，著實令人撫掌擊節、歎為觀止！從此，他的「唱」不僅贏得了廣大觀眾的認可，也得到了「通天教主」的一字評語，「唱」！一個「唱」字，就蓋住了另外「三大名旦」。

程硯秋排演了許多新戲，唱一齣紅一齣，落下一齣。他也唱傳統老戲，

常貼演的有《桑園會》、《賀后罵殿》、《寶蓮燈》、《御碑亭》、《玉堂春》、《三擊掌》、《武家坡》、《大登殿》等。不常動的老戲有《貴妃醉酒》、還有「旗裝戲」《四郎探母》，窮其原因，這裡邊有個化裝造型問題。

成名後的程硯秋，身體越來越高，足有一米八二。上海老《申報》曾為他的身高展開過一次討論。不少人至書報端，給他濫出主意：這個說，現在醫學發達了，可以到醫院裏做手術，把腿骨截去一些。有人則建議，在舞臺前沿加上一道橫板，可以遮擋一下他的腿部，人就會顯得矮一點兒了。這些餿主意，都是不可行的。到是他本人琢磨出一個辦法，就是在臺步上用工夫。在後臺，程硯秋的裙子繫得很高，離腳面有二寸有餘，好像裙子太短了似的。但是，他一走到前臺，再看他的裙子，正好蓋在腳面上，一點也不高，這是什麼緣故呢？原來他是矬著身子走臺步的，也就是小腿往下彎著一點走臺步。給人的印象，比原來的身高矮下二寸多，就不顯得太高了。這種走臺步的方法，只他一人這樣做，別無分號。他不但在臺上走臺步如此，他的「圓場」還是一絕。按跑「圓場」的標準，旦角的腳不論跑得多快，都不能露出裙子外面來。一般演員工夫不夠的，有時會把腳露在裙子外面；而程硯秋矬著身子跑，不但裙不露足，而且，他還能跑出許多花樣來，這些地方都顯露出他的腰腿工夫。

「旗裝戲」他是輕易不動的，但每每一動，即價值千金。筆者常翻讀舊報，1923 年 7 月 28 日《申報》有一篇《記程豔秋秋涼受聘南下始末》的報導。文中記有程先生談《四郎探母》的文章。寫道：

> 他如舊劇《探母回令》皆經瑤卿為之改正腔句。以故華樂園一星期中嘗演三次日戲，後至者幾無立足地，人咸歎為絕響。婉華以次，一人而已。去歲亦舞臺聘之南來，包銀僅六千元，尚連榮蝶仙、王又荃二伶在內。登臺之十日間，每日滿坑滿谷，至一月期滿，而該舞臺盈餘萬六千元。此是秋中擬再續聘，而接洽未能得手，致為丹桂第一臺競爭聘去。先是春華舞臺、天蟾舞臺、共舞臺亦爭相羅致，而玉霜行止，須取決於某名士（按：指羅癭公）。某名士審時度勢，皆囑玉霜婉詞謝卻，仍令於藝術上研求上進。至是丹桂尤鴻卿託某政客赴春明之便，付與全權，代表勸駕。某政客竟朝夕伺於草廠二條某名士之門，央其允諾，凡條件一一遵從。某名士謂非萬元不可。

足見，程硯秋演「旗裝戲」的名貴。彼時，有不少堂會以重金邀唱《坐宮》，但他都一力婉拒。儘管有他的《四郎探母》（飾鐵鏡公主）和《大登殿》

（飾代戰公主）的錄音傳世，那都是在三十年代以前期錄製的。三十年代以後，他的身體日益肥胖，如果「旗頭」一梳，一米八二就成了一米八六；腳下再把「旗鞋」一穿，一米八六就變成一米九零了。這樣往臺上一站，豈不如若鐵塔一般。所以，他不常演「旗裝戲」，這也是沒有辦法的事。

程硯秋（1904～1958），著名京劇男旦，四大名旦之一，程派藝術的創始人。原名承麟，滿族。北京人，後改為漢姓程，初名程菊儂，後改硯秋。此照片攝於1929年，程硯秋在「旗裝戲」《四郎探母》中飾演鐵鏡公主，扮相微胖，但仍顯雍容華貴，到也俊美宜人。

筆者在此附上兩幀程先生的劇照，前邊一幀攝於1929年，彼時，他飾演的鐵鏡公主雍容華貴，雖說福態初顯，到也俊美宜人。下邊一幀《坐宮》，則攝於1946年。抗戰勝利，為了慶祝，舉國同歡，程硯秋特別獻演了這齣人人喜聞樂見的《四郎探母》。儘管許多人為他出主意、想辦法，把「旗頭」變矮、把「旗鞋」的鞋底變薄，把臉頰兩側的「大鬢」往前貼，把「旗袍」設計成深顏色，但還是瑜不掩瑕，在造型方面實在難以盡如人意。盛裝的程先生一出場，難免臺下「轟」的一聲大嘩。但是，程先生一張口，臺下頓時鴉雀無聲了。兩千多人的園子裏，靜得連臺上衣裙的悉索之聲都能聽得見。臺下的觀眾都是衝著程老闆的「唱」來的。

其實，程老闆的「唱」，絕佳之處就甭說了。他的做派和身上也絕妙非常。初次見到程硯秋的觀眾，印象都是：「呀！好大塊頭的旦角呀！」但是，不一會就會被他曼妙邊式的身段所懾引，便會不覺得他是龐然大物，而是個苗條

適當的女人了，程觀秋的身上便有這麼大的魔力。程先生的弟子李丹林在《絕版賞析》中說：

> 程先生的《坐宮》，特別講究每個字的四聲，如「四問」中的「莫不是」，是把不同的「陰平」字和「陽平」字裹著唱，即不讓它「格生」，又圓潤熨貼，所以聽起來格外舒服。身段處理上，如唱到：「這不是那不是是何意見……」時，公主反覆搓揉搭腿的膝蓋，及至腔完，手下意識地滑了下去。於是，打定主意，示意楊四郎到外邊走走。當他一見四郎暗自揩淚，心裏就明白了，說道：「駙馬爺，這一回我可猜著了。」乾淨俐落地戳破了他的心事，處理的相當精彩。

> 到了決定替四郎盜令去的時候，唱完「盜來令箭你好出關哪！」轉身就走。不像其他演員，下場時還走「身上」，慢條似理地扭下。這都是程先生的高明之處，一是說明事情緊急，速去速回，不能磨蹭；另一方面，為老生讓臺，使他的「叫小番」更加緊湊精彩。

程硯秋的念白不及梅蘭芳的甜潤，但有的地方的表演，則是別人所沒有的。丁秉鐩先生說，如《盜令》一場，太后說不必多禮，讓公主回去，公主沒拿到令箭，急中生智，一段快板，唱到「忙把嬌兒掐一把」，程硯秋把身子往後方右面稍傾，邊唱邊掐，邊作傾聽狀。因為在戲臺上，公主站在下場門前方，好像離太后相隔咫尺。事實上，宮殿很大，公主要走至偏殿，到太后看不見的地方，才能掐孩子；否則，在太后視線所及範圍以內，她掐阿哥被太后看見，這人造的哭聲，就騙不了太后了。所以公主掐阿哥的地方，一定要保持在一個相當的距離。程硯秋這個身子右前傾，來傾聽太后反應的身段，是非常合乎情理的，而且姿勢美觀，令人擊節。這些地方，都見程的聰明之處。

程先生在《交令》一場中，還有一大創造，可以與尚小雲的大〔慢板〕、姜妙香的〔扯四門〕有異曲同工之妙。那就是四郎手持令箭要下場時，被公主叫回。程先生在這兒加唱了幾句：

> 番邦女心好慘，尊一聲駙馬爺細聽我言，
> 此一番見了婆母面，你代我帶上幾句言。
> 我願婆婆康寧健，我願太君福壽綿，
> 倘若是五更盡你不回轉，母子們性命難保全。

　　這段唱看似普通，但把「人情」又刻畫的深入一層，使全劇不僅有夫妻情、母子情、兄弟情、兄妹情、侄舅情、翁婿情……，還增加了一筆婆媳情。使得這齣戲更有人情味。儘管兩國交兵，各為其主。但刀光劍影之中，依然斬不斷人之常情啊。四郎感慨萬端，毅然下場後，公主起〔哭頭〕，唱：

　　　　啊——，駙馬爺啊，

　　　　見駙馬跨雕鞍離了宮院，

　　　　但願他及早還心方安然。

　　然後才滿懷心事地抑鬱下場，簡直是完美極了。後學者也多加入這段表演。

　　在「旗裝戲」裏，程硯秋的化裝很有特點，臉上的粉彩不重，從來不打眼窩，嘴唇畫的很薄，讓出嘴的底線。「旗頭」上戴的正花向前傾，以減少視覺高度，頭上插的珠花、小花都很簡單洗練，顯得人物更加精神幹練。

　　三十年代出版的《立言畫刊》第 26 期第 4 頁，刊有讀者佟晶心、佟孚慧二人寫的《程劇竹枝詞‧四郎探母》一首，不乏褒揚之詞：

　　　　休道坤家氣不揚，權將令箭出閨房；

　　　　攬槍歸去惟恁女，戎馬倉皇自有娘；

　　　　試看英雄偏氣短，盡教兒女倍情長；

　　　　探母曲終回令演，延輝怎得振乾綱。

此幀照片攝於 1946 年抗戰勝利之時，為了慶祝，舉國同歡，程硯秋特別獻演了人人喜聞樂見的「旗裝戲」《四郎探母》。儘管許多人為他出主意、想辦法，把「旗頭」變矮、把「旗鞋」的鞋底變薄，把臉頰兩側的「大鬢」往前貼，把「旗袍」設計成深顏色，但還是瑜不掩瑕，在造型方面實在難以盡如人意。

不過，因為程硯秋身體高大魁偉，扮出戲來委時不好看。名琴票陳小田曾在《申報》上撰文：

> 記得去年曾經為樂天集紀念特刊撰過一稿，題目是戲劇三原則「真」、「美」、「善」。如今我還不曾放棄這種信念。講到真，就是要神情逼肖，好人做像個好人，歹人做像個歹人。譬如飾諸葛亮而擦上白鼻子，豈不令人失笑。講到美，卻有兩種，一種是天然的美，也可說是質美，如扮相好看，嗓音動聽之類，剛去的張君秋可以算上一個；另一種是藝術的美，這種美可就深無止境了。我已經許久未看程硯秋的戲了，昨晚才同內子去欣賞他的《青霜劍》，恰好金素雯姊妹坐在我的後排，當硯秋一出場的時間，前後排的人，都不禁異口同聲的說出個「胖」字，她還補上一句，「簡直像無錫的大阿福。」等到散戲的時候，我回過頭來問她們「還胖不胖」，都說「奇怪」，怎麼一點不覺得他胖，並且比別人彷彿還靈便些，這就是藝術美的神妙之處。可是身上沒有十年八年工夫，也休想到這個境地。

說起程硯秋先生身體的肥胖，不少人都說他因為每日練工習武過度，晚飯吃得過多。而且程先生愛吃肉，無冬歷夏，餐桌子上都支著一隻火鍋。火鍋旁邊放著好幾碟兒肉片兒，有羊肉片、豬肉片和雞肉片。程先生一高興就開涮。田淞先生在戲劇研究院參與《京劇彙編》的編輯工作時，曾接受院裏交給的任務，替程硯秋先生整理劇本，經常出入西四牌樓北報子胡同18號的程宅。那時，正趕上程先生要排新戲《英臺抗婚》，特邀田淞協助撰詞。因為工作需要，田淞常與程先生一同進餐。田淞回憶說：

> 程先生能喝白酒，每次兩大杯，茅臺半斤。您吃涮羊肉與眾不同，不是一片一片地涮，而是端起盤子來，整個往鍋子裏倒，一倒就是三、四盤兒。用筷子一和，見開就撈。一撈就是小半碗，用汁一拌，就吃起來。吃完再撈，一會兒，幾盤肉片一個人就包圓了。於是，傳話讓廚房再切，再上，再招待客人。看程先生吃飯的豪氣勁兒，很難想想他是一位旦角。吃過頭一輪，程先生總是笑著說：「也不知怎麼回事兒，我就是嘴急。」如今想起來，五十年代初的醫療水準很差，彼時，程先生肯定是糖尿病的前兆。血糖一低，人就心慌，所以吃得多，飯量大，體重增加，不猛吃還真不行。而當時的大夫們尚不知其中的道理。結果耽誤了調治，造成程先生過早地離開人世。

在他正式演出《英臺抗婚》時，體重已經相當可觀，走路都顯得不太方便，可把化妝師給急壞了。褶子、坎肩兒、裙子都是加大號碼重新訂製，可是臉太胖了，為了遮住臉型來，乾脆不貼片子，兩側改用垂髮遮頰處理。總之，扮相很不理想。這齣戲只演了兩場，電臺錄音之後就「掛」了起來，成了程大師的絕響。

荀慧生的「浪」

在文化大革命期間，荀慧生的遭遇最慘，家中被抄得一乾二淨，只剩下斷壁殘垣。本人被打成「牛鬼蛇神」，押往太廟，慘遭毒打。後被打入「牛棚」，強制勞改，慘死於「出工」的路上。罪名是「專演黃色戲劇」，滿臺泛「浪」，毒害青年。就是這個「浪」字，把荀慧生一生的藝術成就，或褒上了天堂；或是貶下了地獄。

細考，「浪」字在《字典》中的解釋：一為大波：如波浪、海浪、巨浪、風浪、浪濤、浪潮。語出《世說新語·雅量》：「風起浪湧」，或李白的《行路難》：「長風破浪會有時，直掛雲帆濟滄海。」其二，形容像波浪起伏的景象，如：麥浪、聲浪。其三，則是形容沒有約束，放縱。如放浪、流浪、浪跡、孟浪。語出自《詩經·邶風·終風》「謔浪笑敖」。從而衍義出：浪弟子、浪事、浪蕩鬼等詞語。

但是，如做地方方言來講，這個「浪」字，在有的地方好得很。如：山西人說「喜浪」，就是「歡喜得了不得！」東北人說「大姑娘真浪」，是誇獎女孩子「長得漂亮、風流俊俏」。有的地方就全是貶義：「真他媽的，浪得出奇！」全看你是怎麼運用和理解了。

荀慧生，本名秉超，後改名秉彝，字慧聲，號留香。他出生於河北東光縣的一個製做線兒香的家庭作坊裏，父母都是撚香為業的手藝人。因為家庭人口多，貧困無計，同族人又誣陷荀慧生的父親盜賣祖墳樹木，萬般無奈，一家人在宣統元年逃往天津謀生。在天津並無親友投靠，由於生活所迫，荀慧生與哥哥荀慧榮均被父親以五十元的身價，賣進「小桃紅」梆子班裏學藝。荀慧榮難忍學藝之苦，偷偷地逃回家去。為了償還這筆身價銀，荀父不得不將荀慧生又轉賣到龐啟發處學藝。當年的賣身契上寫明：「若不遵守約束，打死勿論。」

從此，荀慧生在龐家淪為家奴，燒火、挑水、掃地、抱孩子，吃盡了師父師娘的苦頭。龐啟發素以嚴酷待徒聞名——耗腿、下腰、耗頂、踩蹻、紮靠、

練功，稍有不慎，便皮鞭加身，頂磚餓飯。但是，慧生從小有志氣、有心胸，打落的門牙往肚裏咽，堅持練功學藝，呵冰立雪，夏練三伏、冬練三九，頭頂著大海碗耗腿，足履薄冰站蹻，起五更睡半夜，年復一年，終於練就一身硬工夫。文、武、崑、亂不擋，唱、念、做、打俱精，青衣、花旦、武旦、刀馬全能。他從八歲起就在舞臺上摔打。到了十歲，荀慧生便以「白牡丹」的藝名，隨師傅到處跑碼頭、唱廟會了。

後來，老「十三旦」侯俊山看他是塊材料，不是丫鬢采女，就主動收慧生為徒，把自己的拿手戲《辛安驛》、《花田錯》等等，毫無保留地都教給了他，把他引入向京劇發展的道路。前輩陳桐雲、李壽山、程繼先也教了他很多戲。從此，他改弦易轍，專演京劇，並且開始與余叔岩、王鳳卿、高慶奎、朱桂芳等名家合作。後來，正式拜在王瑤卿門下，學習正工青衣。十七歲時，火候已成，開始掛頭牌獨立組班「留香社」。聲勢與尚小雲、趙桐珊齊名，當時有「正樂三傑」之譽。

1915 年，荀慧生本應滿師出科，但龐啟發欺負荀慧生的父親不識字，在寫賣身契時，故意不寫明年限，矢口否認七年出科之約。李洪春、尚小雲等人氣憤不過，暗中設法協助荀慧生離班逃走，再由李繼良等人出面進行調解，最後折衷議定延期兩年。經過這樣的波折，荀慧生直到 17 歲才獨立成班。

荀慧生的表演生動活潑，扮相俊俏，嗓音清脆，技藝超群。最擅演「小家碧玉」和天真活潑的小姑娘。一到上海，就迷倒了一大批戲迷觀眾。他的表演使人耳目一新，一期未完，已然譽滿春申。觀眾說：「荀慧生演的紅娘，真像隻大蝴蝶滿臺飛舞，令人目不暇給。」他的唱腔獨特，有一條近似女性的「迷啞嗓」，吃弦不高，唱出來的韻味如釀香醇，繞梁三日不絕，可以說：「前無古人，後無來者」。例如《紅娘》中的那幾段〔四平調〕，他揉進了梆子腔，聽起來跌宕起伏，明白如話，分外媚人。舊日，荀先生在《佳期》中唱的是這樣的老詞：

> 小姐小姐多風采，
> 君瑞君瑞你大雅才。
> 風流不用千金買，
> 月移花影玉人來。
> 今宵勾卻了相思債，
> 無限的春風抱滿懷。

花心拆，游蜂採，

柳腰擺，露滴牡丹開。

一個是半推半就驚又愛，

好一似襄王神女赴陽臺。

不管我紅娘在門兒外，

這冷露濕透了我的鳳頭鞋。

詞句內容基本上脫胎於王實甫《西廂記》原詞，俏皮、香豔，加之荀先生採用了「扒門縫」偷窺，和模仿擁抱、「抖撒肩膀」、「扭跨骨」等一些小動作的表演，撩人心扉，很有一些色情成份在內。這也是他的「浪」字評語的由來之一。解放後，為了保留這齣戲，不少詞句和表演都進行了新的修改。另外，荀慧生是地方戲出身，在表演上就保留了很多粗俗放蕩的東西，譬如他的拿手戲《盤絲洞》，蜘蛛精一出場就是光著上身、赤膊，胸前繫一「紅兜肚」的扮相。三十年代初，他在上海大紅大紫時，出於爭取票房的考慮，又去掉兜肚，改繫大紅色的「乳罩」上場。在變幻莫測的燈光下，蜘蛛精大跳西洋舞，如此出格的表演，轟動滬江，人人爭睹。近日，報紙曾披露荀先生早年間送朋友的一幀簽名劇照，足證此事言之不虛。

荀先生在演《戰宛城》中也別有心裁，演鄒氏與曹操二人勾搭成奸，雙雙進入羅帳，共效魚水之歡時，有一段獨特的「床上戲」。當鄒、曹二人進入臺中間代表床榻的二帳子以後，帳簾放下、合攏。此時，簾後的荀先生手中握有一條「蹻腿子」（既用木頭製做的一條女人的假腿，前邊是套著紅繡鞋的「三寸金蓮」），從帳子縫中伸出來，在音樂的伴奏中，一會兒上揚、一會兒外蹬，開始有節奏地「搖帳子」，表示男女在帳中倒鳳顛鸞、恣意淫樂的情形。每演至此，全場雷動，怪好衝天。從當年老《申報》的廣告來看，就憑這一折戲，票價就上了兩塊。這種「搖帳子」，在舊日舞臺上本是俗套子，見怪不怪。而荀先生一加「蹻腿子」，委實就「浪」得出奇了。

時風所及，戲迷對此不以為忤，也沒有因此而減弱對慧生的吹棒和譽美，有人在《申報》上寫文章贊道：

白牡丹之容，則秀麗絕倫；

白牡丹之身，則修短合度；

白牡丹之神，則如芙蓉出水；

白牡丹之行，則如楊柳臨風。

白牡丹之態，則如西施出浴；

白牡丹之浪，則如荇菜臥波。

畫家吳昌碩為慧生題贈了四個字——「白也無敵」。是從杜甫《春日憶李白》詩中的「白也詩無敵」句中找到靈感，去其「詩」字，另鑄雋語，以「白」代表他的藝名「白牡丹」，為荀慧生的一生做下注腳。

荀慧生（1900～1968），京劇男旦，四名旦之一。荀派藝術的創始人。祖籍河北東光，名秉彝，又改名慧生。這幀照片係荀慧生在未評選為「四大名旦」之後，在旗裝戲《四郎探母》中飾演鐵鏡公主。見刊於三十年代出版的《北洋畫報》。

1927年，報界舉辦京劇旦行評選，荀慧生與梅蘭芳、尚小雲、程硯秋一起被譽為「四大名旦」。張伯駒先生有詩讚曰：

梆子休從論出身，浮花浪蕊亦天真。

牡丹猶似端端在，只少純陽呂洞賓。

詩後注曰：「荀慧生原出身梆子班，後改演亂彈花旦。余十八歲，先君壽日，慧生演《破洪州》，是時彼始出科，藝名白牡丹。《呂洞賓三戲白牡丹》，元曲或有此劇，如慧生排演皮簧戲正好。又唐人贈妓李端端詩：「覓得驊騮披繡鞍，善和坊裏取端端；長安借問誰能似，一朵能行白牡丹。」王瑤卿對慧生一字之評為「浪」字，以其演花旦戲能入神也。」

不過瑕不掩瑜，對荀慧生的表演褒之也罷，貶之也罷，但從總的方面評估，「荀派」藝術自有他的含金量。荀慧生一向強調「演人不演行」，在臺上從

來不受行當限制，塑造的許多古代少女、少婦，皆具有大眾化、生活化的特點。嬌雅嫵媚、清秀俊美、風格各異。他根據自己的天賦條件，在唱腔、身段、服裝、化妝等方面進行了大膽的革新。表演人物非常注意刻畫心理狀態，提倡旦角動作要美、媚、脆。要把女性的嫵媚閃現於喜、怒、哀、樂、言談舉止之中。尤其講究眼神的運用，角色一舉一動、一指一看都要節奏鮮明，使觀眾提神醒目。大凡喜歡他的人，都說他「俏」；不喜歡他的人，都說他「騷」。一時瑜亮，爭之不休。

荀慧生不常演「旗裝戲」，但偶而為之，也別有風味，深受荀迷們的歡迎。她在《四郎探母》中飾演的鐵鏡公主，更注重對公主的天真、嬌氣、愛子、相夫方面的刻畫。同時，也強調公主的嬌生慣養，動不動使小性，發小脾氣，任性胡纏的作風。據說，他在《坐宮》一場中，為了討觀眾的「好」，自己加了許多小零碎兒，往往有喧賓奪主之嫌。而且臨場抓哏，常讓演老生的演員措手不及，而有些「怵頭」。例如，楊四郎問公主，「你當真認我為木易駙馬麼？」公主答道：「唔，滿朝文武上上下下的，誰不知您是木易駙馬爺呀！」四郎接著說：「非也──」，這一下可把公主氣惱了，屬聲說道：「怎麼著，非也？留神我拿鳥槍打你！」這句「哏」，就是荀先生的發明，別人是沒有的。

另外，他在唱、做的處理上看似隨隨便便，漫不經心，但仔細地品評起來，皆有道理。譬如，他在《交令》一場，把盜來的令箭交給了楊四郎，二人依依惜別之後，公主見楊延輝上馬離去，心中又生後悔，打心眼兒裏怕他一去不歸。起〔叫頭〕：

　　駙馬，我夫，啊，兒的父哇！
　　〔唱〕一見駙馬跨雕鞍，
　　揚鞭夠奔雁門關。
　　但願他心中把奴念，
　　奴怕他一去就不回還。
　　料此夜守孤燈再難合眼，
　　擁衾枕數星辰望斷了廣寒。

而後，淒然踱步，數手指、搖頭歎息，悻悻而下。這一段唱和細緻的身段表演，雖說是信手拈來，但全在情理之中，令觀者萬分歎服。另外，在《回令》一場，公主一見母后鐵了心腸，對附馬爺定斬不赦。就與太后吵了起來，而且越吵越僵，太后就是不赦。公主就聽了國舅給出的主意，把阿哥往太后

懷裏一扔，然後就撒潑打滾，拿起寶劍來，假裝尋死，一邊比劃要自殺，一邊念叨「嘟！這要把木易殺了，你叫我可怎麼活呀？我們也不活啦……」您這麼一鬧，老太后一心痛外孫子，也許把駙馬爺給赦了。

一般演員演到這兒，還要顧及公主的儀表端莊，搶過國舅的寶劍，隨便比劃比劃，點到為是。而「荀派」在這裡做很逼真，手持寶劍，走到臺口，「崩、登、嗆」，蹦起來，穿著旗袍，竟然走一個「屁股座子」，再比劃著一左一右地抹脖子。二位國舅在兩邊假裝拉扯一起哄，劇場效果，別提多火了。這套身段，是梅、尚、程全都沒有的。「荀派」與太后「撒潑耍賴」的那種持嬌成性的樣子，讓權勢傾國的一國之母也無可奈何。每演至此，舉座沸騰。有人愛看，說「玩意地道，過癮！」有人則認為「太過了」，「小家子氣」，不足師法。

荀慧生一生共灌有四十三張唱片，內中沒有《四郎探母》這齣戲。看來，荀慧生自己對這齣戲也有不滿意之處。這裡再舉一例，大家都知道四十年代，言慧珠的《紡棉花》演得相當出色，一度紅遍半拉天。她穿時裝上臺，一人一臺戲，學誰像誰。最初是以學梅、尚、程、荀的《四五花洞》和「一趕三」，一人唱生、旦、淨三人對啃的《二進宮》為「殺手鐧」。後來，她又加了一段兒「一趕二」，拿荀先生的《坐宮》來認哏。所謂「一趕二」，就是她一個人唱《坐宮》，一會兒學楊四郎，一會兒學鐵鏡公主。當她唱完老生的〔導板〕：「未開言不由人淚流滿面──」以後，胡琴學小孩兒的哭。四郎問：「本宮與你講話，你怎麼在阿哥身上打攪哇？」此時，公主一邊把孩子撒尿，一邊說：「你說你的，你還不准我兒子他撒尿嗎！」

在這個節骨眼上，言慧珠要學「荀派」的演法，小孩哭時，四郎問：「本宮與你講話，你怎麼在阿哥身上打攪哇？」公主回答：「你說你的，你還不准我兒子他吃咂兒嘛！」「吃咂兒」，是地道的北京土話，說的是小孩要吃奶。說著，就用手去解紐絆，要餵奶，做得跟真事兒一樣。臺下的觀眾都直著脖子要看她解扣子「開懷」。這時，公主脖子一揚，抿嘴一笑，說了句「沒門兒」。逗得臺下哄堂大笑，「怪好」連天，全場沸然，好不熱鬧。言慧珠這個「包袱」抖得是真響，做的也真「過」，但也給「荀派」掙來個「浪」字兒。

在「旗裝戲」中，旦角的「旗頭」梳得好不好是第一的講究。梳不好就「砸鍋」了。早年間，某一名票唱《坐宮》，花了很多的心思和金錢做準備，沒想到剛一上場，鬢翅就離了底座兒，嚇得這個角兒連頭都不敢動，就這麼直著脖子唱了一整齣。結果還是出事了，在對天盟誓的時候，身子一跪，鬢

翅兒就歪到一邊去了。臺下觀眾都笑彎了腰，甭提多噱氣了。

專業演員梳頭都用自己人。荀先生唱「旗裝戲」時，是特請朱鳳桐來幫忙的。在戲班中朱鳳桐梳「旗頭」相當有名，許多專職「梳頭桌」都向他請益。

朱鳳桐原本是位很好的旦角演員，自幼拜師俞步蘭、趙綺霞、王多芬學習青衣、花旦。四十年代初，自己挑班，在南京紅極一時，因為汪精衛和他的太太都愛聽他的戲，而且一通熱捧。因此水借風力、風借水勢，名氣大噪。他的能戲有《杜十娘》、《元宵謎》、《繡襦記》、《釵頭鳳》、《霍小玉》、《紅樓二尤》、《紅娘》、《卓文君》、《勘玉釧》、《金玉奴》、《香羅帶》等「荀派」本戲，電臺幾乎天天播送。加之他的扮相俏麗，做工細膩，嗓音清亮，文、武、崑、亂不擋，深得觀眾厚愛。但是，日本投降以後，汪偽政權隨之倒臺，南京政局一片混亂，民眾大抓漢奸。嚇得朱鳳桐逃回北京，連行頭都全部丟失了。從此，他離開舞臺，以教戲為生，嗓音也不復從前了。但是，梳大頭、古裝頭、旗頭都是他的拿手絕活兒。荀先生的「旗頭」梳得最漂亮，便是出自鳳桐之手。解放前夕，他定居天津，閉門課徒，王紫苓、徐凌雲、楊麗麗等「荀派」名家，都是他的學生。「文革」時期受到猛烈衝擊，鬥得死去活來。「文革」以後，便不知所終了。

荀慧生喜歡「旗裝戲」，但他不常演「旗裝戲」是有原因的。有一次，因為演「旗裝戲」，差點兒沒鬧出人命來。事情是這樣的，上海有位名票叫程君謀（就是後來的電影演員程之的父親）。他的父親程頌萬曾任清季湖北道候補，身為大儒，又兼嶽麓書院學堂監督。程君謀在這樣一個官宦家族長大，琴、棋、書、畫，無所不精。他在家中行四，所以人稱程四爺。他本來應該承繼祖蔭，經營仕途，到政府裏去做官。但是，他自小酷愛京劇，家中延請名師指導，自己潛心鑽研「譚派」聲腔藝術，多年的厚積薄發，極有心得，在票界是一位頗有名氣的票友。他自己組織了「丁巳」票房，設在上海蔡鍔中路的私寓中，自任票首，主持一切。票社成員也多為富家子弟，平時除清唱、排戲之外，還常唱堂會，到黃金戲院演出，一概不取酬金。程君謀終日浸潤在戲曲生活當中，「只識魏晉，不知有漢」。

程君謀與荀慧生私交甚篤，曾以票友身份參加「慶生社」，與荀慧生合作一炮而紅，深得行家贊許，被稱為「票友中的譚鑫培」，有一陣子名氣還在譚富英之上。長城、勝利公司為他灌製了不少唱片，老生中除余叔岩以外，幾乎無人能與他抗衡。

於是，一班好友慫恿他「下海」，去當專業演員。程君謀心中也有這個打算，就化錢置辦了不少行頭，毅然來到北京，準備「下海」。他與荀先生說好，先合作一場《四郎探母》，定在虎坊橋湖廣會館，報紙也做了宣傳。不想，這件事傳到了他父親耳朵裏，頌萬公大怒，急忙寫了一封書信，命人火速送到北京，以「宦家子弟不得為伶」之訓，嚴令程君謀回家。程君謀為人大孝，謹遵父命，決定唱完這齣《探母》後，便起身返滬。為了唱好這齣戲，程君謀使盡平生解數，與荀先生在唱、做方面珠聯璧合，贏得好聲不斷。也可能程君謀過度緊張亢奮，唱到《巡營》一場，圓場、快板都很順利。〔快板〕唱畢，遇到宋軍埋伏，遂跌入「陷馬坑」中，束手「被擒」。但是，在「崩、登、倉」清脆的節奏中，一個「掉毛」沒走好，從「馬」上摔下來，脖子就杵進肩膀裏去了。出了這麼大的事故，臺上臺下慌成一團，馬上停戲搶救。下手們卸下了後臺的門板，連扛帶抬地把他送進了東交民巷的德國醫院。倒是外國醫生高明，搶救及時，未落什麼殘疾。好了以後，就再也不上臺彩唱了。

事後有人說，程君謀畢竟是票友，臨場經驗不足，換別人走個「軲轆毛兒」也就過去了，總不至於摔成這樣。還有的人說，是有人拿了「黑杵」（即賄賂），武場沒有打在哏節上，程君謀被人暗算了。荀慧生在這次事故中，雖然未傷毫髮，但是戲不完美，觸了黴頭。從此也就不輕易演出「旗裝戲」了。

不過，通過這件事，也可以瞭解到舊社會，戲劇界在浮華的表面下，內部包藏著的許多齷齪，以及伶人做藝中的艱辛。事後，程君謀在孫養儂的幫助下，在上海銀行謀了一個差使，心平氣和地當了個高級職員，一直幹到解放。平時則以教授「譚派」藝術為己任，在伶、票兩界替祖師爺傳道，頗受後學尊重。京劇名家孟小冬、梅葆玥、孫岳等都是他的弟子。

芙蓉草的「闊」

前邊說完了「四大名旦」的「旗裝戲」，但是，在與他們同時代的男旦中，還有一些演「旗裝戲」的高手不能不提。其中就有一位趙桐珊，他的藝名叫「芙蓉草」。因為藝名叫得響，往往人們就把趙桐珊的本名給忘了。

「芙蓉草」一生，雖然沒掛過頭牌，但他是一位難得的劇壇鹽梅。他在三、四十年代，一直坐鎮上海大舞臺，不掛頭牌，甘為「裏子」，二十多年，盛譽不衰，真正是文、武、崑、亂不擋，在輔佐「頭牌」的演出中，盡忠守職，即不喧賓奪主，又能為主角錦上添花，絕對是「裏子」中的佼佼者。為

此，深受頭牌主演們歡迎。凡在上海演出的大角如程硯秋、尚小雲、歐陽予倩、趙君玉、李玉茹、童芷苓、黃桂秋、高慶奎、馬連良、林樹森、侯喜瑞、時慧寶等等，莫不樂於與之合作。

芙蓉草，原名趙桐珊（1901～1966），著名京劇男旦，名九齡，字桐珊，祖籍直隸東安。久駐上海黃金大戲院，是一位腹笥深厚的能派演員。以擅演「旗裝戲」稱著。這幀照片攝於 1938 年於黃金大戲院後臺，芙蓉草飾演《四郎探母》中的蕭太后。田淞先生珍藏。

趙桐珊，祖籍河北廊坊武清縣。出身清苦，幼年寫入三樂社科班學藝，由趙庭璽開蒙學花旦，並向「麻子紅」學習梆子青衣。由於他聰明好學，梆子名家「大玻璃翠」、「冰糖脆」、「老五仙」、「老十三旦」、崔靈芝等人，對他均有指教。故而，他的能戲頗多，在科裏就擔綱主演《雙鎖山》、《汴梁圖》、《遊湖陰配》、《七星廟》等戲。拴著一堂觀眾，有著不小的名氣。

後來，他認為京劇更有發展，便毅然改學京劇花旦，拜師王桂山（五盞燈）、田桂鳳為師，對自己所學，重新梳理，另起爐灶，加入京劇「正樂社」，與尚小雲、荀慧生同科深造。他們在一起，邊學戲，邊演出，配合很好，人稱「正樂三傑」。他在老師嚴格的訓練中，不僅能演青衣、花旦，而且老生、小生「一腳踢」。為了更上一層樓，他又拜了王瑤卿為師，如此幾度點睛，果然成就龍種。

他的藝名「芙蓉草」是他的開蒙師趙庭璽給起的，因為他有兩個徒弟，一名「芙蓉花」，是老大；他行二，師傅就順嘴起了「芙蓉草」。大徒弟沒成材，趙桐珊這株「芙蓉草」則越叫越響，也就一直叫了下去。他成名之後，有幫閒文人勸他改名，說這個名子不好，更不吉利。叫下去，會影響前途。他們還引經據典地說：芙蓉草是一種毒草，亦名斷腸草。生於農郊路邊草際，花開豔麗，

而草有劇毒，人畜食之，不日即亡。《本草綱目》中有《草部六》條云：「廣人謂之胡蔓草，亦曰斷腸草，入人畜腹內，即沾腸上，半日則黑爛，又名爛腸草。」又引邵博撰《邵氏聞見後錄》卷十九：「李白詩云：『昔作芙蓉花，今為斷腸草。以色事他人，能得幾時好。』」這麼一個垢名，對一位當紅的演員是多麼不好哇！桐珊一聽也心生疑惑，想把它改成什麼花之類的。可是邀角的、成事的，還有班主、師兄弟們都不同意。說：「好不容易唱出個名來，一改名，如同二次投胎，重新開始。前邊的汗豈不白流了。」要說也是，這個藝名就至死未動。國民政府登記戶口時，戶口本上才寫上了趙桐珊。

不少迷信的人就說：「桐珊原本是角坯子，就是讓名字給耽誤了。芙蓉後邊非加一個草字，草是什麼東西？萋萋原上草，一歲一枯榮。壽命短，注定一輩子給人家打裏子。」還有人說：「趙桐珊抽大煙，受毒至深，不能自拔，就是他這藝名鬧的。芙蓉草，就是阿芙蓉，就是鴉片煙。人不能沒名，他不能沒煙。就是阿芙蓉纏了他一輩子，晚年都沒了人樣。」這些都是題外話了。

人們說他「闊」，是指他在藝術上非常「闊」。他肚腸寬闊，精於通變，無戲不會，無戲不能。這一特長，早在 1919 年就表現了出來。這一年，他隨梅蘭芳赴日本演出，當時為了節省開支，他做為一名通才演員，在整個演出中發揮了很大作用。當時劇團的人少，但戲碼很多，梅先生把自己擅演的傳統戲、古裝戲，一骨腦地全帶上了，從《三娘教子》、《汾河灣》到《黛玉葬花》、《俊襲人》，還有武戲《虹霓關》、《穆柯寨》，加起來能唱一個月不翻頭。「芙蓉草」使盡周身解數，今日王伯當、明日穆天王；白天兔兒爺、晚間王八精；一會兒來個中軍，轉眼又扮個丫環。忽男忽女、時生時旦，插科打諢、一人千面，他一個人擔當多種角色，演得出出生色，角色個個到位，扶保乾坤，做到「不灑湯、不漏水」，圓圓滿滿的「一顆菜」。這種能耐奠定了後日坐鎮上海，地位固若金湯的基礎。

後來，他長期在南方搭班演出，與一流演員合作，無不口碑稱讚。1936年，「芙蓉草」36 歲，陪張遏雲到上海黃金大戲院演出。金廷蓀從黃金榮手裏接辦黃金大戲院，從北京接來了馬連良、張君秋演出。他們只帶打鼓的、拉弦的，不帶底包，全用當地的班底，為的是節省調費。演出時，特請當地有名的「裏子」演員們幫忙，這部分開支則由戲院支付。由此，金廷蓀便萌生了要在黃金大戲院自備班底的想法。一是想節約開支，「肥水不流他人田」；二來，也顯得黃金戲院的陣容強大，有實力，好邀角，少麻煩。那麼，他第一個就看

上了這位「能派」演員「芙蓉草」。於是，雙方開始了談判。金廷蓀開出了每月包銀兩千元的禮聘。「芙蓉草」嫌少，不幹。於是，金又長到了三千。「芙蓉草」還嫌少，依然不幹。最後，金廷蓀一跺腳，加到了四千，這在「裏子」行中真算是拔了尊。這四千元旱澇保收的身價，不次於到處跑碼頭的「大老闆」，何樂而不為呢？「芙蓉草」樂不可支、欣然從命，與戲院簽署了長期的合作合同。高高興興地在上海買房置產，把太太接了來，一起過起了舒舒服服的「闊」日子。從此，「芙蓉草」在生活上也就擺出了一個「闊」架子。

「芙蓉草」有句口頭禪說的是：「一口好煙、兩把麻將，三盞美酒，四季衣裳。」這四樣都是「芙蓉草」每日不可或缺之物。先說這「煙」，不是香煙，而是大煙、鴉片煙。舊社會，成名的藝人應酬多、睡眠少，抽大煙，提精神，很是普遍。余先生、馬先生、譚先生、裘先生莫不如此。徐慕雲在《梨園外紀》一書中談及伶人與鴉片的關係，他說：

> 伶人喜愛鴉片最大的原因，不外下述數端：一是屬於遺傳性的；二是自幼耳濡目染，以為非吸此不能成名角，常見許多名伶授徒時，自躺於煙榻上，令其徒垂手立於榻前。當教授戲詞或改正唱腔時，二目注視燈火，且念且燒，意頗消閒自得，而其徒背誦戲詞時，亦目注於此，不稍斜視，此則與學校授課時之情形大不相同。煙榻譬之課堂，煙盤猶如黑板，煙簽權做教鞭，煙槍可當刀槍把子或馬鞭等使用。又口中念鑼鼓時，煙簽擊於煙盤上，亦可代表鼓板，所以老師是臥而教之，學生則直立於煙榻前敬謹受教，如此習以為常，覺得先生這樣子教徒弟，不但是十分舒適，而且派頭十足。等到自個稍微有點名氣了，也就不因不由得一意模仿著他老師的那個派頭，置辦一套煙具，呼呼地抽了起來。尤其是譚派鬚生，因為小叫天有奉旨吸煙的那段遺事，彷彿是不抽煙就夠不上稱「譚派」的。另外，吸煙，的確于伶人有相當意義，此輩人多稱嗓子為本錢，可見嗓子的好壞，是關乎他們一生榮辱和吃飯的問題至要至巨的。

鴉片煙對嗓子確有實效，吸幾口，百病不生，精氣神足，嗓子豁亮，多重的戲，輕輕鬆鬆地就演下來。有的角兒抽大煙，有節制，適可而止，倆泡兒、仁泡兒就得。而「芙蓉草」不然，他把鴉片當飯吃，一天三頓，不抽足了不下榻。太太被他薰得上了癮，兩枝煙槍成了鎮宅之寶，反正有錢。抽就抽上等雲膏，譜兒大，誰也比不了。

打麻將加賭，是「芙蓉草」的又一嗜好，不僅在家裏打，上戲園子也打。黃金大戲院是現代化的劇場，後臺地方大，寬綽，「芙蓉草」的化裝室外總支著一張牌桌，候場時打一把；中間沒戲時，也邀三喝四地摸上兩把。「芙蓉草」的出手極大，動輒上拾上百，囊中羞澀的還真不敢上桌。

「芙蓉草」好喝兩口，但他不喝啤酒、白乾，專喝上等的人頭馬、威士卡。「芙蓉草」平時的穿戴也最為考究，什麼場合著什麼裝，如同登臺唱戲一樣，講究扮相。家中僅西裝一項，由淺至深掛滿了更衣室，其中，白色系列就分純白、牙白、乳白、靠山白、梨花白，十來個品種。帽子、皮鞋都是配著套訂製的。中式衣服更是款式多樣，難以盡述。馬富祿看過他家中的更衣室，出來打趣的說：「您可把鴻翔、造寸、盛錫福都搬到家裏來了。」梅先生的《鳳還巢》劇中，朱千歲有句臺詞：「脫下我的路衣、換上我的壽衣。」就是馬富祿調侃芙蓉草「闊」的臨場抓哏。

舊社會梨園行中的成功人士向以奢侈稱著，因為來錢快，又好擺譜比闊，多不知積存二字為何物，花錢如流水，收入再多，也往往寅吃卯糧。金少山、「芙蓉草」都是擺「闊」是出了名的。當然「芙蓉草」的錢也不是白拿人家的，在黃金戲院，不但唱旦角「裏子」，而是一專多能，可以說臺上缺什麼，便能來什麼。正因為他有這個能耐，在滬上長期傍著周信芳、荀慧生，還為常來滬獻藝的「四大鬚生」、「四大名旦」、「四小名旦」竭力輔佐，成了一名不可或缺的人物，真是怎一個「闊」字了得。

芙蓉草，本名趙桐珊（1901 年 7 月 13 日～1966 年）京劇表演藝術家，京劇旦角，京劇演員，以藝名芙蓉草聞名，京劇旦角演員，名久林（一作九齡），字桐山（一作桐珊），號醉秋，祖籍直隸東安（河北廊坊安次，一說現為廊坊市武清縣）。在八本《雁門關》中飾演蕭太后，堪稱獨步。此照片刊自《京劇史照》。

　　「芙蓉草」的「旗裝戲」更是獨具風采，平時，上海名伶演出《四郎探母》，蕭太后一角非君莫屬。一是他受過王瑤卿的真傳，二是他對人物的身份、威儀，刻畫得極其精細深刻。尤其太后的做派，真有君臨天下的氣勢，可以說，當年在上海無人可比。好事者也用了一個「闊」字來評論他，不只是說他在臺上的道行深，太后演的好，似乎與他平日驕縱自大、揮金如土的做派，也有相當大的關係。無論怎麼說，「四大名旦」、「四大鬚生」以及彼時上海的名閨、名票們，凡貼演《四郎探母》的，全都特邀他來飾演太后。沒有他的太后，全場都會鬱鬱不樂。他的扮相俊俏，嗓音清亮，念白爽利，唱腔棱角分明、剛柔相濟。他的表演不僅以情取勝，更擅於調動觀眾情緒，只要他一出臺，保證全場熱度驟增。有這種迷人的號召力，他的玩意兒自然也是值錢的了。就三十年代說來，他演太后的份量，僅屈於尚小雲之下。尚小雲坐在臺下看他的戲，也是連連頷首鼓掌，稱讚不已。當時的《申報》副刊刊有時人詩作，贊其演出的盛況：

> 彩雲一片滬江來，滿城士女轟如雷；
>
> 是何腰身善結束，迷離撲朔看登臺。

　　身在北京的劇評家永運先生在談及二路旦角人材時，十分感慨地說：

> 論至二路旦角，自王幼卿息影歌壇，沈華棄伶為商後，只有芙蓉草、陳麗芳、魏蓮芳、程玉菁、陳盛蓀、林秋雯寥寥數人而已。芙蓉草藝兼文武，劇博而深，掛在他名下的弟子頗多。演劇肯賣力，臺風很美滿，白口脆爽，武工穩健，惜面部瘦削，減去不少豐采，他演劇有時身段美極，甚至可與四大名旦相媲美，每演全部《穆天王》可叫一大部分座，《雁門關》之蕭太后，一到八本《乾坤福壽鏡》之胡氏夫人，允稱獨步，倘主角若稍軟，且有喧賓奪主之勢。近年獻藝滬濱，京人難飽眼福矣。（見《立言畫刊》第 56 期）

　　奈何，他的煙霞癖過深，自己也深受其害。後期嗓子瘖啞，扮相帶有煙氣，失於清瘦，實在令人遺憾。另外，由於平時過度擺闊，一但離開黃金之後，生活頓失依託。尤其解放之後，政府強行戒煙，「一代名優」頓成落拓王孫，這也是舊時代造成的一種藝人的悲劇。

朱琴心的「俊」

　　與「四大名旦」同時的，還有一位唱「旗裝戲」相當出彩的演員，名叫

朱琴心，他也是個不能不提的人物。

朱琴心，名誘，號杏卿。祖籍浙江湖州，生於上海富賈之家。其父經商有道，家境頗為殷實。朱琴心自幼受著良好教育，曾在教會學校讀書，能說、寫流利的英文。因為愛好京劇，又喜好扮演旦角，在學校時就是一名很不錯的小票友。十七歲時，他隻身北上，到北京協和醫院任職，擔任醫院的英文速記員。他來到北京以後，有機會看到眾多名伶的演出，對京劇迷戀更深，業餘時間就全都花在看戲和學戲當中了。

當時，協和醫院內部有個職工京劇票房，水準很高，聘有專門的教習，平時也有許多名伶光顧指導。朱琴心一進票房，就成了一位令人矚目的花旦。十八歲，第一次在堂會中票演《春香鬧學》。因為扮相俊美，聲音甜潤，唱、做均帶靈氣，頗獲好評，開始名聲雀起。從此，他更下工夫學戲，幾乎到了走火入魔的程度。據說，他在進行英文速記時，竟然在工作簿上寫滿了戲詞，使洋醫生如墜五里雲霧。後來經人引見，他拜了陳德霖為師，又向田桂鳳學習花旦，技藝大增。加之經常票演，已為內外行認同。當年他與蔣君稼、林鈞甫、臧嵐光三人並稱票友「四大名旦」。

1923年，他在朋友們的支持下，毅然棄職下海，開始專心演戲了。自組「和勝社」，到各處跑碼頭，以演新編劇碼為號召，十分紅火。他創作演出了《曹娥投江》、《風月宮鑒》、《陳圓圓》、《樂昌公主》、《人面桃花》、《王熙鳳》、《麟骨床》等戲，新扮相、新唱腔、新故事，新服裝，連布景也煥然一新，很有號召力。他的傳統戲，如《花田八錯》、《秋燈淚》、全本《販馬記》、《天門陣》、《情俠緣》、全本《翠屏山》、全本《閻惜姣》、《梵王宮》等也都擅長，且有不少獨到之處。其中《梵王宮》、《無雙》是他的代表作，久演不衰，極受觀眾歡迎。

他的「旗裝戲」演得亦特別好。因為「旗裝戲」著「旗袍」，講究要有線條美。一般男旦長得再秀氣，身上再苗條，也都有肩寬手大的先天毛病。而朱琴心卻沒有這類毛病。他是南方人，生得靈秀，體態修長，削肩膀，手小，腳小，雙目凝神，扮出戲來婷婷玉立，秀美非常，使人難辨雌雄。他在舞臺上一向穿素色的改良「旗袍」，腰間加根，向裏收，狀似越南女性穿的緊身長袍。這在當時是一大發明。他的扮相在一定程度上，還影響了上海女式旗袍的改良。

朱琴心（1901～1961），京劇花旦。名誘，號杏卿；浙江湖州人。曾是協和醫院票房之票友，1923 年下海成為正式演員，與四大名旦及徐碧雲並駕齊驅，有六大名旦之譽。此照片係朱琴心在《四郎探母》中飾鐵鏡公主。

　　年青時代的張大千對其十分迷戀，特地為其設計的一襲淺磁青素色旗袍，並在這件旗袍上，通體繪製了一簇綠牡丹。一朵朵冰清玉潔、迎風開放，姿色天然、栩栩如生。他扮的公主一出場，便產生強烈的「磁石效應」，加之其雙目左顧右盼、脈脈含情，就緊緊抓住觀眾的視線。在一身綠牡丹的簇擁之下，婉若天仙下界，不知傾倒多少癡男怨女。戲未終場，臺前臺後的「粉絲」已人滿為患，擁擠到臺前，幾無立錐之地。當時，他有「活公主」之譽，聲勢遠勝「梅郎」。他的這齣「旗裝戲」最為叫座，每帖必滿，成了全戲班的「包銀戲」。他的「旗裝戲」是以「俊」字稱著的。他在臺上演釋出一種江南女性之美，這給地處番邦北國的角色——鐵鏡公主更新了包裝，也深為顧曲周郎們所青睞。時人有詩云：

　　　　北國女子江南貌，又看西施著旗裝。

　　　　詩云曲終人散盡，一曲琴心猶繞梁。

　　　　氍毹何得一俊才，鶯歌燕舞翩翩來。

　　　　未識東風人先醉，誤將梅花飾琴臺。

　　　　　　　　　　　　　（見 1925 年 3 月 8 日《小實報》副刊）

　　1924 年 9 月，農曆甲子年八月十五日，是馬連良搭朱琴心「和勝社」後的首次演出。當時馬連良的名氣還不算大，朱琴心為了捧他，頭一天在吉祥園演出日場，讓馬連良的《盜宗卷》壓軸，大軸是朱琴心和王鳳卿的《汾河灣》。朱琴心在簾側一看，馬連良真的不錯，就特與他合作了一場《坐宮》，二人都在盛年，扮相好、嗓子好，又都特別地「某」上了，對唱時，真是一句一個好。這件事對馬連良來說，可算是捧足輸贏了。從此，馬連良的名聲就開始發紅變紫了。

　　1927 年，北京的《順天時報》公開發起選舉「名旦」活動。群眾可以把印在報紙上的選票剪下來，填上選舉對象，郵至報社，公開唱票。這次選舉事先沒有規定名額，只規定了被選舉的對象必須是掛頭牌的當家旦角，並且要有個人的小本戲為限。選舉的結果是：梅蘭芳、尚小雲、程硯秋、荀慧生、徐碧雲、朱琴心等六人入選，當時有「六大名旦」之謂。朱琴心雖然習陪末座，但他是票友「下海」，能與這些一等一的內行齊肩並坐，其個人的藝術魅力也是可想而知的了。

　　在眾多的男旦之中，朱琴心的文化水準最高。其他「名旦」雖然也是絕頂聰明的人，但多是自小失學，一味習藝，舞臺上文武全能，而胸乏點墨，文化水準有限。平時所寫文字，多由他人捉刀代筆，皆非己出自撰。而朱琴心一直在教會辦的洋學堂裏念書，「腹有詩書氣自華」，他在演出外，很少應酬，常閉門讀書，搞翻譯、寫文章，將不少西方表演藝術的作品介紹到中國，其中包括很有價值的《化妝術》和《表情說略》等書。他曾潛心撰寫了不少舞臺心得體會，如《論藝術》一文，曾連載於報刊之上，在內、外行中影響很大。他認為：

> 往昔等優伶於娼妓，以聲色取悅於人，無所稱藝術也。富貴人家風氣所趨，非演劇不足以示豪，壽父母者，演堂戲不足以稱孝。座無名優，盛筵不樂；朋鮮名伶，交遊見窄。於是，優伶為時勢所造之英雄，身價頓增百倍，然知音欣賞者寡，盲從妄附者眾，清妙脫俗之技不為人重，而正工合拍之曲，不為世知矣。

　　他不贊成演員動輒標榜自己的老師是某某名家，也反對捧場者稱某演員為某派，他說：「藝術貴於創造，發揮各有天才，若但陳陳相因，模擬仿造，則藝術不將為腐肉行尸矣乎？」

　　三十年代中葉，朱琴心突然偃旗息鼓，退出了戲劇舞臺，大隱於市。究其原因，不得而知。民國三十八年（1949），朱琴心隨大遛兒去了臺灣，久未登臺。後來，他曾在臺灣空軍大鵬劇校任教，為臺灣的京劇藝術培養了不少人才，著名旦角徐露，便是他的得意門生。著名小生朱冠英是他的兒子。

南鐵生的「媚」

　　說完朱琴心，還要提一提南鐵生。南鐵生比朱琴心小一歲，他也是一位票友出身，最終修成正果的好角兒。

　　南鐵生祖籍湖北浠水，生於河北保定。他是民國將領南元超將軍的長公子。二十年代，全家隨軍遷至武漢居住。不想，南將軍英年早逝，因遺孀持有鐵路股票，南鐵生在中學畢業後，就在京漢鐵路局參加了工作，擔任了一名小小的科員。

　　南鐵生自幼喜愛京劇，一進鐵路局就加入了京漢鐵路俱樂部京劇社。該社因有鐵路局的資助，規模宏大，設備齊全，不僅有自己的戲箱，還請有專職的教習教戲。南鐵生參加社裏活動如魚得水，下了班哪兒也不去，就一頭紮在社裏，一邊學戲，一邊參加實踐演出。常言說「是錐子總要出頭」，不到三年，他已學會了好幾十齣戲，成為社裏一名優秀的男旦票友。

　　二十年代，京劇在武漢三鎮極為流行，漢口的京劇票社林立，人材輩出。有王攀雲組織的精武體育會票社，歐陽予倩曾是該社骨幹，演出《人面桃花》、《蓮英驚夢》等劇，紅極一時。還有華商總會票社，程君謀在此挑大樑，主持日常社務。還有漢口青年會京劇社，成員有李少齋、王攀雲、李之龍等；漢鎮既濟水電公司京劇社，成員有盧壽椿等；漢口錢業公會票社，成員有李覺予等；漢口郵局票社，成員有王雲章、劉少梅等。這些票房經常走票，互相交流，互相促進，演出不斷，互有提高。到了民國十六年（1927），南鐵生已磨練成一為很出色的名票，他與章小山一起合作，使京漢鐵路俱樂部京劇社成為出類拔萃的武漢「第一票房」。

　　南鐵生秉成了其父的革命氣質，關心國事，思想進步。民國十五年（1926），曾回應革命號召，與畫家陳剛叔一起參加了宋慶齡主持的「慰勞北伐軍」的大型義演活動，連續演出七日，為北伐軍募集捐款數萬之多。宋慶齡對南鐵生特別欣賞，尤其對他的「旗裝戲」《四郎探母》極為捧場。宋慶齡多次蒞臨看戲，對其接見鼓勵，還帶頭捐獻了金銀首飾。其實，宋慶齡是海南人，又是

在美國長大，對京劇根本聽不懂，但對南鐵生扮齣戲來的那種美麗形象所吸引，「國母」亦為之傾倒矣！

陳剛叔先生有《助軍求募歌》記述此事：

> 義軍北伐振國威，四億元元氣巍巍。
>
> 無恥軍閥聞聲遁，我以我藝助軍威。
>
> 剛叔百元一筆字，鐵生千元一曲催。
>
> 募得義款購槍炮，統一華夏獻錙微。

民國二十七年（1938）年，南鐵生正式辭去了鐵路局的工作，毅然「下海」。在武漢大劇場打泡，貼演《三堂會審》。南鐵生飾演蘇三，榮蝶仙演王金龍，陳福壽演潘必正，安舒元演劉秉義，丑角由票友費海樓扮演崇公道。角色齊整，陣容強大，影響彌遠，十分成功。第二天貼的便是「旗裝戲」《四郎探母》，南鐵生的鐵鏡公主，陳福壽、安舒元前後楊延輝，也紅得山崩地裂，電臺多次進行實況轉播，也不能滿足戲迷們的熱烈要求。由此，南鐵生獲得了「漢口梅蘭芳」之譽。

南鐵生在其子南奇著《詩非夢》一書中說，他的「旗裝戲」之所以演得好，早期得益於兩位名票，一位是「戲包袱」「天罡侍者」陳剛叔，另一位是大名鼎鼎的程君謀。他說：

> 程君謀兄屬虎，湖南人氏，長我一十二歲·程兄出於閥閱之家，也是從大家庭中走出來的子弟。他久棲武漢，聰穎過人。腹笥淵博，作風沉著穩健，思維敏捷不拘。他一生癡愛京劇。對生、旦、淨、丑和文場武場皆了若指掌，更精熟譚、余二家。他依照我的嗓音特點，叮囑我，叫我循著梅蘭芳先生的表演路子走。我時常演一些梅氏疏置舞臺的傳統戲，他叫我儘量往梅派風範上靠。唱念上呢，也依著指點，老老實實的用梅腔梅調上下工夫。也是在這個時候，我才真正地得窺了一點京劇藝術的門徑。以往，按我自己的說法，那都是瞎唱。君謀兄笑著說：也不是，學任何流派都必須有基礎才行，任何流派都是在一定基礎之上產生的，你現在已經有比較深厚的基礎了，所以才可以學流派的。君謀與我合作的戲很多，尤其《探母回令》，演得最多。

南鐵生（1902～1991），湖北浠水人，民國將軍南元超長子，京漢鐵路俱樂部京劇社票友。曾向王瑤卿請益，專攻青衣，有武漢梅蘭芳之譽。曾向王瑤卿請益。民國二十七年（1938）年，南鐵生正式辭去了鐵路局的工作，「下海」從藝。這幀照片是南鐵生與陳福壽、安舒元合演《四郎探母》時所攝。至今有75年矣。

　　南鐵生的鐵鏡公主一直在「美」「媚」個字上下工夫，他在「梅派」的基礎上，恰如其份地摻入一點點兒「荀派」的東西，使得角色更加生色出彩。他有一條難得的好嗓子，嬌滴水靈、清脆香甜。《坐宮》一折唱得鶯啼百囀，聲情並茂，把角色的內心世界揭示得淋漓盡致。例如，鐵鏡公主出場時唱〔西皮搖板〕，「芍藥開牡丹放花紅一片，豔陽天春光好百鳥聲喧」，他在唱「好」字的時候，先在「光」字上放慢速度，低回一轉，稍作停頓，再唱「好」字，耍一個小腔，即輕快跳躍，又俏皮活潑，極為好聽討俏。這種腔隨情走，情由腔生的唱法，一直為後學模仿。而今，無論哪一位旦角都這麼唱，特別嬌「媚」，應該說是南鐵生唱法的繼承。

　　後來，南鐵生來到北京，拜在了「通天教主」王瑤卿的門下，與梅蘭芳、程硯秋、荀慧生、尚小雲相交莫逆。在「旗裝戲」方面又得到王瑤卿先生不少真傳。王瑤老跟他說：

　　　　旗人的禮數多，規矩大，當年我宮裏侍奉的時候，經常觀察上至太后下至宮女們的動作和神態，從中學了不少東西，用到了臺上。梳上旗頭以後，身子是不能來回晃動的，回身看東西的時候，動作也要小，身子要跟著頭一起轉。兩隻手都要放在身子前面，不能背

著手，也不能扶腮，旗人是沒有扶腮的動作的。手抬起來的時候要平，要與頭齊，不能過高，也不能過低。

旗人走路不能亮鞋底，要走大步，身子也不能來回搖擺。腰要挺直，脖子要梗著，這裡完全是腰上的勁兒。還有，旗人走路不能著低頭，眼睛向前瞅，不能左右亂看。邁門檻時，也只能把整個腳抬一下，不能像漢人一樣欠腳尖。請安時，要雙腿合攏，一齊打彎兒。腰必須要筆直，要慢慢蹲，有些像坐椅子一樣的感覺。不能撅屁股，要筆直地蹲到屁股幾乎挨上腳跟再起來。起來時也不能低頭，仍然要直著腰。

（見南奇著《詩非夢——一代藝人南鐵生》）

有乃師的這些指導，南鐵生的「旗裝戲」十分討「俏」。大江南北，人人愛看。有好事者曾套用白居易《長恨歌》中的詩句，來稱讚他的扮相之美：

國劇重藝思傾國，氍毹多年求不得。

南家有子初長成，習藝票房人不識。

天生玉質難自棄，一朝下海梨園側。

登臺一笑百媚生，堪使眾伶無顏色。

一曲清歌四座驚，始是芳名炙手時。

……

南鐵生的「旗裝戲」，只演《探母回令》一齣。別的戲，如《珠簾寨》、《查頭關》等，是從來不動的。在大合作的戲中，他只演過一回《大登殿》的代戰公主，窮其原因、不得而知。1949年赴臺後，一直活躍於京劇舞臺上，為傳播京劇藝術做了許多貢獻。

其子南奇著有《詩非夢——代藝人南鐵生》一書，現由臺灣美勞教育出版社出版。書中詳細地記述了南鐵生學戲，唱戲的心路歷程，以及他對戲劇的體會與看法。他在書中暢快地講述了拜師學藝的過程，傍及他與「四大名旦」以及與葉盛蘭，俞振飛諸人，交遊共事的認識與感受，頗值一讀。

樂砥舟的「牛」

順便說一下，在清末民初這一時期，京師的票房林立，如雨後春筍。如「翠峰庵」、「肅王府票房」、「春陽友會」、「果子觀票房」、「南月牙票房」、「達

王府票房」、「麻花胡同」、「繼家票房」等。票房裏出了一大批有名的票友。

不少票友的技藝水準不亞於內行。筆者曾著有《京劇名票錄》一書，對1930年以前出生的名票分別給予了考述。其中擅演「旗裝戲」的名票樂砥舟，便是內外行一致膺服的高手。

關於樂砥舟的身世，其說不一，一稱其為為滿族旗人，祖上世代為官，家道殷實，雖然在同光年間，其祖不知何故，被同僚彈劾，罷官為民，賦閒不出、大隱於市。但其家資雄厚，奴僕眾多，子孫讀書而不問仕途，依然過著王侯般的生活。

樂砥舟（1900～不詳），祖籍浙江寧波慈水鎮，乃「同仁堂」老藥鋪族中近支。樂砥舟為民初名票，工青衣，獨擅「旗裝戲」，有「蹲兒禮樂」之稱。此幀照片為樂砥舟在家磨戲時所攝，所飾角色為《探母》中鐵鏡公主。見刊於三十年代出版的《國劇畫報》。

另一說，樂砥舟祖上並不是滿清貴族，乃是「同仁堂」老藥鋪族眾中的一支。眾所同知，樂氏家族原亦出身平民，一世祖樂良才是個賣草藥、兼診小病的行腳醫。到了四世祖樂顯揚的時代，清室方定，太醫院招聘醫師，樂顯揚以優秀的成績考入，且被誥封登仕郎，贈中憲大夫。他為人誠樸，喜讀方書，在太醫院又接觸到很多前朝秘方，結合祖傳醫術，便成了一位名醫。其後，與太醫院合作，開設藥鋪，一方面對朝廷專供成藥；另一方面懸壺濟世，售藥於民。從而造就了有三百多年歷史的北京老字號「同仁堂」。因受過皇室青睞，樂家成了北京的旺族。到了清末，雖然支脈龐雜，但幾族主支分住北京東城、宣南一帶的大宅門裏，使奴喚婢，過著養尊處優的日子。

　　樂砥舟一支與樂平原（既樂松生之祖父）一支有隙，從不往來，實屬哪一房也無人知之。樂砥舟自幼喜愛京劇，家中聘有教習，十幾歲時，青衣、花旦都能唱上幾齣。成年後，也不出來作事，與同好一起開辦了「華夏正聲」社票房，社址、票社一應開銷，全由樂砥舟支付。人稱「樂家大少」。

　　他愛演「旗裝戲」，《四郎探母》的鐵鏡公主最為拿手。為了演好這一角色，他不知花費了多少錢財，老一輩的名家，「水仙花」、孫怡雲、陳德霖、王瑤卿都親自給他說這齣戲，得過真傳實授。他每次走票，總貼這一齣，而且每演必然轟動，內外行都爭著觀瞻，看罷人人歎服。北京戲迷們聊起樂砥舟的鐵鏡公主，無不翹起大姆指，說一句「牛，真牛！」「牛」，指的是他在臺上的那股神氣兒。

　　窮其原因，樂氏出身雖是漢族，但是他的祖母、母親都是滿洲貴族的女兒。樂家說是漢族的大宅門，可過的都是滿族人的生活。樂砥舟自小在旗籍母親的撫養下，對旗人婦女的日常生活、舉止做派、脾氣秉性，了若指掌。這種天然的薰炙，使他扮出公主來，不用誇張、不用做作，舉手投足都是旗人家中的事兒，「牛」氣衝天。但他的做派特別講究。尤其，旗人請安見禮中的「蹲兒禮」，直如松、穩如鐘，上身前挺，不搖不晃，做的最是到位。在《回令》一場中，公主為博老太后一笑，左、右、中，三個「蹲兒禮」，做得最是好看。當年，伶票兩界的男旦、坤旦，不論多有名，都要到樂家門中求教，以求真諦。因此，樂砥舟得了個「蹲兒禮樂」之稱。「四大名旦」為了演好這折戲，也都向之請益。

　　三十年代，樂家這一支家道破敗，在民國二十四年秋天，樂砥舟在吉祥園票演了最後一次《四郎探母》，便解散了票房，變賣了房產，全家搬出了北京。據說是返回祖籍浙江寧波慈水鎮去了。從此，樂砥舟的大名也就漸漸被人遺忘了。

四、「四小名旦」的「旗裝戲」

　　繼 1927 年梅蘭芳、程硯秋、荀慧生、尚小雲被公眾確立為「四大名旦」之後，十來年間，優秀的青年旦角演員如雨後春筍不斷湧現。為了選拔優秀人才，有識之士和廣大熱心觀眾紛紛在報上發出倡議，要求再次舉行「公投」，用票選的形式來評選「四小名旦」。1936 年秋，先是北京大學師生票社、燕京大學京劇研習社和北京師大附中的愛好京劇者們，聯合給當時注重戲評的《實報》、《立言報》寫信稱：

> 　　時光荏苒，如長江之水滔滔東去，不復歸矣。然戲劇新人如滾滾波濤，重重疊疊，輩出無窮。人們之視聽覺悟亦不斷提升，京劇新戲亦不斷湧現。舊之四大名旦，美則美矣，然多居之高閣，如在雲霄。芸芸眾生，百無一見。且又多在上海淘金，北方觀眾難以望其項背。嗚呼！北地周郎多已望梅止渴，何能長勵徵軍。然則，細觀今日歌臺，後輩如雨後春筍，爭相獻瑞，五彩繽紛，新人新劇，亦撐華廈。故評選四小名旦，以勵新人，恰逢其時，何樂而不為也。

　　呼聲之切，感情之深，特別激動人心。彼時，富連成社社長葉春善因病蟄居家中，特地召回在東北軍軍機處供職的長子葉龍章解職回京，接任富連成社長。龍章看到這一呼籲，覺得這可是振興富連成社的一次大好機會，遂與北平《立言報》社長金達志商量，藉重輿論，先舉行「童伶選舉」，再評「四小名旦」。屆時水到渠成，新星自然應運而出矣！金達志也願藉此機會，擴大報紙的聲勢，以增加銷量。二人一拍即合，開始精心構劃評選之事。先由報紙發表消息，披露大選的目的、方式、方法，運作程序，印刷表格，專門接待各界投票，逐日在報上公布投票數字，並且公推「韻石社」代表數人，到報社

監督，以示公允。此外，還邀請了北平律師事務所予以公證，更增加此次評選的嚴肅性。就這樣，經過緊鑼密鼓的宣揚，「童伶選舉」便正式拉開了序幕。

報社規定投票日期為半個月，到期查點票數公示。中華戲曲學校和富連成社負責人及《實報》、《實事白話報》、《北京晚報》、《戲劇報》，亦派人當場查驗票數。選舉結果，富連成社學員李世芳得票近萬張，當選「童伶主席」。生部冠軍為中華戲曲學校武生王金璐獲得。亞軍則為葉世長，旦角冠軍為毛世來，亞軍為宋德珠；淨角冠軍裘世戎，亞軍趙德鈺；丑角冠軍詹世甫，亞軍係殷金振。選舉結束以後，於虎坊橋富連成社舉行慶祝大會，並於當晚在鮮魚口內華樂戲院舉行了隆重的加冕典禮。禮畢，李世芳，袁世海合作演出了拿手戲《霸王別姬》。其盛況空前，轟動南北。

童伶選舉結束後，仍由《立言報》主持，根據前番統計的選票，以李世芳得票最多，計5800張，毛世來得票5000張，張君秋得票4800張，宋德珠得票3600張，而成為京劇「四小名旦」。嗣後，《立言報》在長安劇場組織了「四小名旦」合作《白蛇傳》的專場演出。李世芳、宋德珠合演《金山寺》、《水鬥》；毛世來演《斷橋》、《合缽》；張君秋演出《祭塔》，從此，「四小名旦」之稱謂遂成定論。

1947年，因李世芳飛機失事遇難，「四小名旦」出現了空缺。同年，北平《紀事報》又發起了選舉「新四小名旦」的活動。從8月1日開始投票，到9月15日揭曉，歷時45天，共得票20萬張。張君秋名列榜首，毛世來、陳永玲、許翰英依次當選。張君秋35，730票、毛世來27，256票、陳永玲24，309票、許翰英23，578票。同樣，在選舉之後，他們四人一起也在華樂劇院同臺演出《白蛇傳》。許翰英演《遊湖》、《借傘》、陳永玲演《水漫金山》、毛世來演《斷橋》、《合缽》、張君秋演《狀元祭塔》。一共連演三天，場場爆滿，一時傳為梨園美談。

這些前後列入「四小名旦」和「新四小名旦」的名伶，各個色藝雙馨，身懷絕技。他們每個人演的「旗裝戲」也都值得一談，待筆者一一述來。

天不假年李世芳

李世芳居「四小名旦」之首，富連成科班出身。原籍山西太原，民國十年（1921）出生於梨園世家，父親李子健是山西梆子花旦，母親李翠芬是山西梆子青衣。世芳十歲時隨父進京，經朋友介紹，世芳進富連成科班學藝，

補入第五科，學習旦角。他先後從李連貞、蕭長華、蕭連芬等老師學了《鐵弓緣》、《閨房樂》、《翠屏山》、《拾玉鐲》、《雙釘記》、《獨佔花魁》、《五花洞》、《五湖船》，《雙搖會》等戲。

世芳聰慧機敏，諸戲一學便會，又極有表演天賦，唱、念、做、打和扮相、做派，處處都像年青時的梅蘭芳。社長葉春善、葉龍章和總教習蕭長華對他都很偏愛，特別聘請了張彩林給世芳說「梅派」戲，如《廉錦楓》、《鳳還巢》、《紅線盜盒》、《霸王別姬》等。世芳在臺上還真是那麼回事兒，他的師兄袁世海一提起世芳就挑大姆指說：「天生的角兒坯子。」連梅先生的好友齊如山看了他的戲，都嘖嘖稱奇，樂得合不上嘴。世芳在劇場的演出成績極佳，未出科已擁有了一大批基本觀眾。加之新聞界的捧場，就為他哄出一個「小梅蘭芳」的口碑。

民國二十五年冬天，梅蘭芳從上海回到北平，齊如山從中作閥，請梅先生特意觀看了李世芳演出的《霸王別姬》和《貴妃醉酒》兩齣戲。梅先生十分高興，認為李世芳確有與他相似，遂收為弟子。從此，世芳如虎添翼，得入梅氏門牆，便一心往「梅派」戲路裏鑽研。一、二年間，如同再造，成績蜚然。

隨後在「童伶大選」中，又獨執牛耳，以最高票選榮膺「童伶主席」，位居「四小名旦」之首。無人不說，他是「梅派」藝術的最佳傳人。當時，他除了演出梅門本戲之外，「旗裝戲」也獨得真傳。扮出公主來，遠看與梅先生一模一樣。其時，北平盛行合作戲，楊寶森和李世芳的《四郎探母》十分紅火，每演必滿。那時楊寶森的嗓子特別沖，調門也高；李世芳更是初生的牛犢，仗著年青、底氣足，二人的對唱，一節快似一節，讓人聽了真的過癮。除了楊、李二人的精湛劇藝之外，楊寶森由楊寶忠操琴，李世芳則由王少卿操琴，有這兩把名琴同時在一齣戲裏出現，更能號召不少人來。當年他二人的《坐宮》，人稱雙絕，百聽不厭。

李世芳成名之後，不驕不傲，為人謙和，嚴於自律，毫無一般男旦的脂粉氣息。臺下與朋輩交遊，舉止坦蕩，能和大家一起在大池子裏泡澡，談天說地，與豪爽男兒無異。奈何天不假年，1946 年年底，他在上海與梅蘭芳一起合作演出了一期。最後一場是師徒二人合作的《探母回令》。前面的鐵鏡公主是李世芳，《回令》的公主是梅先生，效果極佳。次日，世芳忽然收到北京發來的電報，說他的第三個女兒已經出世了。世芳大喜，回家心切，但時逢年底，返京的人多，乘飛機，竟然一票難求。唯獨楊寶森、謝虹雯夫婦因為早

先預訂，得了兩張，但被馬富祿夫婦求去。李世芳歸心似箭，又去向馬富祿夫婦求票。馬富祿身為長輩，見李世芳如此情急，就把機票讓給了他。世芳千恩萬謝、感激不盡，忙著收拾行囊，於元月五日上午乘飛機返京。行前到梅府辭行。

李世芳（1921～1947），名福祿，祖籍山西太谷，生於內蒙古包頭。父母都是山西梆子演員。富連城坐科。名列「四小名旦」之首。此照片藏於北大圖書館，李世芳在《坐宮》中飾鐵鏡公主。

彼時梅葆玖尚是兒童少年，拉著師哥不讓走。世芳還用煙標幫他疊了一張紙飛機，哄著他說：「師哥去去就回，去去就回。」誰想，此一去竟成永訣。飛機途經青島上空時，遇到大雨，飛機在雲霧中迷失了方向，撞山罹難。世芳去世時年僅 26 歲。一位新秀，就這樣魂斷青霄，顧曲者莫不為之扼腕。翁偶虹先生有詩悼之曰：

> 猶記童年霞舉時，望梅梅竟玉成之，
>
> 亂離前後梅無恙，反折梅園李一枝。

追悼會後，梨園公會與富社發起兩次義演，以解李家危難之需。尚小雲、荀慧生都率先演出拿手好戲，為其集資募款。梅蘭芳也於上海中國大戲院舉行六場義演，將演出的六千元收入和私人援助的款額一併寄往李家。在這以後，相當長的時期內，梅先生都按月給李家匯款，以表師徒之情。

李世芳留下的舞臺劇照不多，這一幀旗裝像實為僅存，藏於中國戲劇研究院，現刊於書內，以為對逝者的記念。

得天獨厚的張君秋

張君秋比李世芳大一歲，民國九年（1920）生人，1997年逝世，一生經歷了無數次波折和運動，自己能韜光養晦、潔身自保，不僅熬過了「三反五反」、「反右」和「史無前例的無產階級文化大革命」，竟然在舞臺上精益求精、刻苦求索，使自身的藝術造詣得到發揚光大，自成一家，最終發展成為獨樹一幟的「張派」。而且桃李滿門、下自成蹊，釀就今日「十旦九張」的輝煌。

據與張君秋有厚交的老人說，張君秋在 1950 年與馬連良困於香港的時候，曾請高人算過一卦。卜者觀其面相後拱手而笑，說先生五官周正，男生女相，必有貴樣。且天庭飽滿、地閣方圓，不僅有「齊人之福」，還有「雙稀之壽」。君秋問：「何為雙稀？」卜者笑而不答。君秋又問：「今後是南下好，還是北上好呢？」卜者說：「南下風雨如晦，道路泥濘；北上金雞待唱，聲遺天下。竊以為，北上無虞。」為此，君秋才毅然北返。回大陸後，雖然也幾經磨難、險象環生，而福之所倚，陳倉可渡。一直在舞臺上鳳歌鸞舞，未遭大劫。直至晚年，參與「音配像工程」時，積勞成疾，至使心臟病突發，在自家的樓道裏溘然長逝。應該說是壽終正寢，享年恰七十七歲。而且兒女滿堂、門徒盈室，一打開電視機，「入耳盡是老鳳聲」，一個演員在紅氍毹上終此結果，也是梨園界為數不多的一位福人了。此時，人們忽然想起當初的香港卜者關於他能善享「雙稀」的斷語，莫不一驚，「古稀向為七十，一稀恰又為七，雙稀者，自然是七十七歲也。」

張君秋的一生也多風雨。他原本姓滕，名家鳴，字玉隱，祖籍江蘇丹徒。他的母親張秀琴是一位梆子演員，張君秋是隨了母姓。他的生身之父親名叫滕聯芳，原是民國初年的一名小京官，收入較豐，家境小康。張君秋出世後不久，時逢北閥，乃父突然棄官不做，離家出走，不知去向了。如是，家境每況日下。母親不得不重操舊業，帶著君秋跟著劇團跑碼頭，四處客串演出。小君秋在這樣的環境中長大，也學會一些梆子戲。有時在後臺自己就拿腔作調地唱了起來，還真像回事兒，很招長輩們喜愛。後來，經李多奎介紹，拜了李凌楓為師，專攻青衣，跟他學了不少傳統戲。

李凌楓和張君秋的師生關係起初很好。李是循循善誘，張則拳拳服膺。君秋也很孝順，知道家計艱難，母親對他期望很大，用功學戲，努力不懈。每

天清晨去往窯臺喊嗓，天不亮就走，一年三百六十天從不中輟。人們只知道張君秋嗓音潤亮，哪知道是苦練出來的。十五歲那年，他在北京吉祥戲院首次登臺，與雷喜福合作演出了《桑園會》，以優美動聽的嗓音和嫻熟老道的演技，贏得了觀眾的好評。從此，不少好佬開始與他合作。當《立言報》舉行公開投票，推選「童伶大選」時，張君秋被選中，成為「四小名旦」之一。當時的輿論對他的評論是：

> 扮相，如窈窕淑女，似梅；
>
> 唱功，有一條好喉嚨，似尚；
>
> 腔調，婉轉多音，似程；
>
> 做工，穩重大方，似荀。

張君秋名聲的雀起，得力於他演的「旗裝戲」。彼時，馬連良的「扶風社」正缺旦角，原本有個林秋雯配戲，並不理想。又怕張君秋被譚富英約去，就特地約他進社唱了一場，貼的是《蘇武牧羊》，這是一齣「旗裝戲」，也叫《北國情》，派張君秋飾演旗裝打扮的胡阿雲。張君秋特別高興，能搭了馬連良的班，日後大紅大紫就有盼頭了。他知道胡阿雲一角是王瑤卿的絕活兒，就每天跑大馬神廟，找師爺爺惡補一氣。演出時，張君秋不但佳腔迭出，而且京白、神情、做派，都頭頭是道，無可挑剔。常言說：「吉人天相，福至心靈」。尤其張君秋的旗裝扮相，乾淨俐落，秀美可人，婷婷玉立，真若出水芙蓉一般。從出場到下場，采聲不絕，觀眾大悅，馬連良也非常滿意。遂與君秋簽定了長期合同。張君秋是何等聰明，又會來事兒，當即拜馬連良為義父，從此便以「乾爹」相稱了。

他加盟「扶風社」的幾年裏，從馬連良、馬富祿和同臺的前輩那裡獲益良多。張君秋的藝術造詣突飛猛進，奠定了他日後自領一軍的基礎。張君秋的心氣兒很高，總想自己唱出有份量的戲。但是，馬連良很少給他施展的機會。偶而派上一次《機房訓》和《梅龍鎮》，那已是特大的恩典了。《四郎探母》這齣戲，馬先生是從來不動的。他只與梅蘭芳合作過一次整齣的，從《坐宮》一直唱到《回令》，其表演水準之高，內行無不欽佩。而馬先生說了聲「太累！」就再也不動這齣戲了。不少有錢有勢的人物唱堂會，出重金煩馬先生來這齣戲。馬先生都一一推脫。他只是在重要的大匯演時，唱上其中的一折，以盡心意，而絕對不動全齣。

　　1942 年，張君秋認為時機成熟，便脫離了「乾爹」，自組「謙和社」，挑班單幹。從此隨心所欲，唱起了青衣本戲，如《祭江》、《祭塔》、《玉堂春》、《春秋配》、《三娘教子》、《二進宮》等，以唱功為主，頗有號召力。並開始與孟小冬、王又宸、譚富英、裘盛戎等大角們的合作，名聲愈振。其中，「旗裝戲」《四郎探母》是張君秋最愛唱的戲，也最為叫座。

張君秋（1920～1997），原名滕家鳴，字玉隱，祖籍江蘇丹徒。京劇表演藝術家，四小名旦之一，旦角張派創始人青年時代的張君秋與王瑤卿的女兒王鐵瑛旗裝戲《八本雁門關》的合影。此照攝於大馬神廟王宅。

　　民國三十一年（1942 年），「謙和社」在開明戲院首演，就是用《四郎探母》打炮。這個戲院過去也是梅蘭芳經常演出的場所，他頭天的戲碼：

　　開場：王泉奎《大回朝》；第二，時慧寶的《朱砂痣》；壓軸：孫毓堃、侯喜瑞、李金鴻、許德義、范寶亭、遲月庭、王福山的《戰宛城》；大軸是張君秋、紀玉良、李多奎、姜妙香、蕭長華、于蓮仙、張春彥的《四郎探母》。張君秋的鐵鏡公主一出場，好聲就如同炸了窩一樣，全場沸騰。那時的張君秋身高一米七一，身條兒清俊，梳上旗頭，穿上可身兒的旗袍，活脫脫一個大美人。一聲「丫環，帶路哇！」人未出場，已定三分天下。待一登場，光輝四照，滿場凝眸；一開唱，更是津迷桃源、傾城醉倒。這一臺戲，每一位都是角兒。六點半開戲，唱到子夜一點才散戲，那真是人山人海，滿坑滿谷。此後，張君秋在業內也落了個「《坐宮》最棒」的說法兒。

　　在這齣戲的演出中，他與楊寶森的合作最為火爆，其陣容為楊寶森的楊延輝，張君秋的鐵鏡公主，魏蓮芳的蕭太后，姜妙香的楊宗保，汪正華的楊

延昭，劉斌昆的國舅兼反串佘太君，胡永芳飾四夫人。在長達兩小時三十分鐘的演出中，共贏得掌聲 538 次。現在市場上還有全劇錄音為證，其現場之火爆，實為言之不虛也。

張君秋演《四郎探母》還惹出過不少麻煩事兒。第一件是在民國三十四年（1945），他在南京跑碼頭，唱得十分紅火，從打泡起連賣了十個滿堂。南京的大小報紙連篇累牘地報導張君秋。這一天貼的正是《四郎探母》，唱完《坐宮》，後臺就傳過話來，說有人要見張老闆，被管事兒的給擋了駕。唱完《盜令》，下場時，又吵吵有人找。待唱完《交令》之後，公主沒事兒了，剛坐下喝口水，後臺就闖進一個人來，定睛一看，是個剃度過的和尚。只見他三步兩步撲到跟前，拉著君秋的手就連聲叫「兒」。說：「兒啊，兒啊，可把你爹想死了。」後臺人等大為驚詫，圍成一團。原來是張君秋多年前失去的父親滕聯芳，君秋憑著兒時的印象亦確認無誤。但事發突然，張君秋一時舉足失措，不知如何處理。

這時，張君秋的媽媽張秀琴走了出來，連推帶揉地把這位滕「和尚」推出了後臺，堅決不認。第二天，全城大大小小的報紙均把「滕和尚認子」之事當成頭號新聞。本來嘛，在他們娘倆身單力薄之時，你滕聯芳棄家出走。而今，兒子成名，你就想白撿一個「老封君」當，世間那有這麼便宜的事情。此事，一方堅決要認，另一方堅決不認，鬧得沸沸揚揚。後來，還是由中人出面，從中勸解說合，最終，由張秀琴拿出了一筆錢，由中人交付滕聯芳說：「先生即然早已剃度出家，這塵世中的妻、兒俗情，自是拋在九宵雲外。前番一見，乃前緣未了。見後已知妻子無恙、兒子成人，其心安矣。何必再糾纏往事，自尋其苦呢。這些錢，是你兒子對您的孝敬。願您雲鶴生涯，樂比神仙。」滕聯芳聞之也頷首稱是，將錢收下，拂袖而去。此後，爺倆再未謀面。此事在五十年代《戲劇報》連載的傳記文學《張君秋》上曾有記述。

另有一件事，也與張君秋的「旗裝戲」有關。筆者兒時在北京二十七中上學時，同班中有一男同學，名叫支彭鑫。他也喜歡京劇，還會唱兩齣，我們下課後總在一起玩。還在前門大北照相館合拍過一張《黃鶴樓》劇照，我的周瑜，他飾趙雲，這張老照片我一直帶在身邊。這位姓支的同學家住西城平安里西皇城根路西的一個小院子裏。有一次我到他家玩，正碰上一位身著淺灰色西裝，足下穿一雙白皮鞋的先生從他家告辭出來，支同學的母親一直把他送到公共汽車站。事後，支彭鑫告訴我，剛才走的是張君秋，是他

爸爸的好朋友。他還說，他爸爸故去之後，張叔叔每月到他家一次，給他母親放一些錢，說是供他上學。我就好奇的問：「伯父是怎麼故去的？」支同學說：「是聽張君秋的《四郎探母》時，被電死了。我是隨著我媽的姓。」說到這兒，我的心中咯噔一下，就不敢再深問了。只是，打心眼裏很佩服張君秋這個人能扶危濟困，真講義氣。

前兩年，筆者在臺灣讀得劇評家丁秉鐩先生的所著《菊壇舊聞錄》一書，才弄清此事的原委。書中稱：

> 民國三十七年（1948 年）秋天，筆者（丁秉鐩）離開北平南下，九月間到天津去訂船票。這時張君秋剛在中國大戲院演完一期。有一位劇評家路介白，任職中南銀行，是君秋好友，常在報上寫文章鼓勵他。不料有天晚上散戲時，擁到臺前鼓掌，不慎觸及舞臺前的電燈，而電線漏電，當時電死。於是中國大戲院在張君秋一期演完之後，後隊未上以前，停演一天，舉行追悼會，對路介白致喪，致奠儀甚豐。雖然電線漏電，戲院固有責任，也非故意傷害，路家也不好意思再堅持什麼。

噢，原來如此。而張君秋倦顧舊誼，一直照顧故友的遺屬，這件事是著實令人起敬的。我上中學時，是 1958 年，全國上下都在「大躍進」，我們學校也在操場上壘起了「高爐」大練鋼鐵，支同學的父親已故去十年之久，君秋先生猶自月月必至，實在有「古仁人」之風啊！

到了 1948 年，解放軍一進北京城就開始整肅文化市場。劇場演出劇碼首當其衝地被一一檢查。駐北平解放軍軍事管理委員會在《北京日報》上率先頒布了「禁戲公告」，宣布了五十五齣「晦淫晦盜」、「宣傳迷信」的「壞戲」，如《殺子報》、《馬思遠》、《貴妃醉酒》、《雙搖會》、《探陰山》、《烏盆計》等一概禁演。「旗裝戲」《四郎探母》也名列其中。理由是，「楊四郎投敵叛變，行為可恥，不能同情提倡。」於是，張君秋的這齣拿手戲也就被打入了另冊。

解放後，他先經過的是「三反」、「五反」和「鎮壓反革命」。火熱的群眾運動和殘酷的階級鬥爭，嚇得張君秋夠嗆。眼看著昔日與名伶往來至密的「剝削階級」地主、資本家、「反動文人」被批鬥、鎮壓、財產充公，不少過去吹捧過自己的「粉絲」們紛紛落馬，一個個如喪考妣。自己便也忙於自保，與他們劃清界線。說也奇怪，共產黨的政策很有彈性。對於商賈，彼時的法定界

線，凡有兩千元以上資產的就定為資本家，成為革命對象。而對藝人格外寬鬆，例如歲入斗金的梅蘭芳、程硯秋、譚富英等大腕兒，則都劃為「城市貧民」，是革命的團結對象。張君秋除了多幾個妻子外，一向「老老實實唱戲」，身無劣跡，自然成了「團結—改造」對象。

到了 1956 年，通過轟轟烈烈的「對資本主義工商業的社會主義改造」運動之後，張君秋與馬連良、譚富英、裘盛戎、趙燕俠等人的私營劇團，被「改造」合併為國營的北京京劇團。張君秋成為「為人民服務的演員」。當時因為「戲改」，使得很多傳統劇碼遭到禁演。極「左」的地區，幾乎到了無戲可演的地步。不少民主人士上書中央，希望能放寬尺度，活躍群眾生活。此時，毛澤東正提出繁榮文化，提倡「百花齊放」、「百家爭鳴」。為了更廣泛地團結藝人，北京市成立了「京劇工作者聯合會」。為了慶祝這件盛事，市文化局特地在中山公園音樂堂舉辦了盛況空前的名伶大匯演。把當初禁演的劇碼通統開禁。就這樣，張君秋有機會過了一次「旗裝戲」的癮。

這次演出，官方由戲改局的馬彥祥、市文化局的張夢庚等人牽頭，梅蘭芳、馬連良、程硯秋、歐陽予倩等名家坐陣，推舉出李萬春當了戲提調，派出了三天精彩非凡的大戲。頭一天，9 月 1 日演出劇碼：

開場是大武戲《八蠟廟》，李萬春飾褚彪，孫毓堃、馬崇仁分飾費德功，黃元慶、譚元壽、姜鐵麟分飾黃天霸，錢寶森飾關泰，郝壽臣飾金大力，筱翠花飾張媽，李小春飾賀仁傑，梁益鳴飾施公，李韻秋飾張桂蘭，馬長禮飾秦義成。

第二齣為《鎖五龍》，裘盛戎飾單雄信，閔兆華飾李世民，高寶賢飾徐績，劉雪濤飾羅成，慈少泉飾程咬金。

大軸便是《四郎探母》，李和曾、奚嘯伯、陳少霖、譚富英、馬連良分別飾楊延輝，既李和曾的《坐宮》，奚嘯伯的《交令、過關》，陳少霖的《巡營》，譚富英的《見弟》、《見娘》，馬連良先生破天荒地演出《見妻》、《哭堂》、《回令》；張君秋、吳素秋二人分別飾鐵鏡公主，張君秋《坐宮》、《回令》；吳素秋的《盜令》、《交令》。尚小雲當仁不讓地飾演蕭太后，李多奎責無旁貸的佘太君，姜妙香飾楊宗保，蕭長華飾二國舅，馬富祿飾大國舅，馬盛龍飾演楊延昭，李硯秀飾演四夫人孟金榜。李慕良、何順信操琴，譚世秀司鼓。

一齣戲幾乎薈萃了北方所有京劇精英，八仙過海，各展其能，真是麒麟

獻瑞，滿臺生輝。張君秋飾的鐵鏡公主，主演《坐宮》、《回令》，聲情並茂，精彩異常，迄今傳為佳話。不想，這次的解放禁戲也是「引蛇出洞」的一步棋。轉過年來，轟轟烈烈的「反右」運動就開始了，李萬春、葉盛長、葉盛蘭都劃成了右派。馬連良是在彭真的保護下，蒙混過關。《四郎探母》依舊被列為禁演劇目。運動中，張君秋等人為演這齣戲，做了不少次檢查，從此以後，張君秋就再也沒動過「旗裝戲」。

允文允武宋德珠

宋德珠原名宋寶祿，號穎之。祖籍天津，生於北京。他父親是個開茶館的老闆。他們家的茶館並不是普普通通的小茶館，而是崇文門外有名的「天一順」，一個遠近馳名的大茶館。二、三十張茶桌，外帶「燒餅果子爛肉麵」。裏邊還有個小舞臺，可以說書唱戲，五間三進的房產都是自己的，可以說宋德珠家境殷實，是個「小開」出身。到這兒喝茶的，除了票友，就是梨園子弟。因為環境的薰染，德珠自小喜愛京劇，父親也不反對。七歲便考入了北平戲曲學校，老師看他生得俊俏，腰腿靈活，就讓他學了武旦。

當時，北平戲曲學校是以「德、和、金、玉」四個字來分班級的，每期招生相隔一、二年，培養出一大批優秀的京劇演員。僅「德」字科就出了老生關德咸，武生傅德威、陸德忠，青衣出了鄧德芹，還有小生李德彬，花臉趙德鈺、高德松、王德昆等，個個都是好樣的。

給宋德珠練功的老師是張善亭，藝名「十陣風」。而給他正式說戲的是著名的武旦「九陣風」，也就是大名鼎鼎的閻嵐秋。在這二位嚴師的督導之下，經過幾年刻苦的錘鍊，德珠不但武功堅實，而且扮相嫵媚，武打、亮相非常邊式漂亮，招人喜歡，沒出科就能拴上一堂座兒。他的拿手戲很多，例如《扈家莊》、《演火棍》、《取金陵》、《百草山》、《戰金山》、《泗州城》、《紅桃山》等，都很降人出彩。尤其出手的招數、套子別致新穎，簡直無人可比。譬如說，他的《紅桃山》中有「鋼鞭出手」，實是一絕。他能在九龍口前背著身子，背著手，不用眼睛看，就能用手的中指兒接住從後臺拋來的鋼鞭。而且，接住時，這柄鋼鞭還能在手指尖山滴溜溜地轉。外行看得目瞪口呆；內行看著，也不能不歎服宋德珠的工夫。

宋德珠是在民國二十七年（1938）五月畢業的，次年就正式挑班，起名「穎光社」。在新新戲院打炮的戲是《楊排風》。他把《演火棍》中的《打青

龍》、《打孟良》,《打焦贊》、《打韓昌》、《打耶律休哥》都連在一起演,人稱「五打」,幾乎把武旦的般般武藝全都使了出來。一個人連演三個多小時,從頭打到尾,臺上臺下那份火炎,實在是空前絕後。觀眾看得過癮、解氣,而技藝不佳的武旦同行們,莫不在背後罵他「簡直不給別人留飯」,真是「欺師滅祖」,把戲給唱絕了!說歸說,宋德珠武旦挑班,還奪得了「四小名旦」之譽,委實不善哪!

　　宋德珠還有一齣整本大套的武旦戲,就是《百鳥朝鳳》,是經過高人指點,把一齣俗到了家的花旦、小丑玩笑戲《鋸大缸》,重新編排,增加了降妖伏魔的武打場子,連串在一起,新穎別致,即輕鬆活潑,又格外火實熱鬧。他飾演由旱魃幻化而成的王大娘,前部是花旦,賣一個「俏」;後部是武旦,賣一個「火」。再加上打出手,和對白鸚鵡、大鵬金翅鳥、孔宣三位仙禽的開打,使人目不暇給,非常火熾。他在戲校還沒畢業以前,就排成公演,特別上座。挑班以後,再次精心梳理,加入了大型切末、火彩,每次演到最後,臺下觀眾都會站起來歡呼鼓舞,全場沸騰。池子前人山人海,後排的都上了凳子。那真是:「其他武戲不再看,滿城爭說宋德珠。」

　　宋德珠在師承的基礎上,集前輩名家技藝之大成,注重武戲文演,著眼刻畫人物,將繼承與革新結合起來。形成獨具一格的「脆、帥、敏、捷,美、媚、嬌、柔,剛、挺、勁、銳」的表演藝術風格。開一代京劇武旦、刀馬旦之新風,在中國的京劇史冊上佔有光輝的一頁。

　　劇評家張醉丐寫有好多首詩《勗宋德珠》,刊於《立言畫刊》第十四期上。他在詩前寫道:

　　　德珠是戲曲學校高材生,工武旦,兼演劇,容貌妍麗,藝術超群,現代梨園中拔萃出類人物,登場獻技數載,成績斐觀,萬里鵬搏,前途正無量也。自從戲業之後,為求個人藝術開展,獨身組班所約角色,均係上選,老丐對其藝凤所稱讚,聞訊而喜,詩以勗之。

　　　花作嬌姿雪作膚,登場技擊見工夫。
　　　梨園記錄新人物,三字留名宋德珠!
　　　蜚聲菊部美豐標,度慶親吹碧玉簫。
　　　兒女柔情工體貼,垂髫低唱念奴嬌。
　　　學成藝術仗名師,正是青年得意時。

譽滿京華稱第一，新詩愛詠比紅兒。

紅氍毹上炫珠光，性最聰明藝最良。

留與旁人添美感，自身願試綺羅香！

一般的武旦大多沒有嗓子。既使有嗓子的，也因為日日捧、打、跌、撲的練功，捧也把嗓子捧沒了。宋德珠未出科時也沒嗓子，可自己挑班之後，如有神助，竟然嗓子也調出來了。雖然不十分潤朗，但是很有味兒，也能「盯活」。於是，全部《英傑烈》、全部《花田八錯》，也都相繼出籠了。但必竟武旦的戲少，路子窄，沒有三、四十齣大軸戲，怎能掛頭牌，跑碼頭？於是，就得想新的辦法，大戲沒的可派了，就貼一齣花旦、一齣武旦兩齣，譬如大軸《取金陵》，前邊帶個《拾玉鐲》；或是前邊《打花鼓》，後邊再演《紅桃山》。沒多久，便感覺到掏不出來更多的東西，似乎沒戲可唱了。就這樣，才把一些貼大軸兒的文戲逼出來。他的「旗裝戲」《四郎探母》，就是在這種情況下搬將出來。書中的這幀鐵鏡公主的劇照，就是他挑班兒的第二年拍照的。

當然，他的《四郎探母》是「霸王硬上弓」，比起他的武戲可就遜色多了。扮出來的鐵鏡公主、英武之氣過重，捧他的人大多是為了看個新鮮，真用戲子來秤，還真不太成。後來，有人給他出主意，日後再演這齣戲，可以走尚小雲的路子，從金沙灘大戰起，鐵鏡公主在陣前將楊四郎擒了，加上武打，下半場再唱《探母》。宋德珠從善如流，但演四郎的老生文武並用的人材難找。正椿老生不願意這麼幹，二把刀的老生，前邊能打兩下，後邊可又唱不了。所以，只在上海試著貼演了一場，效果不好，也就作罷了。

宋德珠紅了以後，就變得有點兒驕傲了，原本是少爺坯子，處處大手大腳。而今掙錢多了，花錢就更大方了。他喜歡養鳥兒，在這方面一擲千金，全不吝惜。他家專有兩間屋子，用來蓄養各式各樣的鳥。小至黃雀，大至孔雀，什麼都養。他每次去餵鳥，嘔啞嘲哳之聲，不絕於耳。他給這兩間鳥室起了個戲名，就叫「百鳥朝鳳嗷」，以暗合他的拿手戲《百鳥朝鳳》。也可能是他在臺上太累的緣故，不久又染上了煙霞癖，而且越抽越多。從此，嗓子變得沙啞了，一般的文戲、花旦戲也就不唱了。他的「旗裝戲」更是沒演兩場，就把行頭收起來了。

宋德珠（1918～1984），京劇著名武旦。原名宋寶祿，號穎之。祖籍天津，四小名旦之一。宋德珠是在民國二十七年（1938）五月畢業的，次年就正式挑班，起名「穎光社」。他在主演武戲之餘，也演文戲。「旗裝戲」《四郎探母》的鐵鏡公主也殊為勝手，這幀鐵鏡公主的劇照，就是他挑班兒的第二年拍照的。

毛糙輕浮的毛世來

　　另一位「四小名旦」之一毛世來，可就又差了許多。雖說他是正式拜過梅蘭芳的弟子，那只是應在名兒，並沒得到梅先生的點撥。瞭解他的人，都說他自小古怪精靈，胸無城府，事事愛耍小聰明。民國十九年（1930），他補入了富連成社第五科。先從李連貞、蕭蓮芳學青衣，如《朱砂痣》、《占花魁》、《斷橋》和《鐵弓緣》等。社方看他生得玲瓏剔透、活潑可愛，是塊花旦好材料，後來就專往花旦裏培養。

　　當時，富連成出了一位大角于連泉，藝名「小翠花」。他的花旦戲可以說是達到了登峰造極的高度。做功的細膩傳神，刻畫入骨；嬌功的靈巧堅實，身上的邊式好看，一出科便獨享盛名。富連成以後的花旦，都以這位「大師哥」為楷模。毛世來也不例外，宗的便是「筱派」的路子，「三殺」（既《翠屏山》殺山、《武松殺嫂》和《坐樓殺惜》）、「兩雙」《雙沙河》、《雙下山》都成了他的拿手戲。

　　毛世來出科後，是以「筱派」花旦為號召，自己挑班唱戲的。但是，同樣遇到了宋德珠的問題，戲碼有限，不夠演一期（既一個月）的。內行認為，他如果正式拜了于連泉為師，按「筱派」的戲路走下去，也不會失策，同樣能挖

出不少新戲來。但是，也不知怎地，他和于連泉爺倆犯相，一個不拜，另一個也不收。有人想從中間撮合，但是，竟然無從下手。

正在這個時候，毛世來拜了荀慧生為師，把「荀派」的戲都一齣齣地搬出來演。這麼一來，他身上的「筱派」鋒芒便日漸失去，而正經八百的「荀派」，又未修成正果。不喜歡他的人就說他是「四不像」。所以，上座日漸不佳。

毛世來的「旗裝戲」裏，演過《四郎探母》，現有照片佐證。但是他的身量矮小，且長於武功，平時小心眼，處處斤斤計較，扮出戲來總有些小家子氣。演過公主，大概比不過別人，並不出色，自己也就放棄了。他到是常演《珠簾寨》裏旗裝大扮的二皇娘，也有文字可據。《珠簾寨》二皇娘一角，原本不是旗裝打扮。筆者在整理出版《清宮戲畫》一書時，有一幀同時期，宮中演出《珠簾寨》二皇娘扮相的畫像。是身穿宮蟒、頭戴鳳冠、懷抱寶劍，乃是漢裝打扮。後來，她的扮相改為「旗裝」，梳「旗頭」、穿「旗袍」、「花盆底兒」，是王瑤卿的改革。王瑤老說，這位皇娘是少數民族出身，屬於番邦人氏，所以改為「旗裝」。此後，《珠簾寨》這齣戲就納入了「旗裝戲」的範圍之內了。

毛世來（1921～1994），生於北京，祖籍山東掖縣。7歲入富連成社科班第五科「世」字班，先學小生、青衣、老生，後工花旦，兼演武旦。在科班時即已享名，有「四大童旦」之譽。

毛世來在演這齣旗裝戲時，鬧出一件不該出現的事情來。丁秉鐩先生曾在《且說「四小名旦」》一文中寫道：

三十年左右吧，富連成社因為財務情況不佳，請出科的校友們，

唱了兩天義務戲，名為慶祝富連成社成立三十五週年紀念。地點在北平西長安街新新戲院。頭一天是四個武生一齣武戲，李盛藻的《黃鶴樓》，譚富英、遲世恭、毛世來的《珠簾寨》。第二天是四個武旦一齣武戲，侯喜瑞、高盛麟、葉盛章的《連環套》，馬連良、小翠花、馬富祿《坐樓殺惜》，當時筆者曾有專文報導，在上海《十日戲劇》發表，可惜現在手邊已無剪存的資料了。

且說頭一天大軸的《珠簾寨》，在這齣戲的後半部，收威之前，二皇娘激將，驅使李克用去大戰周德威的時候，照例有一段念白。李克用說：「什麼叫做好處，何不說將出來，我們大家聽上一聽啊！」二皇娘說：「等你得勝回來，備上一桌酒，把你請在上座，我們姊兒倆，兩邊陪著，一吃一喝，這樂子還小嗎？這就是好處。」一般飾演二皇娘的都是這麼念法。誰想到，那天晚上，毛世來把這一段念完以後，又加了兩句說：「富英，你長了這麼大，有過這麼大的樂子嗎？」在他以為是當場抓哏，還認為很俏皮呢！當時卻使臺上演員，臺下觀眾聽了，都為之一愕。因為論輩分，譚富英是富字三科，毛世來世字五科；論歲數，應稱譚為叔叔，談客氣，在臺下也要叫先生了，他怎麼可以這麼說法呢？如果是王瑤卿，也還罷了，就連小翠花是二科的，也不會這麼說，何況你是毛世來呢？這種比擬不倫，口氣狂妄，立為梨園行同人所不滿而不齒，自此人緣益壞，他自己還不知怎麼回事呢？「小時了了，大未必佳」，這兩句話就應在毛世來身上了。

建國初期，毛世來自己挑班，組建了和平京劇團。團名表示內戰已過，和平到來，今後可以安安神神地唱戲了。但是，隨著「禁戲」和「戲改」的逐步推進，毛世來的很多拿手戲，如《十二紅》、《遊湖陰配》、《活捉三郎》、《翠屏山》等都不准再演了。1956年私營劇團改造，不久便被調往長春，後任吉林省京劇團團長、吉林戲校校長。這些都是有職無權的虛職，演戲的機會則越來越少了，用他自己的話說：「一直就沒有直起腰來」。誰承想，在以後的二十年間就更直不腰來了。

1966年，文化大革命剛一開始，毛世來就讓「革命群眾」揪了出來，天天批鬥，日日挨打，受盡了苦難。好容易挨過皮肉之苦，反倒扣上一頂壞份子的帽子，開除了公職，不僅沒了收入，還被銷了戶口，全家被押至永吉縣

黃榆公社紅星大隊落戶，去接受貧下中農的監督改造。

可憐一代大紅大紫的名伶，淪落到身披破棉襖、手握鋤頭，整天「面朝黃土背朝天」的農夫。一天下來肩酸背疼，卻只能掙到六分工。舉家食粥，桌上連塊鹹菜都沒有。一直到 1978 年 5 月，毛世來才被落實政策，調回長春。眼看苦盡甜來，雄風再展。也可能他過於興奮，竟突患腦血栓，而半身不遂了。從此輾轉輪椅床頭，於 1994 年溘然長逝，享年 73 歲。正是：

> 臺上粉墨飾春秋，臺下疾苦若夢遊。
> 臺上臺下渾相似，歷代繁華似水流。

婀娜多姿的李金鴻

三十年代末，還有一位唱武旦的翹楚，名叫李金鴻。他的原名叫李士芳，與李世芳同音不同字。祖籍河北武清縣，生於天津。因為他的父母都喜歡京劇，時常帶他出入戲園，金鴻自幼亦深受薰染。七歲時便考入北平中華戲曲專科學校學戲。

剛一開始，他學的是老旦、老生和武生，後來，歸功於武旦、刀馬旦和花旦。師從張善亭、閻嵐秋、諸茹香等名師，練得一身硬工夫，尤善踩蹻。在校期間主演的《演火棍》、《打青龍》、《打焦贊》、《打韓昌》、《打瓜園》都是上乘之作，備受讚譽。他的嗓音極好，並沒有因為練武功而荒廢了文戲。他演的《拾玉鐲》、《打花鼓》、《花鈿八錯》等戲，唱、念俱佳，極有臺緣，捧他人極多。

1939 年，他從學校畢業後，演於京、津、滬等地，曾與葉盛章、李世芳等合作。又拜了王瑤卿、蕭長華、李凌楓、韓世昌、包丹庭為師深造，可以說是廣收博覽、厚積薄發，打下了全面紮實的藝術功底。1942 年，又拜了尚小雲、梅蘭芳為師。解放後，先加入首都實驗京劇團。翌年，加入中國京劇院一團。

他有一齣拿手戲，叫《無底洞》，李金鴻飾演玉鼠精。在孫悟空請來天兵天將擒拿玉鼠的時候，李金鴻的開打「快、脆、美、帥」，好聲不絕。出手「奇、準」無誤，使人眼花撩亂，莫不拍案稱絕。此戲嘗在人民劇場演日場，五十年代，筆者還在上學的時候，就最愛看他演的這齣戲，每演必看，一共看了七場之多。

李金鴻也演「旗裝戲」，他的《四郎探母》唱得極好，每貼必滿，最大的特點是扮相漂亮。他的化妝比較特別，一身素色旗袍、素坎肩，身姿嫋娜，飄然若仙，出場的頭一個亮相，就引人矚目，特別抓人。唱兩句也韻味十足，別

有風采。一位刀馬旦演員能拿出這種唱、做繁重的青衣、花旦「兩門抱」的戲，並且直工直令地當做業務戲貼演，在當初是十分難得的。在文戲上，他比宋德珠更為討俏。

李金鴻（1923～2010）京劇旦角。原名李士芳。著名京劇表演藝術家、教育家。祖籍河北武清。曾任中國戲曲學院表演系教研室主任和中國戲曲學院實驗京劇團團長。李金鴻也演「旗裝戲」，他的《四郎探母》唱得極好，每貼必滿，最大的特點是扮相漂亮。他的化妝比較特別，一身素色旗袍、素坎肩，身姿嫋娜，飄然若仙。

時運不濟的陳麗芳

與「四小名旦」同時的還有一位陳麗芳。他是北京人，門裏出身，是光緒年間四喜班鬚生演員陳福勝的兒子，出生於宣統三年（1911），不幸於1957年病故，年僅46歲。

陳麗芳自幼在朱幼芬主辦的「福清社」學藝。出科後又從諸茹香、趙芝湘深造，曾先後搭梅蘭芳、馬連良、奚嘯伯、楊小樓等班演出，是一位當時很有名的二路旦角。1934年，他曾與鬚生雷喜福合演於中和戲院，極受觀眾好評。他本人喜愛並私淑程派，1934年10月，經孔緻庵先生介紹在新豐樓正式拜程硯秋先生為師。拜師後，程先生教了他《金鎖記》、《賀后罵殿》等戲。

陳麗芳最露臉的一次演出，是在吉祥戲院與譚富英、王泉奎連袂上演全部《龍鳳閣》，既在一場戲中將《大保國》、《探皇陵》、《二進宮》連著演下來，一時間九城轟動，萬眾爭睹。從此之後，這三齣連演之風就開始盛行起來，開創了這齣傳世佳作演出的新形式。陳麗芳的演唱中規中矩，很有功力，內行都很佩服。但是他時運不佳，始終給名角挎刀配戲，自己未能大紅大紫。

陳麗芳（1911~1957），京劇旦角。北京人，為光緒年間四喜班演員陳福勝之子。擅演旗裝戲。1938 年，陳麗芳和奚嘯伯合拍了京劇電影《四郎探母》，目前，還有《坐宮》錄音存世。品質不錯，依舊清新悅耳。彼時二人年青，嗓子都很衝。

不過，他的「旗裝戲」《四郎探母》很有水準，演出時，用的是「梅派」的路子，與奚嘯伯合作甚佳。1938 年，他和奚嘯伯合作的這齣戲被拍成電影，在上海、天津、北京等地上演，上座特別好。直到目前所知，京劇《四郎探母》在解放前被排成的電影共有三部。一部是 1931 年，上海明星影片公司攝製的第一部有聲電影《歌女紅牡丹》，片中插演了京劇《四郎探母》的片斷。電影明星胡蝶在影片中串演了鐵鏡公主。她雖然是個外行，但在片中的表演端莊大方，有模有樣，很像那麼回事。李麗華為她配唱，也唱得有板有眼，字正腔圓，公演之後反響強烈，觀眾趨之若鶩。因為以前的電影全是默片，而這次是採用了德國的先進技術，用蠟盤錄音，發音，在當時十分引人矚目。人們奔相走告，場場爆滿。

第三部攝於 1945 年，由雪豔琴與譚富英合拍的全部《四郎探母》。譚小培重新整理了劇本，《過關》、《巡營》兩場還採用了實景拍攝，楊四郎騎著一匹真馬在「急急風」的鑼鼓聲中款款而行，他一邊揚鞭策馬，一邊高唱〔快板〕，這在當年也真是一大發明。該片一直放映到 1948 年，可惜當年的拷貝沒有保管下來，令人難睹昔日面目了。

第二部就是 1938 年，陳麗芳和奚嘯伯合拍的《四郎探母》，目前，還有人保存著他們《坐宮》一場的錄音。筆者有幸聆之，品質不錯，依舊清新悅耳。彼時二人年青，嗓子都很衝。奚嘯伯宗譚，自己還未成一派，「叫小番」一句，聲振瓦瓴，高遏行雲。陳麗芳學程，也是早期的「程派」唱法，婉轉有高，很像高華。這部電影代表了陳麗芳的藝術水準。因是正經八板的有聲片，公演之後，真受人們歡迎。

劇評家永運先生在《立言畫刊》第 59 期撰文《今日的北京梨園二路旦角

人材概評》中談道：

> 陳麗芳師事於硯秋門下，扮相寒苦、戲路窄小都是他的缺點，然
> 他的唱腔卻不能因其缺點而泯滅，珠圓玉潤可當之無愧，至於做工、
> 身段亦只是平淡而已，此時若多加努力，將來繼程派者，捨其莫屬。

可惜天不做美，紅了沒兩年，陳麗芳就因為嗓音失潤而脫離舞臺。1950年，應邀到梁花儂主辦的西北藝校教戲。直到 1953 年，才又調入中國戲曲學校擔任教學工作，為培養「程派」學生做出了一定貢獻。

自毀長城的陳盛蓀

梨園耆宿李洪春先生有句名言，「一個演員成了角兒，最毀人的東西是煙、酒、色、氣。染上了一樣，就不得了，我一生親眼見過多少好後生，在臺上真是要哪兒有哪兒。可就是沾上了某種惡習，就把自己的一生給糟蹋了。很叫人惋惜。」

您說的「煙」，指的是「大煙」，即鴉片。過去演員一紅，臺上累、臺下忙，應酬多，耗精神，再有壞朋友一勾引，得，吸上了就再也丟不了了。

濫交女友，更是梨園一大忌諱。男角一紅，臺前臺後便有一大堆人「盯」上了。這裡邊魚龍混雜，什麼情況、什麼背景的都有，一旦被「黏」上，往往再難「甩」掉。

「酒」和「氣」二字，那就更甭提了。幹這一行，會唱的是「戲」飯；不會唱的是「氣」飯。周瑜三氣而亡，當演員的要天天生氣，那比周瑜還死得快。男旦陳盛蓀，便犯了不少忌諱，而深受其害。

陳盛蓀，門裏出身，是名宿陳德霖的侄子。乃父陳鴻喜也是梨園中人，工花旦，曾享名一時。後來遠走外江，與家裏多年音信不通，有的說他是改行易姓，定居南方了。有的說他早已棄世，作了它鄉之鬼。

陳盛蓀生於民國三年（1914），他父親出走時，只有七、八歲。入富連成之後，就再也沒見過父親。十六歲出科，二十歲唱紅，不到十年光景，便與世長辭了，時年民國三十二年（1943），享年只有三十歲，正值壯年，竟棄老母、妻子而去，梨園界均為之歎息不止。

陳盛蓀進入富連成時，最初從蘇雨卿學青衣，能戲有《朱砂痣》、《二進宮》、《南天門》、《宇宙鋒》、《桑園寄子》等。後來，又從金喜棠學習花衫，他的《五湖船》、《五花洞》、《打花鼓》、《小上墳》都非常精彩，頗負盛名。出科

以後，經舅父「青衣聖手」陳德霖深造，德霖將自己最拿手的《落花園》、《彩樓配》、《祭塔》、《探窯》、《金光陣》、《蘆花河》等戲，都傾囊以授。盛藻得真傳最多，因此一登場便大紅大紫。

彼時，捧角之風甚盛，捧角家各據一方，勢傾一時。旦角中仲盛珍死後，當以盛藻和劉盛蓮風頭最健。盛藻為正旦，盛蓮為花衫。陳、劉兩人之間雖為師兄弟，然而，捧角諸公愛陳愛劉各不相同，無形中分成了兩派。每日在查樓大打對臺。每當雙方意中人出場時，則好聲連天。不是自己要捧的人出場時，則噓聲四起。為此每每發生衝突，甚至大打出手。陳盛藻、劉盛蓮二位對於臺下客之狂捧，皆引以為榮。捧陳的自栩「藻社」，捧劉的則稱「蓮友」。彼此糾纏了七、八年，直至二人前後故去，這兩個組織才風流雲散。

陳盛藻出科後，李盛藻正發起「大富連成」組織，盛藻隨李盛藻、楊盛春、劉盛蓮、貫盛吉、貫盛習，孫盛文、盛武等人一起出科離社，到上海演出。此行盛藻名利雙收，他和李盛藻的《四郎探母》多次翻場，紅遍滬上。歸京後，即步入了「紅伶」階段。比張君秋、陳麗芳都強之百倍。王又宸、奚嘯伯、雷喜福等班社，都願邀其合作。有時每晚趕兩處臺口，風頭極衝。陳盛藻當年生得貌美，待人接物溫柔多情，如同閨中少女。他擅演「旗裝戲」，扮出來的鐵鏡公主與別人不同，別有一種弱不禁風、楚楚可憐的勁頭兒。所以，捧角諸公為他起了個外號叫「小貓」。有一次，陳盛藻在查樓後臺戲後卸裝之時，忽然從外邊闖進三十多名衣冠時尚的富家子弟，對其強行擁扯，大呼「小貓」不絕。多虧後臺眾人解圍，方免出意外。盛藻早被嚇得渾身打顫、粉臉失色了。

不久，他又隨李盛藻去漢口大舞臺演出，聲譽極佳，報紙冠以「標準美男子」之譽。他住的旅館中，隔壁有兩位「戲迷小姐」生得十分漂亮，據說這二位都是風月場中人物，是一對賣色為生的「姐妹花」，對盛藻獻媚有加。盛藻少年得志，得美人青睞甚是得意，於是，一拍即合。盛藻與這對姐妹左右周旋，來往日密，同行師兄弟均以好言相勸，囑其檢點。然盛藻以逆耳忠言、全然不睬，甚至以為別人從中擋橫，別有用心。每日散戲之後，公然隨二女離開旅館、步入勾欄，夜不歸宿了。

盛藻原本體弱，難經臺上臺下的糾纏鍛鍊，演期未滿，便幾乎臥病不起了。掙扎登臺，嗓子也已立竿見影，再無從前應對從容了。漢口之行滿期，他對這二位美人癡情益深，戀戀不捨，「執手相看淚眼，更無語凝噎」，竟然灑淚而別。返回北京後，終日神不守舍，相思不斷。茶飯不思，精神不振，藝事

日漸退步。同行都告訴他，這對「姐妹花」是生意場中人物，不要太看中了。然而，陳盛蓀終日癡情倦倦，就此生病，臺上時有不支。如此年餘，嗓音失潤、容顏憔悴，今非昔比。

此時，張君秋、陳麗芳及諸坤角層出，盛蓀大受排擠，在戲班的地位逐年下降，後來竟降為五、六牌。他不從自己失檢之處反思，反而終日生氣。氣來氣去，一病嗚呼。最終，家貧如洗，裝殮幾成問題。奚嘯伯感念舊誼，與毛世來為他演義務戲，籌錢安排後事。一位原本大有希望的紅伶，全因一時不慎，自毀前程，實在可悲可歎！

梨園界的老先生們常以此事告誡晚輩後生，「藝成不易，成後更須自愛！」早前捧陳盛蓀的「蓀社」成員，曾在《立言畫刊》撰文，寫了《一篇墮落傷心史》以悼盛蓀。

陳盛蓀（1914～1943），京劇青衣。陳德霖的侄子。扮相略清苦。早年入富連成科班，能戲甚多。可惜身體多病早夭。

碩果僅存的于玉蘅

老一輩擅演「旗裝戲」且有一定成就的男旦，基本上說了一遍，最後，還得說一說于玉蘅先生。此人迄今健在，據我的親戚，同在中國戲校任教的沈毓琛老師講，他今年已年近九十，老早就從中國戲曲學院退休了。他的身體很好，每天還騎著自行車到處走，總是樂哈哈的。每逢學校組織老人們活

動，他都積極的參加。暇時，常與王世勳老師一起寫寫回憶錄和教學經驗，給後輩們留些資料。

　　于玉蘅常說，他少年時期就喜愛京劇，家裏也不反對。那時住在瀋陽，一邊念小學，一邊學戲。剛開始學唱老生，後來又學旦角。在票房裏唱唱還像那麼一回事。為了求得更大的進步，就想到北京投師學戲。他父親有個朋友是位中醫大夫，名叫姚正平，在瀋陽很有名氣。姚大夫是王瑤卿先生的親戚。他聽過于玉蘅的演唱後十分高興，說這個孩子很有前途，拍著胸脯兒願意從中介紹。就這樣，他在抗戰勝利的 1945 年秋季，手裏拿著王醫生的介紹信，隻身來到北京大馬神廟王瑤卿先生家中拜師。王先生不客氣，叫他當著許多師哥師姐的面兒，亮一亮自己的本事。于玉蘅也不含糊，把自己拿手的《坐宮》、《女起解》都唱了一遍。把王先生都唱樂了，說：「得、得、得，看這孩子這麼賣力氣，我收了。」就這樣，他成了王先生的「門裏弟子」。

　　從此，于玉蘅就貼在了王瑤卿的身邊，刻苦學戲，勤於鑽研，先後學習了《紅鬃烈馬》、《桑園會》、《大保國》、《二進官》、《萬里緣》、《金水橋》、《教子》、《罵殿》、《六月雪》、《女起解》、《玉堂春》、《四郎探母》等三十餘齣「王派」戲。每當王先生給其他弟子們說戲的時候，他就在王先生身邊靜聽，從中使他明白了不少劇情戲理，逐漸理解了「王派」表演藝術的精髓。有時，也隨著「角兒」們登臺實踐實踐，唱唱開場。

　　1949 年，北京解放了，文化部門十分重視戲曲藝術人才的培養，成立了新中國的第一所戲曲學校中國戲曲學校，聘請王瑤卿擔任校長，王老師就把弟子于玉蘅也帶進了戲校。他參加了第一屆學生的招生工作，並成了京劇班旦角學生的開蒙老師。在三十多年的執教生涯中，他作為大師兄，協助王先生培養出一大批優秀的旦角樑柱，例如劉秀榮、蔡英蓮、艾美君、楊秋玲、李金鴻、張學敏、李玉芙、沈世華、宋丹菊等人，也都受過這位大師兄的不少幫助。

　　在「旗裝戲」的教學方面，于玉蘅受過王瑤卿先生的真傳實授，無論從身上、做派、直到梳「旗頭」，穿鞋，于玉蘅莫不親自示範、指導，所以說，解放後凡是從中國戲校走出的鐵鏡公主，都經過于玉蘅的調教。包括而今當紅的「大腕兒」李維康、劉長瑜等。在校期間，每次示範演出《四郎探母》時，于玉蘅都當仁不讓地飾演蕭太后。他在臺上的光彩，頗有王瑤老的風範。還落了個「于太后」的綽號。

于玉蘅（1925～），京劇旦角、教師。原名于振江，遼寧瀋陽人。自幼隨張菁華學戲。1946 年在北京正式拜王瑤卿為師。繼承了王瑤卿的表演藝術風格，自 1950 年到中國戲曲學校任教，成為各屆學生的開蒙教師。

五、擅演「旗裝戲」的坤伶們

　　在清季前期，戲劇舞臺上是不允許女子登臺演戲的，這與元、明時期似乎有不少倒退。在中國戲劇史中，自北雜、南戲誕生以來，一向有女子作場，還出現了朱簾秀、中都秀等一批好演員。當然，這些女演員大多是達官豪門豢養的私家女樂，或賣身入府的女優，要麼就是勾欄瓦舍的藝妓。她們不像男演員那樣自由，可在民間流動演出。女子演戲，對於一般百姓來說是輕易看不到的。有文字記載，明代的宮廷演劇，也是從民間的教坊中調入女優進宮，演完以後，當即送回。

　　清室入主中原後，宮中演戲一開始也承繼明制，旨傳民間子弟進入紫禁城內作場，演畢遣回。《十朝詩乘》載：「明季置教坊司、婦女入宮承應。順治八年止。」到了康熙初年，朝廷平定「三藩之亂」以後，將吳三桂之子吳應熊處死，其所居府址改為南府，專司宮廷演劇事宜。同時，為「正風化」，敕令民間禁止私設女戲。從此，就不再允許女子演戲了。

　　但是，隨著時代的進步，人們的思想亦日趨開明，到了清末同光時期，比較開放的江南一帶，女子唱戲的逐漸多了起來，還出現了不少女子班社，俗稱「髦兒班」，她們演的戲也就叫「髦兒戲」。清裕德菱著《梨園佳話》中有《女伶》一篇，寫道：「女劇，滬上謂之髦兒戲。髦，蓋髫也。昔時婦人拖長髻而作男子冠服，致足笑人，故有此稱，非時諺之謂也。」

　　還有一種解釋說，「髦兒戲」原本稱作「毛兒戲」。因為，創始班主名叫李毛兒，「毛兒戲」是用他的名子稱謂的。這種解釋是從張友鶴校注《二十年目睹之怪現狀》一書得來。

　　到了光緒中葉，「髦兒戲」進入上海、杭州等大城市，演出於茶樓酒肆之間。因為都是女孩子，且服飾鮮麗，燕語鶯聲，文武兼備，新穎可人，使城裏的觀眾耳目為之一新，很受歡迎。但是，這種「髦兒班」魚龍混雜，兼有「勾欄女樂」的色彩。女伶除應邀外唱，還可以陪茶侑酒，抱枕侍宿。這種「色藝兼售」的行徑多為社會所不恥。因這種「髦兒戲」泛濫成災，政府不得不出面干涉。光緒十六年（1890），清政府在老《申報》上發布公告《諭禁女伶》。文中寫道：

　　　　英租界地方，初時有某妓購置雛鬟學習唱戲，名曰貓兒班。紅氍貼地，翠袖揚風，繞梁喝月之聲，撥雨撩雲之態，足使見者悅目，聞者蕩心。人家有喜慶事，往往招之。嗣有某某等接踵而起，此風大盛，名園宴客，綺席飛觴，非得女伶點綴其間幾不足以盡興。英會審員蔡二源太守，以其傷風敗俗，商諸麥總巡捕頭，下令禁止。麥捕頭亦知女班之干禁，惟已由某甲代該班等繳工部局捐洋，可否俟至華曆元宵後再行禁止。太守令出惟行，飭差傳諭某甲，轉行知照各班，即時停演，違幹提究。從此雛鶯乳燕，匿跡銷聲，淫魔之風，庶幾可挽。

　　孰料，這類公告只能禁之一時，有所收斂，而時間一過，死灰復燃，久禁難絕。於是，政府又從「禁戲」入手，不准男女同臺混唱。

　　　　凡有傷風化的淫戲，一概不准演唱。如敢故違，一經訪聞定即封班拿究。須知不禁演戲已屬從寬，藐玩不遵即難寬貸。又查有小毛兒戲，男女不分，演唱淫曲，尤屬敗壞風氣，必應禁絕。其各凜遵，毋貽後悔。凜之切切，特示。計開淫戲如《賣胭脂》、《打齋飯》、《唱山歌》、《巧姻緣》、《珍珠衫》、《小上墳》、《打櫻桃》、《看佛牙》、《挑簾裁衣》、《下山》、《倭袍》、《瞎子捉姦》、《送灰麵》（即《二不知》）、《殺子報》（即《天齊廟》、《秦淮河》（即《大嫖院》）、《關王廟》等戲，強梁戲如《八蠟廟》、《趙家樓》、《青楓嶺》、《潯陽山》、《武十回》、《三上弔》、《綠牡丹》、《鴛鴦樓》、《殺嫂》、《刺媳》、《盜甲》、《劫獄》等劇，名目不勝枚舉，無非奸盜邪淫。凡若此者，均宜永禁。此外，或有褻神侮聖之戲亦不准演，如違嚴究不貸。

　　　　　　　　　　（見《申報》1890 年 6 月 14 日第三版《禁演淫戲告示》）

　　儘管如此，隨著清政府的政治闇弱，政令難以推行，上海是當時最開放的地方，從「髦兒班」裏脫穎而出了一大批技藝高超的女演員。如光緒年間的郭鳳仙，專演武旦戲兼工武生，是坤角演武戲之嚆矢。繼之又有武生小寶珊，寧小樓、小春來，武旦「牡丹花」、「飛來風」、「一陣風」等皆順時而生，法界群舞臺有老生恩曉峰，花旦張文豔，寶善街丹桂茶園有青衣劉喜奎，武生牛桂芬，老生桂雲峰，花旦白玉梅，群仙茶園有文武老生小長庚，花旦小金仙，可謂人才濟濟，遠勝鬚眉。人們爭看坤角戲，並且掀起一股捧坤角之風，好不熱鬧。此風逐漸漫延到天津、北京和關外東北地區。1912 年，老《申報》有瀛仙撰《女伶之發達》一文，稱：

圖為清代晚年的江南「髦兒班」演戲的女伶。清末同光時期，比較開放的江南一帶，女子唱戲的逐漸多了起來，還出現了不少女子班社，俗稱「髦兒班」，她們演的戲也就叫「髦兒戲」。清裕德菱著《梨園佳話》中有《女伶》一篇，寫道：「女劇，滬上謂之髦兒戲。髦，蓋髻也。昔時婦人拖長髻而作男子冠服，致足笑人，故有此稱，非時諺之謂也。」

　　嗣以女伶繁衍，盛行於津沽，始有男女合演之作俑。今之關外三省暨燕京等處，舞臺之有男女合演者，莫不由津沽輸入之文明耳。是以名伶之產著，燕京為佳；女伶之產著，津沽為多。惟其產著既繁，流行較盛，而巾幗伶界，不乏傑出之英才矣。如郭少娥、翁梅倩之文老生，陳長庚之武老生，金玉梅、花四寶、林黛玉之花旦，林風仙之武旦，均為滬上女伶中鼎鼎大名者也。更有如恩曉峰、小蘭英之文老生，趙紫雲之武老生，王克琴、杜雲卿之花旦，皆為津沽女伶中矯矯不群者也。餘如梁月樓、明月珠之文老生，小菊處之武老生，小紫合之正旦，馬翠仙、花寶卿之花旦，金桂英之刀馬旦，郭秀英之正淨，小滿堂之文丑，又為瀋陽女伶中名噪一時者也。然則女伶之或以聲著，或以藝工者，均能各專一門，以擅所長。從此脂粉隊裏傳優孟之衣冠，為伶界放一異彩，誠藝林之佳話也。

（見瀛仙撰《女伶之發達》）

民國二年，上海開始正式出現男班女班同臺演戲的情況。是年（1913）9月20日，《申報》第一次刊登「男女合演京劇」的廣告，既「法界迎仙歌舞臺男女兩班合演」為號召，內有麒麟童的《抱烙柱》，張福寶《斷橋相會》，以及女老生婁寶卿的《瓊林宴》和李秀英的《四郎探母》等。

北京方面聞訊，也競先效法，俞菊笙的兒子俞振亭首先呈報京師員警廳，在香廠搭了戲棚，組成雙慶社。約來金月梅、孫一清、金玉蘭等坤角，舉辦「男女合演」，觀眾爭先往觀，業務相當的好。其他戲園亦聞風而起，津滬有名的女演員接踵而至，最著名的是老生恩曉峰，她能文能武，在前門外大柵欄的廣德樓打炮，演的是《連環套》的黃天霸，威震梨園。但好景不常，被排擠的男藝人們陡生醋意，眼看自己的生計和名譽地位受到威脅，就聯名向北平正樂育化會提出抗議，稱：「男女合演有傷風化，應予取締」。在保守勢力的支持下，經京師員警廳批准，限期施行，男女合演予以取締。但坤班的獨立演出無法禁止的，從一九一四年到一九二一年期間，京中坤班林立，名噪京華的京劇女演員有老生李桂芬、小蘭英、姚玉蘭、姚玉英，旦角有劉喜奎、張小仙、金月梅、鮮靈芝、福芝芳，武生梁春樓、梁花儂、趙紫雲等，她們在舞臺上不讓鬚眉，都是坤角的開山前輩。

不過，彼時的茶樓戲園都是男人的天下，大多數的婦女尚都「大門不出、二門不邁」，根本不能到這些地方去看戲。封建思想固然是一個重要的原因，當時公共設施不齊全，茶樓戲園內都沒有女廁所，也是妨礙女子出行的一個重要的原因。女觀眾聽上幾個鐘頭的戲，不吃不喝尚可，不上廁所怎麼能行。所以，就是很開放的女性，對聽戲一事也視為畏途，不去為妙。有的地方開放，也有女廁所，但地方主管思想不開放，對女子聽戲還做出種種限制，如只售包廂等。直到民國七年（1918），上海報刊還刊有：「諭令遵章將男女座位分列，不得混雜，如違重懲。」（見1918年2月25目《申報》第七版）

筆者之所以聊了半天「髦兒戲」、「男女同臺」和女子觀劇的事情，是想說明，女伶的出現以及發展到和男旦們一爭高下，最終戰勝了男旦，奪得了舞臺上的主流地位，也是一件很不容易的事。是為寫「擅演旗裝戲的坤旦們」做一鋪墊。

女子登臺演戲的流行，她們以先天的優勢，扮出旦角戲來，比男旦天真活潑，獨具魅力；她們扮出的旗裝角色，更是千嬌百媚，別有風情。在坤角們的帶動下，民間佳麗、名門閨秀亦紛紛效法，私下裏穿旗裝照相也是一種時髦。

盡人皆知，女子登臺飾演旦角有著先天的優勢，一是自然，不做作，「天然去雕飾」；二是漂亮，婀娜多姿、煙視媚行，自然比男旦天真活潑，獨具魅力；其三是嗓子，女子的喉嚨先天尖細，鶯聲燕語，百囀通靈，決無喉頭男子用假聲假嗓、裝腔作勢之嫌。而且，女子登臺演戲，是打破千年來的封建桎梏，迎合時代潮流，如何不受觀眾歡迎？早年的坤旦劉喜奎一登臺，那真是傾國傾城，萬人空巷。據說，她的「旗裝戲」扮出來更是羞花閉月，落雁沉魚，人稱「美豔親王」。詩人用最美的詞句贊其：

> 遠山之眉瓠犀齒，春雲為髮秋波瞳；
> 嬌羞靈豔妙難數，牡丹能行風能語。

連袁世凱、曹錕、張勳這些總統、軍閥都為之傾倒，一個個恨不得「欲把江山換美人」，從而鬧出無數醜聞。

與此同時，一、二十年代湧現出一大批愛唱京劇的「名閨」、「名媛」、「名票」、「名女人」。她們不是專業演員，更不是女伶，都是戲劇愛好者、是女「戲迷」、女「票友」。其中，「名閨」指的是出身名門富戶中的闊太太、大小姐，她們癡迷京劇，把唱戲當成一種嗜好和娛樂。仗著家中的財勢，請專業教習，請好琴師，一曲千金，不吝糜費。其中不乏聰慧之人，學有成就，便在自家堂

會中唱一唱，先清唱、後彩唱，「花錢買臉，圖得一樂」。

「名媛」的成份就複雜一些了，多是有文化、喜社交、有名氣的小姐、「校花」、職場中的「名女人」，影壇、藝壇明星，乃至「舞女」、「交際花」也儕身此間。平時也活躍於一些特殊的京劇票房之中，如學校的師生票房、私家票社、公司單位內部票房等。算是堂而皇之的「女票友」，優秀者，常於內部「彩串」票戲，但從不拋頭露面地參加營業性演出。演出時，不報真名實姓的，姓張稱張君、張女士，姓李稱李君、李女士，或若冠之堂號，為某某軒主人，某某齋女使等，以有別于伶人。到了三十年代初，風氣漸開，她們才開始報以真名或代名（既另取新名）登場，依然是自視清高，不與伶界混同。

這些藏於深閨，寄身豪門的女票友們，多愛票演「旗裝戲」，尤其《四郎探母》，她們把自己打扮成漂亮智慧的公主，在「人前顯貴」，何其樂也。她們多數不願意花錢唱苦戲，當什麼「受苦十八年的王寶釧」，或什麼「含冤棄市的竇娥」。這些女票友們，有的真好，真材實料，能贏得內行的認可。而大多數則是逢場做戲，自得其樂，票上一陣子，興頭兒一過，也就安心當太太去者。

三十年代初，北京《國劇畫報》在《旗裝戲專號》中刊登了一批二十年代，演「旗裝戲」的「名閨」、「名媛」們的劇裝照片，很直觀地反映出當年演出「旗裝戲」的火炎，以及女子登臺，欲與男旦「試比高」的一種傾向。為了不使這些人在戲劇史料湮沒，筆者擇其部分刊於此章，一方面可以看到當年這些坤旦名票們的風采，也可以看到「旗裝戲」行頭絢麗多彩的款式和變化。

照片中的程挽華女士、徐銀環女士、黃紫萱女士、趙豔芳女士、永樂軒主等人都是名門出身，家道殷實的「名閨」、「名媛」，也都是造詣很深的京劇女名票。她們活躍在當時的舞臺上，為專業坤旦明星的登場，客觀上起到了鋪墊與造勢的作用。

三十年代以後，也真地出現了一些天資聰慧，下過苦功，技藝遠勝專業的女票友，她們不僅公開「走票」，還參加報界舉辦的比賽「票選」活動，最終獲獎，「下海」，走向專業，例如天津的丁至雲，上海的老王玉蓉等。此外，還有一些「名女人」，戲唱得不一定很好，但知名度極高，譬如，電影明星胡蝶、李麗華也都是儕身京劇舞臺的女性一份子。她們在京劇女旦角與男旦的競爭中，也充當著重要的一員。她們與專業女伶一起，為改變京劇旦角格局和發展，都做出了重要的貢獻。

　　三十年代中期，女子登臺演戲和男女同臺得到了政府的准許，女演員的社會地位得到了相應的提高。於是，唱紅了的坤旦如雨後春筍一般順勢而出。劇評家吳小如先生在一篇隨筆中，對彼時女演員在舞臺上下的情況，有一段很獨到的論述，他說：

　　　　根據我直覺經驗，絕大部分能唱紅了的女演員，總不外是這樣的三部曲：一、憑著風華正茂的豆蔻年華和「色藝俱佳」的美麗儀容，找個有錢有勢、能拉攏一幫人左右梨園界的大人物當靠山，由他不惜工本地把她捧紅；二、在一段時間內果然大紅大紫、博得大量觀眾如醉如癡般跟著起哄捧場，獲得了名利雙收的幸運；三、然後突然息影歌壇，被人藏嬌於金屋，做為她的歸宿。當然還有可能出現續三部曲：一、色衰愛弛，或冰山易倒，成了下堂妾；二、重做馮婦，再整旗鼓，二次出山唱戲；三、由於人老珠黃，不為世重，終於銷聲匿跡，潦倒地結束了舞臺生涯甚至個人生命。

　　　　我生於二十年代初，到 1932 年才定居當時的北平，對三十年代以前的京劇發展情況缺少第一手資料，不大有發言權。因此，從縱向看，自清末民初的劉喜奎、金月梅，到初期的奎德社，以至於城南遊藝園時期的琴雪芳、碧雲霞、金少梅等，在我都屬於「所傳聞之世」的人物，無從進行具體評論。真正經過耳聞目睹的旦行女演員（我只舉自挑大樑並一度紅紫的為代表），有雪豔琴、新豔秋、章遏雲（我看章的演出已是她再度出山的階段了）、華慧麟和陸素娟等。再往後，中華戲校一大批學員畢業了，不少女學員雖未個個挑大樑，藝術上卻各具特色，值得一提的如李玉茹、吳素秋（本名吳玉蘊，未畢業即退學，始易今名）、白玉薇、侯玉蘭等。而在校期間曾紅極一時的趙金蓉，卻很快便「名湮沒而不彰」了。接著言慧珠以家學淵源崛起於北平，童芷苓若鋒刃新發於硎冒尖於天津，直到這時，由於梅、程兩位大師一度息影，這些旦行女性演員才有了同四大名旦一較短長的機會，但還談不到分庭抗禮。對於這些能夠獨擋一面而且走紅成名的旦行女演員，其所以能具有叫座魅力且可以經久不衰（當然，這在時間的長短上仍是相對的），我看最重要的一條就由於她們都是女性。這一點是不必諱言的。夫愛美之心，人皆有之。人們看男演員，即使是四大名旦的戲，也還是以看戲為主。

至於看女演員的戲，女性特徵總會被考慮進去，觀眾所看的當然就不僅是戲了。所以直到今天，就連新出版的《中國京劇史》（上、中冊），在評論某一著名女性演員時，仍脫不掉「色藝雙絕」、「色藝俱佳」這樣被今天讀者認為過了時的陳詞濫調。

儘管如此，我個人卻有一個看法，而且是始終自認顛撲不破的看法，那就是：縱使有很大一部分觀眾看女演員的戲有醉翁之意，而我則堅信，如果一個女演員在藝上不具有驚人特色，只憑色相，是無論如何不可能一紅到底的。當然，做為女演員也受到本身主觀生理條件限制，她們的平均舞臺生命總比男演員要短得多。即使藝事再精、水準再高也不行（藝不精、水準不夠高的就更不在話下了）。

（見吳小如編《吳小如學術論文自選集》）

本書係前邊談的都是擅演「旗裝戲」的歌郎和男旦。而下，筆者將談一下擅演「旗裝戲」的坤旦們。

溫文儒雅的李豔香

李豔香，女，是通天教主王瑤卿的入室弟子，她與李吟香、李秀香二人一起時稱為「王門三香」。

李豔香，北京人，出身於書香門第，能詩會畫，寫得一筆好字，是通天教主王瑤卿的入室弟子，她與李吟香、李秀香二人一起時稱為「王門三香」。此照片刊於三十年代《國劇畫報》。

李豔香與一般女伶人不同，她上過學，有文化，寫得一筆好字，而且能詩會畫。因為她出身於北京的一戶破落的書香門第，從小在其父的輔導下，受到較好的文化教育。他的父親素喜京劇，與王瑤卿多有往來，李豔香從小對戲劇表演十分通靈，很多戲看過幾遍便無師自通地學會了。乃父遂將豔香託付給王瑤卿學戲。

在名師的指導之下，豔香果然出落不凡，一登場便得到前輩們的青睞與提攜。「民國四公子」之一的袁克文，對李豔香最是看重，說她有書卷氣，扮出戲來落落大方，有文雅脫俗。袁克文每次串戲，都邀請李豔香配戲。史料記載，當年袁克文與孫菊仙合演《審頭刺湯》時，就是李豔香來配演旦角。

1930 年 9 月 30 日，王瑤卿過五十壽誕時，曾假織雲公所慶壽演出。李豔香與頭牌坤伶新豔秋、雪豔琴、杜麗雲、李慧琴、華慧麟、李吟香、趙岫雲等合演《八五花洞》，名票樂評西飾演神將、高慶奎飾演包公、言菊朋飾演天師。引來報界一頓熱捧，成為伶史中一件大事。

李豔香的「旗裝戲」也十分獨道，扮出戲來富麗華貴，光彩照人。當時的文人墨客皆稱讚不絕。羅癭公、溥續、齊如山等人為之題詩撰文，溥心畬為其作畫，常刊於《北京畫報》之上。袁克文喜愛女人，但講究色、才、藝、德四全。凡是和他過有交往的女子，可謂個個是百里挑一的名媛、才女。袁克文一生有據可考的有十多位姨太太，均為國色天香的才女。如無塵、溫雪、棲瓊、眉雲、小桃紅、薛麗清、蘇臺春、小鴛鴦、花小蘭、高齊雲、唐志君、於佩文等，此去彼來，遞次而進。但他對李豔香一直敬之如賓，交好多年，奉為名花，「只可遠觀」，不曾有染。他曾為其作《清明》、《修契》詩，以喻其淑雅高致：

柳蔭深處盡橋橫，水自潺潺草自青，

春盡吹殘桃李色，和風微雨釀清明。

曲水流觴對夕陽，踏青時節落花香；

殘輝斜映人歸處，一棹蘭舟過短塘。

克文愛女人，女人也都愛克文。但克文喜新厭舊，每遇新歡，便又棄舊迎新了，他一生蜚聞無數。然唯獨與李豔香執「君子交」，二人互有詩文往來，而無瓜田李下之謗，也是梨園中一件軼事。

旗裝大明星胡蝶

　　三十年代著名的京劇女票友中，有一位大名鼎鼎的電影明星，她就是無人不知、無人不曉的胡蝶。她經常票演的，而且最有號召力的劇碼就是「旗裝戲」，初早演的是《四郎探母》的鐵鏡公主，最後常演的是《大登殿》的代戰公主。在眾多的賑災、救助募捐的義演中，只要有胡蝶扮演的公主出場，全場必然轟動，所募捐款就會翻上幾倍。在相當長的時期內，胡蝶竟成了公主「專業戶」。

　　胡蝶，原名胡瑞華，藝名胡蝶，曾用名，潘寶娟。她自小生於上海，父親是一名鐵路職員，生活穩定，家境小康。胡蝶自幼天真活潑，喜歡表演，在小學時就愛跳舞演戲，到了中學，便成了校花。十八歲時，她考進了中華電影學校學習表演。畢業以後，先後在友聯電影公司、天一影片公司、明星影片公司擔任演員。銀幕上的表演生涯長達四十年之久。

　　三十年代初，她主演了中國第一部有聲片《歌女紅牡丹》。影片中，她把一個心地善良的婦女刻畫得相當成功，從此一炮而紅。接著，又在左翼電影《狂流》中，她塑造了一位富有反抗精神的秀娟，內心世界十分豐富，受到一致好評。她主演的電影《姐妹花》，可以說是她表演藝術的高峰。影片中，她一人飾演有著不同生活道路的雙胞胎姐妹──大寶和二寶。以高超的演技把兩個身份懸殊、性格迥異的女性刻畫得有骨有肉，非常深刻。上映後，打破國產影片上座率的最高紀錄。在東南亞、日本、西歐諸國放映，也大獲成功。

　　胡蝶一生飾演過娘姨、慈母、女教師、女演員、娼妓、舞女、闊小姐、勞動婦女、工廠女工等多種角色，她的氣質富麗華貴、雅致脫俗，表演上溫良敦厚、嬌美風雅，一度被評為「電影皇后」，成為我國最優秀的電影演員之一。

　　明星公司內部有一個「明星歌劇社」票房，裏邊有不少人會唱京劇，如宣景琳、鄭正秋、周劍雲、湯傑、王獻齋，都是有名的票友。有時，為了走票義演，票社還吸收了一些外界票友參加，算得上人才濟濟。加之，鄭正秋和當時的名伶夏月珊、夏月潤、潘月樵、毛韻珂、周鳳文等人極熟，票房辦得十分紅火，經常鑼鼓喧天、絲竹盈耳。胡蝶在同事的帶動下，也參加票社活動，開始學唱京劇。張石川特意為她請來老伶工伍月華之子伍鳳春，專門給她輔導。胡蝶本是一位極聰明的人物，但對於京劇就是不開竅。一段「蘇三離了洪洞縣」，教了一個月也學不會。

胡蝶（1907～1989）上世紀上海灘電影皇后。原名胡
瑞華，乳名胡寶娟。原籍廣東鶴山。這是她在主演中
國第一部有聲片《歌女紅牡丹》中飾演戲中飾演鐵鏡
公主一角的照片。刊於三十年代出版的《良友》畫報。

　　但是，胡蝶從小就隨父親奔波於京奉鐵路線上，學得一口純正北京話。
這在上海電影圈中也實屬難得了。為此，公司拍攝中國第一部蠟盤有聲影片
《歌女紅牡丹》時，扮演京劇名伶紅牡丹的角色就落在胡蝶身上。影片中還
穿插了一場京劇《四郎探母》《坐宮》的片斷。胡蝶在影片中串演鐵鏡公主，
一出鏡，就讓觀眾眼睛一亮，端莊大方，有模有樣。公演後產生了極大的轟
動，人們給予了很高的評價。從此，胡蝶也成了一位著名的擅演「旗裝戲」的
名票。每當電影界舉行京劇義演時，人們要看胡蝶的「旗裝戲」的呼聲極高。

　　其實，胡蝶梳上旗頭、穿上旗袍、花盆底，在臺上走兩步還可以，但她根
本不能上弦演唱。電影中的《坐宮》，那是同事李麗華給配的音。要是真的上臺
唱上幾段兒，胡蝶還真的不行。私下裏，張石川給她排過幾次，胡蝶唱得一塌
糊塗。為了應付義演，張石川就想出了個主意，不演《四郎探母》了，咱們改
唱《大登殿》。他讓胡蝶飾演代戰公主，臺上僅有的一段唱也給免了。最後，那
段「十三咳」反正是合唱，讓王寶釧一人帶過也就是了。胡蝶試了試，也認為
可以。一是自己可以過把戲癮，另外，也能滿足各方面讓她演「旗裝戲」的要
求。就是這齣《大登殿》在報上一宣傳，頓時轟動了整個上海。義演時，觀眾
滿坑滿谷，捐款激增。胡蝶的代戰公主在一片熱烈的歡笑聲中，圓圓滿滿地完
成了任務。首戰成功，再戰何懼？從此，胡蝶就成了擅演「旗裝戲」的紅星。

1935 年 2 月，梅蘭芳和胡蝶同時應蘇聯對外文協的邀請，率劇團赴蘇聯演出。梅、胡二人同乘「北方號」專輪啟航。在船上，胡蝶要拜梅蘭芳為師。梅蘭芳連連擺手，謙遜地說：「不行，不行，這哪敢當呀！」可是，胡蝶一再央求，一片誠心使梅先生過意不去，只好說：「拜師可不敢，那我就教一段《坐宮》吧！」就四句「桃花開牡丹放花紅一片」，直到晚年胡蝶定居加拿大溫哥華時，還能湊湊乎乎地哼得出來。胡蝶有時還開玩笑地對朋友炫耀地說：「我可是梅蘭芳親傳弟子啊。」

金笛仙子雪豔琴

到了二十年代，坤旦也趨於主流，把男旦們都快擠下舞臺，很多原本捧男旦的顧曲家都紛紛改弦易幟，去捧坤旦去了。1930 年春，天津《北洋畫報》見時機已到，便發起舉辦「四大坤伶皇后」的選舉。經過了幾個月的緊張角逐，最後，於 6 月 21 日公布了評選結果，依次為，胡碧蘭 25534 票、孟麗君 21767 票，雪豔琴 20809 票、章遏雲 19131 票當選。後來，因胡碧蘭離開舞臺，遂補入人氣極旺的新豔秋。此後，人們就稱她們為「四大坤旦」。在公眾的輿論中，皇后的首席便是雪豔琴。

雪豔琴原名黃詠霓，原籍山東省濟南。1906 年生於北京，回民。自幼酷愛戲曲，梆子、二黃兼學。七歲從「天鵝旦」學習青衣花旦，後從張彩林、王瑤卿及尚小雲習藝，改藝名為「雪豔琴」。早在二十年代，即名噪大江南北，有「坤旦領袖」之譽。1925 年先後搭崇雅社、慶麟社、奎德社等坤班演出。不僅工於青衣、花衫，且精於刀馬旦、花旦戲。她擅演劇目很多，如《玉堂春》、《雷峰塔》、《貴妃醉酒》、《霸王別姬》、《寶蓮燈》、《十三妹》、《辛安驛》、《花田錯》等十分叫座。

三十年代初盛行男女同臺時，她首先與郭仲衡、周瑞安、楊寶忠等組建了第一個男女合班的「成慶社」，首開先河，一改觀眾「重男輕女」的舊俗，使舞臺面目煥然一新。雪豔琴的嗓音清婉甜脆，高低、寬細任其使用，人稱「金笛仙」。方家評其演唱藝術「得畹華之神彩，含御霜之纏綿，具小雲之清越，兼留香之綺麗，總四家而擅美，跨南北而孤出。」當選「四后」的時候，年方 24 歲，正是青春有為之日。

她最拿手的戲是「旗裝戲」《雁門關》和《四郎探母》。其中，蕭太后、鐵鏡公主的唱做，是得到乃師郭際湘（即「水仙花」）的真傳。並且能隨著時代

審美變化，在原來化裝的基礎上做了很多的改進。使公主這一人物的舞臺形象更加俊美大方，婀娜多姿，盡展女性之美，而與「男旦之美」形成了天地之別，使人耳目一上新，所以，雪豔琴每一出場必獲滿堂喝彩。她無論與那位名老生合作，無論在什麼臺口，打炮戲必為《四郎探母》。僅一聲「丫環，帶路哇──」，就傾倒了無數周郎。

其中，雪豔琴與譚富英合作的《四郎探母》尤為精彩，紅得山崩地裂。每在北京貼演此戲，竟有觀眾從煙臺、青島、瀋陽等地，不辭千里迢迢趕來捧場。天一電影製片廠不惜工本投入鉅資，高價租用了美國的錄音設備，為其拍攝了中國第一部有聲戲曲影片──全本《四郎探母》。在北京東安市場吉祥戲院放映時，每天放映五場，簡直人山人海，場場爆滿，一票難求，盛況空前絕後。

也正是這齣《四郎探母》，竟深深地迷上了一個人，他便是遜清宣統皇帝溥儀、票界名宿紅豆館主溥侗、名畫家溥儒（心畬）的兄弟輩中的人物──溥侊。這位「侊大爺」從民國十三年（1924）起，就看雪豔琴的戲，幾乎場場不落，尤其《四郎探母》，就是在南京貼演，他也必趕然到南京去叫上一聲好。平時，他給雪豔琴送行頭、送桌圍、幔帳，請客聽戲，購票捧場。發揚了「十年如一日」的水磨工夫，終於感動了雪豔琴芳心。及至談婚論嫁之時，雪豔琴提出來，一要正式結婚，不做姨太太。二是，要求溥侊必須改信回教，同教才能結婚。溥侊不顧家族上下的一致反對，件件依從照辦。先與自己的太太離婚，然後經過灌洗，正式入了回教，這才與雪豔琴舉行了婚禮。這樁事，當年在北平是件哄動社會的大新聞。

雪豔琴（1906～1986），原名黃詠霓，著名京劇表演藝術家，著名京劇旦角，著名京劇女演員。工青衣花旦。回族，祖籍山東濟南。丈夫是清遜帝之堂兄溥侊，其子黃世驤，為著名的裏子老生，能戲極多。此為雪豔琴在《四郎探母》劇中飾演鐵鏡公主劇照。

　　婚後二人感情甚篤。雪豔琴息影舞臺，做了相夫教子的大奶奶。據說，後來患了眼疾，久治不癒，夫婦二人便去了日本，安心調治了一段時期，癒後回國，但經濟日漸拮据，一度靠典當度日。因為身份所在，她多次堅拒權貴的重金邀請出演堂會。只有一次例外，1940 年各界愛國人士為賑濟河北水災募捐發起義演，她應邀出席，並以黃詠霓的本名掛牌登臺，為賑濟災民獻藝。演的便是拿手的「旗裝戲」《四郎探母》，其轟動境況，真是達到了萬人空巷。晚上開戲時，無線電臺一播，連拉黃包車的都不攬活了。主辦者僅憑此一劇，便多募得數萬大洋，送往災區，好評如潮。

　　解放後，經梅蘭芳推薦，她參加了中國京劇院，和李少春、杜近芳、袁世海等人合演了現代京劇《白毛女》，她在劇中自報奮勇，突破行當，飾演黃母，一度成為美談。

程皮梅肉章遏雲

　　「四大坤旦」中，歲數最小的一位名叫章遏雲，她入選「皇后」那一年正好十八歲。章遏雲原名章鳳屏，字珠塵，別號「珠塵館主」，生於 1911 年，比雪豔琴小五歲。

　　章遏雲在 12 歲時，先是跟從名票王庾生學唱老生。遏雲天資聰明，諸戲一學就會，第二年就跟著戲班到上海唱戲去了。首次登臺演的是《武家坡》，頗有人緣，連獲好評。戲班裏的人看她生得眉目清秀，說學老生就把好模樣給糟蹋了，還是學旦角吧。章遏雲從善如流，從此就改學青衣、花旦了。她先後從李寶琴、榮蝶仙、李壽山、張彩林、江順仙、律佩芳、陶玉芝等名師學藝，藝事猛進。她聰慧穎悟，而且練功刻苦，水袖、圓場及蹺功均佳，委非一日之功，是吃過大苦大累才磨練出來的。如此，幾歷寒暑修成一身過硬的工夫，青衣、花旦、刀馬旦俱精。而且扮相秀麗、臺風端莊，嗓音甜潤響亮，唱腔流利酣暢，低，如幽咽泉流水下灘；高，可響遏行雲上九霄。

　　她有兩位鐵杆捧客，一個是袁大總統的兒子袁寒雲，一位是國民政府參議員余子立，他二人對遏雲特別欣賞。有一次余子立當著袁公子的面說：「她的嗓子高遏行雲，你這片寒雲奈之若何？」袁公子抱拳相揖，笑著說：「聲入九霄，寒雲當化為珠塵矣。」章遏雲聞後，遂把自己原名「珠塵」二字隱去，而正式改名「遏雲」了。

　　最初，章遏雲搭的是雪豔琴的班，但「一山難容二虎」，不久便自立門戶，

自行組班了。曾與諸如香、李壽山、王又宸、馬連良、高慶奎、侯喜瑞、王又荃、周瑞安、「一斗丑」、葉盛蘭、馬富祿、王士英、陳少霖等眾多名家合作，名聲日盛。1930 年，她又拜在王瑤卿門下深造，她演的《乾坤福壽鏡》、《金猛關》等王門本戲頗得神髓，而《雁門關》、《四郎探母》、《大登殿》這三齣「旗裝戲」更得到「通天教主」的真傳實授。「青蓮公主」、「鐵鏡公主」、「代戰公主」這三個旗裝人物，都成了章遏雲舞臺生活中的「殺手鐧」。只要看過這幾齣戲的人，不論男女長幼，莫不為之激動。連八十四歲的老詩人樊樊山都為之傾倒，三天兩頭都親自登門「拜偈」，並為其做詩云：

> 擇去紅塵拂玉照，柳條弄色花含笑。
>
> 香書豔墨今何在？且捻癡思去睡覺。

詩的語意十分稚趣詼諧，但把張遏雲那迷人的風姿，和她那惹人無限癡思的吸引力，活脫脫地寫將出來。

章遏雲演的這幾位「旗裝」公主，還真惹出了不小的麻煩。那一年，北洋軍閥倪嗣沖的兒子倪幼丹看了她的《坐宮》之後，便開始窮追猛捧，組織了「遏雲」黨，專捧張遏雲。他在園子裏包票，在報上寫文章鼓吹；私下裏在臺前臺後，以至深入張宅，花錢送禮，上下打點，把遏雲捧得如墜十里雲霧，整天迷迷糊糊、暈頭轉向。當時的遏雲只知唱戲，不曉事故，以為倪幼丹是個「可心的白馬王子」。在他抱著一大堆金銀首飾前來求婚的時候，就很爽快地答應了下來，未出一個月，二人就在天津舉行了盛大的婚禮。

誰想一進倪府，生性活潑的章遏雲馬上就失去了人身自由。真是「深閨重鎖，侯門似海」，這位郎君首先斷絕了她與演藝界同仁們的一切往來，也不准她再和多年捧場的戲迷朋友們聯繫；再不准遏雲登臺演戲了。要演也可以，只許在府中的戲臺上過過癮。不是「旗裝戲」最好嘛？那就扮上，只能唱給倪幼丹一人聽。此外，更不准她私自會友見客，探親訪友。外出活動必派聽差左右跟隨。如果在家閒坐，門庭院內也有持槍而立的警衛日夜看守。這種「闊太太」的生活，使她如同「籠中鳥」、「池中魚」一樣，叫天天不應，叫地地不靈，精神上、肉體上都經受了無限的痛苦。為此，她與倪幼丹的感情日益惡化。

有一天她藉故乘車外出，待車路過兆豐路口大律師李景光事務所門前時，章遏雲猛地跳下車來，駐足呼救。跟隨身後的一大隊馬弁不知發生了什麼事情，便舉槍恫嚇，要押她回府。章遏雲至死不從，彼此爭吵抗拒起來，引得不少行人圍觀。這時，大律師李景光正從辦事處走了出來，一看來了「大買賣」，

回身就打電話，叫來了一大幫記者，這才把遏雲接入事務所內。屈於輿論的壓力，倪府的打手們才悻悻而去。接著，這場離婚官司鬧得沸沸揚揚，只打得天昏地暗。津門大小報刊的頭條新聞日日追蹤報導，好不熱鬧。法院經過兩個月的調查，調停無效，最後判決二人離婚。

章遏雲（1911～2003），女，浙江省杭州人，祖上曾為官，幼年便隨家到北京定居，曾受到良好家教。因熱愛京劇，七歲便拜師學戲，終成大器。到臺灣以後，很少登臺，以教學為主。培養出不少學生。

　　章遏雲獲得自由以後，重操舊業，繼續唱戲。她在家中閉門謝客，埋頭練功，重新磨腔調嗓，為再登舞臺積極準備，發誓要把婚後的損失一起找回來。1932 年 3 月 31 日，是個黃道吉日，章遏雲在春和戲院再度出臺。頭一晚，演的是拿手好戲《得意緣》。是借戲名和內容來表達自己重新登臺的得意心情。「章迷」們為重睹芳姿，紛紛踊躍捧場，賣個大滿堂。臺上臺下的歡快氣氛融成一體，甚是快樂。首演告捷，大獲成功。

　　第二天，演的就是「旗裝戲」《雁門關》。第三天貼的是《四郎探母》。她飾演的青蓮公主、鐵鏡公主，唱做並重，允文允武，哀梨並剪，無人能比。她的「旗裝戲」之所以好，一是曾得到王瑤卿、梅蘭芳的親自指導，此外還有個原因，章遏雲的外婆是政要王克敏的姑姑。王克敏時任中國銀行總裁和財政部長，聲勢顯赫，如日中天。其姑太原本就是大戶人家小姐出身，平日行動坐臥的氣勢派頭極大，頤指氣使、儀態萬方，自是與尋常婦女不同。遏雲自幼耳濡目染貴婦人的行止，所以扮出公主來，也是富麗堂皇，滿臺生輝。

在「四大坤旦」中，遏雲有兩點是其他人望塵莫及的。第一，她在藝術上經過名師的傳授，看過無數名角的演出，並且和許多名角同臺合作，經過見過。第二，她的文化造詣高，平時結交文人名士以及達官顯要，深受薰陶。另外，章遏雲有王克敏在經濟方面的支持，從不以鬻藝為生，生活無憂，出手大方，花錢買藝，一擲千金。三十年初，她轉學「程派」時，竟以每月三百銀元高價，聘請程硯秋的琴師穆鐵芬為她操琴。她的「程派」戲路，十分精準。《荒山淚》、《碧玉簪》、《文姬歸漢》等戲，均是她常演的劇碼。她在舞臺實踐中，還勇於創造，獨闢新徑，自己改革了不少唱腔，戲迷給她起了個綽號，叫「陳（程）皮梅」，也就是說，她的表演是「程派」的表皮，裏邊則是「梅派」的芯子。

抗戰勝利之後，王克敏被國民政府以漢奸罪判刑，未幾，瘐死獄中。章遏雲的境遇也就大不如前了，時演時輟，聲勢漸弱。1948 年大陸解放，遏雲去了香港，一度寓居，息影舞臺。1954 年以後，移居臺灣，這才重新登臺，演出了《六月雪》、《文姬歸漢》等一系列「程派」名劇，轟動全島。但是，她最拿手的「旗裝戲」鐵鏡公主則無緣再唱了。

《四郎探母》的故事情節在前邊已有詳述，這裡不再重複。但是，這齣戲的內容有漢、番交惡的歷史背景，因此蒙上了一層濃厚的政治色彩。1949年，國民政府退守臺灣之後，為了「穩定軍心民心」，採取了文化專制政策，由國民教育部出面明令禁演了這齣戲。主要是因為楊四郎「思親戀故」，「心懷故國」，「身在曹營心在漢」，如果依舊唱來，會「動搖軍心民意」。楊四郎一出場的《定場詩》便是：

> 失落番邦十五年，雁過橫洋白一天；
> 高堂老母難得見，怎不叫人淚漣漣！

接著一大段〔慢板〕，一大段的「我好比」，唱的都是思鄉懷故之苦。當年，上百萬的官兵和隨軍來臺的民眾，與大陸故里都有著千絲萬縷的聯繫，這樣的思鄉「楚歌」，撕心裂肺，對偏安一隅的政治局面極為不利。據說，此劇未禁之前，楊四郎一上場，尚未開唱，臺下已哭聲一遍。還有不少老兵竟然當場氣斃。因此，政府決定禁演此劇，而且一禁就禁了十多年。據曾參與其事的臺灣學人張大夏先生回憶：

> 大約是民國四十二、三年之間吧，張其昀先生與教育部的時候，
> 曾成立過一個「中國歌劇改良研究委員會」，以齊如山先生為主任委

員，委員中有馬壽華、王叔銘、梁實秋、陳紀瀅、吳延環諸先生。
個人也側身其列，駐會辦公。那時《四郎探母》還在被禁，而且政
府來臺以後，勵精圖治，一切法令認真執行，兼以劇團不多，演出
場所也很少，易於管理。因此，《四郎探母》這齣戲，已有很長時間
不曾和觀眾見面。歌劇改良研究會成立伊始，全體委員一致決議，
第一個工作就是修改《四郎探母》。目的是把這齣名劇從桎梏中解脫
出來。（見張大夏《國劇淺說》一書）

後來，在齊如山先生的敦促下，由張大夏先生執筆修改了第一稿，先由
空軍大鵬劇團試演。結果一派反映「改得不錯」，而另一派則大加責難，「批
判之烈，遠大於前者。」

這齣戲在臺灣正式開禁的時間，應該是 1978 年 5 月 21 日，為了慶祝第
六任總統、副總統就職，國劇界舉行聯合大匯演，特別演出了《四郎探母》。
滿臺精英獻藝、紅伶薈萃一堂，可謂陣容空前。旦角，名伶顧正秋的《坐宮》、
周韻華的《盜令》、徐露的《回令》，三人分飾鐵鏡公主；老生，則周正榮演《坐
宮》、哈元章演《出關、被擒》、胡少安的《見弟、見娘》、謝景莘的《哭堂、
別家》、葉復潤的《回令》，五人分飾楊延輝；周金福飾大國舅、于金驊飾二國
舅、顧正秋反串《巡營》的楊宗保，劉陸嫻飾後部楊宗保，劉小地飾楊延昭、
井玉玲飾八姐、丁韻華飾九妹、姚玉蘭飾佘太君、胡陸蕙飾四夫人。彼時，章
遏雲的年事已高，在後輩雲起的形勢下，也只好無以推脫地飾演了蕭太后。

演出中，不少臺詞進行了修改，飾演楊四郎的胡少安把上場時念的「金
井鎖梧桐」，改成「被困幽州，家國恨，常掛心頭」。《定場詩》後還加上「忍
辱偷生、伺機報效」等字句。在《見弟》一場戲中，特意加了一段「戴罪立
功」的戲。楊四郎向楊六郎獻上了一份能破天門陣的「軍事地圖」，以說明他
這些年「身在北國，心存漢室」，為國家「潛伏」多年，今日為報效國家，冒
險歸來。在唱「問賢弟老娘今何在」之前，還加了這麼四句：

　　可有良謀平北塞，正為此事掛心懷，

　　天門陣圖隨身帶，此功定可上雲臺。

章遏雲飾演的蕭太后是乃師王瑤卿先生的親授，身上作派那是無可挑剔，
但是〔西皮導板〕和〔慢板〕則是用正宗「程派」唱腔來處理的，實有標新立
異之創，使人一警視聽。這段錄音被海外戲劇愛好者奉為經典。

不過在筆者看來，用「程腔」來塑造蕭太后這一人物，實有點兒「西望長安未見家（佳）」。很顯然，「程腔」的特點是沉著雋秀、纏綿婉約，用它來塑造君臨一國、性情剛愎的蕭太后，卻有些南轅北轍。尤其《回令》一場，用「程腔」與公主的「梅腔」「對啃」，兩種音色、兩處音域，攪在一起，很不「合槽」，不順，也就不大受聽。迄今，中國京劇院、天津京劇院戲還依樣後學，筆者則大不以為然了。

章遏雲在臺期間，被大鵬劇校聘請任教，培養出古愛蓮、邵佩瑜、張安平等三個「程派」名旦，為京劇和「旗裝戲」在臺的傳播做出了很大的貢獻。

命運多舛的新豔秋

在「四大坤旦」中還有兩位紅極一時的人物，一位是胡碧蘭，一位是孟麗君。

胡碧蘭祖籍紹興，1909 年生於北京，工青衣，啟蒙老師為胡素仙和王雲卿。她出道以後，又拜了王瑤卿先生深造。她的最大優點是嗓音寬亮，氣力充沛，久唱不竭，有「鐵嗓鋼喉」之稱。常演劇目有《王寶釧》、《四郎探母》、《祭江》、《柳迎春》、《金水橋》、《朱痕記》、《忠義節》、《王春娥》、《浣沙溪》、《二進宮》、《罵殿》、《玉堂春》等。她這個人很有心胸，曾以「一鳴驚人」之意自組「一鳴社」。嗣後，果然「一鳴驚人」，先後與吳鐵庵、孟小冬、郭仲衡、譚富英、侯喜瑞、郝壽臣、李萬春、王少樓、言菊朋、貫大元、王又宸、周瑞安、奚嘯伯等眾多名家合作演出。入選「皇位」的時候，年僅 21 歲。可惜，胡碧蘭結婚以後，突然患了喉疾，嗓子壞了，不得不息影舞臺。時人都對她的狀況十分惋惜。

另外，還有一位孟麗君，其名與評彈《孟麗君》同字同聲。這位孟麗君 15 歲時就在南京挑班，極有聲望。青衣、花旦、刀馬無一不精。能演「梅派」的《廉錦楓》，「尚派」的《秦良玉》，「荀派」的《英傑烈》，還能演小生戲《水淹下邳》、《白門樓》。尤其她演《孟麗君》，在戲中女扮男裝，極見光彩。就憑孟麗君演《孟麗君》這份廣告，就能叫個滿堂座兒。一時紅遍京、津、滬。但是，未及三五年，不知何故，其勢漸微，很快就淡出了戲迷的視野。

至於這二人的「旗裝戲」如何，筆者手頭資料匱乏，不能盡述。因為她們的淡出，「四大坤旦」中又補入了一位十分走紅的人物，那就是新豔秋。

新豔秋，本姓王，名叫玉華，是北京人。生於民國建元的 1911 年，父親

王海山喜好京劇,是一位很普通的票友,他時常帶著小玉華出入票房茶社聽戲。就這樣,小小年紀的玉華未經教授,就薰會了好幾齣戲。他父親認準了她是個唱戲的好苗子,在她九歲時,便送她到梆子班裏去學戲,並為她起了個藝名,叫「月明珠」。兩年以後,改學皮黃,拜師錢則誠,向他學習旦角。如是學會了很多唱工戲,十五歲就正式登臺演出了。

新豔秋生得眉清目秀,小巧玲瓏,聰明透頂。人緣特別好,有吸引力,一出山就拴了半堂座。她並不滿足,為了深造,她又拜了榮蝶仙為師。因此從輩份上說,他與程硯秋可以稱得上是師兄弟。

榮蝶仙傳藝出了名的殘暴、兇狠,對學生非打即罵,動不動就用刀坯子下狠手。他說只有打出來的工夫,才能瓷實,一輩子受用。眼下恨老師不要緊,成角兒以後才知恩。他對蹻功的要求尤其嚴格,「跑冰」、「站磚」、「站缸沿兒」都是他的發明。南鐵生看見過,程硯秋的兩條小腿肚子上布滿了一個接一個的紫疙瘩。當年,羅癭公就是因為不忍心看他這麼對待程硯秋,才花了大錢,把程硯秋從他的魔掌下贖了出來。但是,他的確也教出不少人才。王玉華經過他「教誨」,也確實練就了一身紮紮實實的工夫。

新豔秋,(1910～2008)。祖籍北京。她原名王玉華。受喜愛京劇的父親王海山影響,9歲便開始學戲,先後拜榮蝶仙、王瑤卿、梅蘭芳為師。1928年,她得一代宗師楊小樓提攜合演《霸王別姬》,被推為「坤伶主席」。之後,因酷愛程豔秋的藝術遂在1930年前後改藝名新豔秋而專攻程派戲。此照為新豔秋在《雁門關》中飾青蓮公主。

　　程硯秋比王玉華大六歲，彼時，程硯秋已經在舞臺上大放光彩，發展成獨具一格的「程派」，躋身於「四大名旦」之列。王玉華酷愛程艷秋的藝術風格，在表演上刻意追求模仿。而且，她的嗓音與程硯秋酷似，不但立音鬆弛，腦後音壯實，胸腔共鳴也特別好。她羨慕「程派」的風采，本想以師妹的身份向程硯秋學戲，但囿於行內激烈的競爭，這一奢望十分渺茫。但是，新艷秋癡心不改，常與拉胡琴的哥哥王子祥一起，躲在程硯秋唱戲的華樂園裏「偷戲」。新艷秋記「程派」的唱腔與身段，她哥哥則用小本子記「程派」的胡琴。就這樣，日久天長，新艷秋學了許多「程派戲」。在 1930 年前後，即改名為新艷秋，專唱「程派」戲了。

　　她在開明戲院登場時，就直恭直令地貼演「程派」戲，而且唱得韻味十足，宛如硯秋第二，因為本身就是女人，扮出戲來比程硯秋漂亮，觀眾趨之若鶩。齊如山特意從中做閥，向硯秋說項，希望程硯秋收她為徒。奈何，程硯秋堅決不收。說自己年輕，收女徒弟，懼怕人言可畏。這種婉拒，使新艷秋拜師之望從此作罷。齊如山覺得有些下不來臺，遂把新艷秋引見給梅蘭芳，梅蘭芳便收下這位女弟子。還手把手地教了她不少戲，包括拿手的《霸王別姬》。這時，「武生泰斗」楊小樓正組班演戲，就選中了這位剛滿十八歲的新艷秋，二人合演《霸王別姬》和《長板坡》等戲。經此提攜，新艷秋聲譽大振，一炮而紅。一度被輿論界推為「坤伶主席」，成為坤旦界的魁首。

　　儘管新艷秋學了許多「梅派」戲，但在舞臺上她唱的仍是「程派」戲，儼然成了「程派」青衣中的一大家，越唱越紅。因為業務競爭的關係，加之有人從中挑撥，最終導致程先生與新艷秋二人反目。程硯秋演戲時，一旦發現新艷秋在場，便當即添頭卸妝，罷演回戲。

　　新艷秋擅演劇目有《青霜劍》、《六月雪》、《鴛鴦冢》、《賺文娟》、《碧玉簪》、《紅拂傳》、《朱痕記》、《賀后罵殿》等。她還創編了一些新戲，如二本《紅拂傳》、《琵琶行》、《荊十三娘》、《嫠妃》、《玉京道人》等。她的「旗裝戲」也演得相當好。她用「程腔」演《四郎探母》，在諸多男、女名旦飾演鐵鏡公主這一角色中，可謂獨樹一幟。新艷秋一生坎坷，所留劇照不多，本書所刊新艷秋飾鐵鏡公主的老照片，原刊於三十年代出版的《國劇畫報》，印刷質料欠佳，但委實難得，特此存案。

　　根據新艷秋口述的《自傳》來看，她的一生的遭遇是很不幸的。在日本

侵華佔領北京之初，有一次，他貼演《四郎探母》，有不少日本官兵前來看戲。她飾演的公主剛一出場，臺下忽然槍聲大作。在座的敵偽臨時政府委員繆斌的一名隨從死於槍下。繆斌受了驚嚇，當即退場。臺前、臺後慌作一團，演員還沒定過神來，日本憲兵隊便包圍了劇場，對在場人員一一搜查。因為新豔秋涉嫌，沒等她卸完妝，就被抓進日本憲兵隊的大牢。為了救人，她母親慌不擇路地敲了「川島芳子」金碧輝家的大門。結果，新豔秋雖然被救出了憲兵隊的大門，卻又一步邁進了金碧輝家的牢籠。她與李萬春成了金府牌桌上的常客和司賬，以為這下子可有了靠山，唱起戲來更舒坦一些。不想抗日勝利以後，國民政府以新豔秋與日本特務金碧輝過從甚密為由，以漢奸罪對其進行了起訴。她和李萬春都被判刑，關進了國民黨監獄。

解放以後，人民政府也沒放過她，因為她的「政治背景複雜」，在多次政治運動中都受到審查。五七年反「右」運動中，她被劃為右派，執行勞動改造。好在新艷秋命大，竟然熬過了「文化大革命」。筆者第一次見到新艷秋的時候，是在中央電視臺排演場的後臺。那一晚，正在舉行第一屆「中、青年京劇演員電視大選賽」，筆者當時任大賽辦公室主任，也在後臺忙活。快賽完了，中國戲校校長俞琳摻扶進一位白髮蒼蒼的老婦人，個子不高，神態謙恭而精神矍爍。經介紹，大家方知她就是大名鼎鼎的新艷秋。這次來京，是應邀參加「紀念京劇大師程硯秋」演出活動的。筆者清楚的記得，這一天是 1987 年11 月 14 日。

不過，新豔秋一生雖然飽經風雨，但身體尚好。平反之後，也得到了程硯秋夫人果素英的認可，得以補入程門。再次登上舞臺，演出了《鎖麟囊》、《六月雪》、《寫狀》等，為後人留下了不少寶貴的資料。她一直活到了 2008年，以九十八歲高齡謝世。

代師傳藝的華慧麟

華慧麟，原名華月英，江蘇無錫人。雖然未躋身「四大坤伶」之中，也是位擅演「旗裝戲」的佼佼者。她出身清苦，幼時家貧，隨親屬來到上海，經人引薦，拜在名旦馮子和名下學藝。後來，又從李琴仙學習青衣和閨門旦。

她的嗓音清亮甜潤，周正大方，寓華麗於純樸之中。在吐字發音、用氣行腔方面頗有獨到之處。一段平常的唱腔，她能唱得通達流暢、韻味醇厚，給人以很好地聽覺享受，也得到了內、外行的一致認同。

華慧麟（1913～1964），京劇女演員，工旦角，原名華月英。江蘇無錫人。幼年在上海從馮子和、李翠仙學戲。曾與周信芳合作。後拜王瑤卿、梅蘭芳為師。嗓音圓潤清亮，在吐字、發音、行腔、用力方面深得王瑤卿的傳授，京白戲尤有工夫。上世紀50年代在中國戲曲學校任教。華慧麟在《四郎探母》劇中飾演鐵鏡公主劇照。刊於三十年代《國劇畫報》。

她的能戲很多，如《拾玉鐲》、《大英傑烈》、《百花贈劍》、《奇雙會》、《霸王別姬》、《貴妃醉酒》等都很稱手。在上海期間，曾與麒麟童（周信芳）合作過相當長的一段時間，他們一起合演過《楚霸王九戰章邯》、《明末遺恨》、《韓信》、《生死牌》等戲。

其中，最使她津津樂道的一件事，是她曾與麒麟童一起唱過全部的《探母回令》。她經常與她的學生們談起這件事，華慧麟說：

在年輕時，特別喜歡演「旗裝戲」。什麼《四郎探母》中的鐵鏡公主、《蘇武牧羊》中的胡阿雲，《大登殿》中的代戰公主，都是我愛唱的戲。每次在後臺的水牌上號上這類戲，我真是從心眼裏高興。當時我年輕，好美，扮出來漂亮，討好，對演員說來，是個很佔便宜的事兒。當初，上海什麼都趕時髦，在化妝上也大膽求新。有一陣子流行廣片，不論生、旦，在行頭上都綴滿了廣片，燈一照，遍體龍鱗。後來，又流行小玻璃棍兒，先是用在旦角扮的娘娘、公主的雲肩上，一出場就來菜，很漂亮。後來，丫環、彩女都用上了，連花臉老包的黑蟒、關公的綠靠肚子上，也都綴上了玻璃棍兒。還有一陣子時興小電燈泡，是秦腔帶到上海的，旦角的頭面上裝上幾個小燈泡，連著兩筒乾電池，旦角手裏捏著一個小開關。出場亮相時，用手一捺開關，冷不丁地頭頂上的燈一亮，必然得上了滿堂彩。而今說來可笑，可當

初在上海，我們都用過。當初在「旗裝戲」的「架子頭」上綴廣片，綴小玻璃棍兒，加小燈泡，很多角兒都用過，趕時髦嘛！我也用過。團長麒老牌在《追韓信》的蕭何、《鍘駙馬》的包公身上，也都用廣片、玻璃棍兒。您別笑，當初上海這個大碼頭，競爭多厲害呀！一個名演員沒有降人的絕活兒，在上海灘怎麼站得住哇？

麒老牌有多大能耐，你們知道嘛？當初演老戲，從來不過排，都是臺上見。有一天，演《打花鼓》，我的鼓婆兒，我想惡少一定是劉斌昆的，沒想到，麒老牌扮上了。他的醜公子一上臺，臺下就炸了窩了。老牌在臺上直工直令地演下來，逗得我差點忘了詞兒。老牌演得那個規矩地道，不怕你不服氣！真是絕了。大軸是《鍘判官》貼的也是老牌，您猜他演什麼？流油鬼，一個跟斗從三張桌上翻下來！那個好來的，真是驚天動地。我在後臺扒臺簾兒看，都忍不住的叫了起來。臺底下，有人跳著腳的喊：「就這一下，老子一輩子不看戲了都值！」

說起麒老牌唱《探母回令》，那純粹是讓前臺給逼出來的。年底下，前臺想多胡拉錢，就扯上一幫老座兒，說只要老牌要貼一場《探母》，不論什麼戲，從初一到初五就全包了。大家都知道，老牌的嗓子不好，那是他做戲太認真，累的。他從來不唱這麼重的唱功戲，這些日子剛好一些，貼這齣，這不是要他老命嘛？誰知，老牌二話不說，貼！我跟慧麟上，芙蓉草的太后，劉斌昆的國舅。就這麼著，票價加錢！我有幸和老牌就合作了這麼一次，也是絕無僅有的一次。

說實在的，我與很多名鬚生唱過這齣戲，可這次，我可真有點兒替老牌捏把汗。還是老牌的道行大，人緣好。開戲那天，臺下黑壓壓一片，觀眾滿坑滿谷。老牌的四郎一上場，兩千多人的場子鴉雀無聲，掉根針都會有響。老牌一透袖，這好就上來了。從念引子起，一句一個好。待到張嘴唱的時候，臺下的觀眾就跟著一塊唱，那陣式就是大合唱。臺下的情緒那個高，園子不用開暖氣，水都能開了。直到「叫小番」，觀眾知道老牌唱不上去，就站起來，跟著一塊喊，真是要掀瓦頂了。這說明了老牌的人緣和觀眾對心目中喜歡的藝術家的熱愛。老牌也對得起觀眾，把戲做得那麼足，從頭到腳處處都有交待，處處都有戲。叫人看著那個過癮。後邊的戲越來越精彩，《被擒》一場的快板，圓場，尤其那麼掉毛，摔得那個俐落，

別笑我眼拙，我看「四大鬚生」無一能比。相映之下，我的公主可
就省事了，借勁使勁不費勁兒，也來了不少好，這就叫沾光。

四十年代，華慧麟北上，拜了王瑤卿為師，得其真傳實授。此後，她演
的「旗裝戲」就更顯得活潑生動，富麗堂皇了。

由於她較全面地領會了王瑤卿表演上的藝術特質，凡王瑤卿所擅演的劇
碼，她均能演得神似無兩。平時在「古瑁軒」中，常代替師傅傳藝，教授徒
弟。新中國建立後，她亦在中國戲曲學校任教。畢業於該校的劉秀榮、楊秋
玲、曹佛生、曹毅琳、艾美君、周長雲、劉長瑜等人，均得到她的指教。

西洋公主雍竹君

雍竹君是一名混血兒，生於北京。其母是一位華裔漢族女性，名叫劉索
菲（Sophie Liu，原中國名字待考）是個佛教徒。雍竹君的父親叫奧古斯特．
容（August Jung，1877～1934），出生於萊茵蘭一普法耳茨州，家裏以種植葡
萄為生。奧古斯特．容信仰基督教，最早來中國時是駐紮在青島的德國士兵。
日本佔領青島以後，他於 1914 年來到北京，開辦了一家公司，釀酒兼營煤炭
生意，他還開了一家德國餐館．

容先生在北京一共生活了 30 多年，夫婦共育有三兒一女，三個兒子的德
文名字分別為：Eugen（歐根），Rudolf（魯道夫）和 Julius（尤利烏斯）。1934
年 1 月，容先生逝世於北京，葬於北京近郊的德國人墓地。

雍竹君的德國名子叫 Rosa Jung，（1908～1995），自小聰慧過人，在北京
德國學校讀書時，即能講中、英、德、法等多國語言。她的父母親都喜歡看京
劇，從小帶她到劇場聽戲。京劇的故事、服裝和音樂，在她的心靈裏產生了
深刻的印象。她曾鄭重其事地向父母提出要學唱京戲。父母對她十分溺愛，
有求必應，就給她請來了名票關廣智，教她「梅派」青衣。雍竹君在十八歲
時，就已經學會不少齣戲，而且唱得中規中矩，如同科班的學生一樣。

關廣智經常帶她到票房裏去票戲，有時還到戲園子裏登臺彩唱。票友們
覺得一個金髮碧眼的外國人能對中國的國萃如此癡迷，莫不稱讚愛護。這就
更增強了她學好京劇的決心。名旦吳富琴看她是個可造之材，就收她為弟子，
對其精心雕琢，嚴格訓練，她先後學會了五十多齣傳統戲。雍竹君最初登臺
演出，都是與她的老師關廣智合作。北平的電臺還曾播放她唱的《武家坡》、
《彩樓配》等戲，很受聽眾歡迎。

　　有一次，梅蘭芳在東交民巷舉辦的一個使館聯歡會上，看到她演的《貴妃醉酒》，規規矩矩，頗有幾分模樣，心中十分喜歡。就當場就收她為徒，還親自教了她一齣《虹霓關》。程硯秋先生是在吉祥戲院組織演出的一場票友合作戲《法門寺》，也看中了雍竹君。這場戲是由費簡侯飾劉瑾，楊寶忠飾趙廉，張澤圃飾賈桂，雍竹君扮演宋巧姣。因為，雍竹君有外國血統，身材比較豐碩高大，扮出戲來婷婷玉立，很像程先生自己的身影。而且她的嗓音寬厚，發音方法也與程先生也很相似。就破格收她當了自己的弟子，並給予精心指點，使得雍竹君的藝事更為精進。雍竹君對程硯秋也師事殷勤，師徒二人過從甚密。後來，程硯秋赴歐洲考察戲劇，也曾得到雍竹君許多協助。

　　吉祥戲院的經勵科，從商業的角度看出雍竹君頗有票房價值，就極力攛掇她下海唱戲。並且為她多方奔走，請來管紹華、臥雲居士等名家與她配戲。雍竹君一見時機成熟，家里人也支持，就開始置辦行頭，正式登報「下海」了。頭一場戲，在吉祥戲院貼的是「旗裝戲」《四郎探母》。因為雍竹君身量高挑，三圍突出，極富女性曲線，旗頭一梳，花盆底兒一穿，一出場，讓人耳目一新，就是個滿堂碰頭好。她的扮相俊美，唯獨兩個眼珠碧藍色如玉，更令人叫絕的是，她能說地道的北京話，一口京片子，出在一位洋美人之口，如何不令人撫掌稱奇。劇中人鐵鏡公主原本就是個外域女子，這回真出來一位德國公主，全場鼎沸。那真是唱一句、一個好，說一句，一個好。三個多鐘頭的戲，就在一片歡愉之中度過了。據說戲畢，觀眾都擁到臺前不走，反反覆覆地謝幕，就有半個小時。

雍竹君的德國名子叫 Rosa Jung，（1908～1995），自小聰慧過人，在北京德國學校讀書時，即能講中、英、德、法等多國語言。雍竹君在十八歲時，就已經學會不少齣戲，而且唱得中規中矩，如同科班的學生一樣。這是她演出旗裝戲《四郎探母》，飾演鐵鏡公主的劇照。

第二天，所有的報紙都吵翻了天，洋人唱京劇，亙古未見，贏得全城爭睹，從此落了個「德國的梅蘭芳」的美譽。報紙上有《竹枝詞》讚道：

鐵鏡公主洋美人，一樣花開滿堂春；

漫道國粹乏知己，歐美亦有佈道人。

第二天，貼演的是《武家坡》帶《算糧登殿》。雍竹君在前邊飾演王寶釧，後邊是旗裝大扮，飾演代戰公主，同樣贏得了巨下的轟動。第三場，貼的是全本《玉堂春》，三場爆滿，一炮而紅。德國大使館為她舉行了隆重的慶功會，中外名流齊聚一堂，為雍竹君的成功，舉杯慶賀。一時間「西洋小姐唱京戲」的新聞傳遍全國。

首演的成功，使雍竹君更加信心百倍，決定組織更強的陣容，外出巡演。請來了「譚派」老生楊寶忠、「龔派」老旦臥雲居士、「楊派」武生吳彥衡等人，一起先創天津、下武漢、再赴上海，先後在妙舞臺、新明戲院、明星大戲院、新市場大舞臺、共舞臺、黃金大舞臺，連續演出了「梅派」的《玉堂春》、《汾河灣》、《貴妃醉酒》，以及「程派」的《六月雪》、《武家坡》等二十多出戲。但每到一處的打炮戲，都貼「旗裝戲」《四郎探母》。每到一臺口，這齣戲都連連加演，真是「名動公卿，延及婦孺」。各地的社會賢達、頭面人物和新聞報紙的記者，無不爭相蒞臨捧場。連大名鼎鼎的蔡元培在他的《日記》中，也對雍竹君頻頻讚揚。

1934 年 6 月，雍竹君與楊寶忠、臥雲居士和吳彥衡等一起到達漢口，轟動了武漢三鎮。當時與漢口新市場大舞臺訂立了為期十一天的演出合約，這十一天，場場爆滿，在觀眾的一再要求下，又加演了四天，一共唱了五場《四郎探母》。報刊對她評價是：「愈唱愈亮，婉轉動聽，扮相秀麗，表情不瘟不火」。指出「她一位德國姑娘，卻能躋身於中國京劇界，並能以掛頭牌的身份挑班領銜演出，著名前輩演員均肯作為綠葉扶持她這朵『牡丹』，這在京劇二百年歷史中也是罕見的。」

她演的「旗裝戲」，也成了當時各國使館在盛大聚會中必請必點的劇碼。她的旗裝扮相和她梳的旗頭、穿的旗袍、旗鞋，都成了各國使節夫人們羨慕的服飾。不少使館夫人和在華居留的洋小姐、洋太太們，都競相向當地的劇裝社訂購旗裝。在這些西洋婦女眼裏，能身著旗裝在中國照張像，真是一件相當時髦的事情。

　　三十年代末，雍竹君不但唱京劇，她還拍電影，成了一名電影演員。影星黎莉莉在她的《回憶錄》中，談到其父錢壯飛和徐光華拍攝《燕山隱俠》時，就提到「外國人雍竹君也參加了排練演出」。

　　此外，雍竹君還參加了德國著名戲劇家洪濤生（Vincenz Hundhausen）先生組織的戲劇社，前往歐洲瑞士、奧地利、德國等地，進行巡迴演出。演出的劇碼是根據元代作家高明撰寫的《琵琶記》改編的一齣話劇。演出時，所用的語言為德語，但服裝道具等，均為地道中國貨。這是一齣向歐洲廣大觀眾介紹中國傳統文化的一次大膽的嘗試，在瑞士、奧地利都獲得了圓滿的成績。因為，洪濤生先生曾旗幟鮮明地反對納粹，結果他們的劇團曾一度不允許進入德國。直到 1937 年 1 月，他們才獲准在柏林演出，並大獲成功。雍竹君在劇中精彩的演技，打動了許多德國觀眾。

　　演出以後，她就留在了德國，去拍電影去了。她先後拍攝了《北京警報》和《艾施納普的老虎》，這兩部影片均於 1938 在德國上映。但從此高山流水，中國的觀眾就再也看不到這位洋公主唱京劇了。

三自一包梁小鸞

　　四十年代，還一位唱「旗裝戲」相當好的坤旦，名叫梁小鸞。她是河北興安人，出生在北京。父親在崇文門一帶開了一間筆莊，三間門臉，前店後廠，雇著兩個夥計幫忙。生意原本不錯，後來，自來水鋼筆日益流行，毛筆的生意也就江河日下、越來越糟了。到了三十年代，乾脆就關張歇業了。小鸞扶床學步的時候，家境已經索然。

　　小鸞一家住在草廠八條，她從七歲開始念小學，畢業後考入春明女子中學，總想有一天能做出一番成就來。春明是一個貴族化的學校，裏邊有不少同學都是嗜愛京劇的，言慧珠也是那裡的學生。學校裏有個非正式的票房，趕到假日時常舉辦清唱會，她那時就喜歡學青衣，大家都說她嗓子好，有前途。

　　有一次校慶，她借機會在戲院裏彩唱了一回，成績相當圓滿。待初中畢業後，就輟學在家了。但是，她還是喜歡票戲，經人介紹，輾轉投到程麗秋先生的門下，算是個乾姑娘，也算是位女弟子，從此，就正式入行學戲了。程麗秋所教的全是青衣老戲，如《祭江》、《六月雪》、《女起解》、《玉堂春》、《寄子》等。梁小鸞第一次正式登臺是在華樂，戲碼是《玉堂春》，因為陣容整齊，

觀眾們又都知道她是女學生出身，座賣得不錯，聽眾也很歡迎。

此後，她又投在「芙蓉草」的門下，學了《遊龍戲鳳》、《紅鸞禧》、《烏龍院》等戲。「芙蓉草」見她有出息，又給她說把子和武功。總共有了六、七十出能戲，稱得起是老牌坤伶了。她大紅大紫的時候，是跟雪豔琴、章遏雲、新豔秋幾個打對臺的。彼時吳素秋、言慧珠、李玉茹還沒有學戲。

三十年代，《立言畫刊》的記者訪問她，問她自己認為哪齣戲最好？她直言不諱地說，她對「旗裝戲」《四郎探母》最為得意，當時與她合作的二牌老生是筱蘭芬，二人處得感情特別好。在臺上更嚴絲合縫，無可挑剔。當年，她跟筱蘭芳合照的《四郎探母》劇照，被人反覆翻拍洗印，連香煙攤上都售賣，風行一時。小鸞最善唱工，嗓音甜潤，字正腔圓，而且持久流暢，越唱越亮，時有「金嗓子青衣」之稱。

1940 年，在金仲仁的推介下，她也拜了王瑤卿為師，得到很多真傳。「旗裝戲」的表演，經過王先生的規整，就更為精道耐看了。小鸞先後與馬連良、譚富英、李宗義、楊寶森、奚嘯伯等名老生合作，演過各種「旗裝戲」。其中，她與譚富英合演的《四郎探母》，是繼雪豔琴息影舞臺以後的最佳組合。

1948 年演出田漢編劇、李紫貴執導的《琵琶行》，被時報界捧為「新京劇」享譽一時。但當時內戰初歇，人心思靜，看戲的人不多，業務不佳，演出亦少。加之禁戲公告出臺，許多戲禁演了，京劇熱進入了淡季。

五十年代初，她與譚富英合演的《四郎探母》，還在中南海裏唱過，受到毛澤東、劉少奇和一些高級領導人的讚賞。梁小鸞讀過書，有見識，演出後，她很直接了當地向劉少奇反映說，「現在很多戲都被禁演了，不少演員連戲班子都搭不上，生活挺困難。」劉少奇當即為她組團出謀劃策，說：「譚富英、梁小鸞要是一起組班兒，大家都有飯吃嘛。」

隨後她與譚富英、裘盛戎組建了和平京劇團，常到外地跑碼頭，還曾去過新疆、吉林演出。劇團「公私合營」後，梁小鸞應邀赴長春市政府之邀，擔任了吉林省京劇院院長。她常演劇目有《御碑亭》、《二進宮》、《四郎探母》、《紅鬃烈馬》、《打漁殺家》等。還重新排演了《琵琶行》和新編《春香傳》、《畫皮》、《孟姜女》等劇目。

六六年文化大革命開始了。毛澤東號召要「要打倒一切反動學術權威」，梁小鸞自然難逃羅網。在梳理她的反動罪行時，想不到，她與劉少奇在十多

年前的一句對話被揭發了出來，這句「三自一包」在「文革」時成了梁小鸞的一大罪狀。造反派說她與劉少奇素有瓜葛，一塊兒搞「三自一包」，遭到反覆的批鬥。文革中，「三自一包」就成了梁小鸞的外號，說她宣揚舊社會好，演員有「自己的行頭、自己的戲碼、自己搭班的自由」，還說「私人承包劇團」好。就這麼，大字報上給她湊成了「三自一包」。

梁小鸞（1918～2001），字乃鳴，河北興安人。幼年學梆子，10歲拜程麗秋學京劇，1930年開始登臺演出。1940年拜王瑤卿為師。先後與馬連良、譚富英諸名家合作。1944年又拜梅蘭芳為師，專工青衣。她的功底深厚，字正腔圓，善演唱工戲。尤擅「旗裝戲」。

不久，全國上下又大揪叛徒、特務，楊四郎就成了「叛徒內奸」的代表人物。報紙上連篇累牘地批判《四郎探母》，把楊延輝比做劉少奇。說劉少奇愛聽《四郎探母》，還誇《清宮秘史》是「愛國主義」，這就是宣傳「叛徒哲學」的最高體現。加之，梁小鸞曾在中南海為劉少奇演過「旗裝戲」《四郎探母》，自然成了最大的政治污點，使她在運動中受盡折磨。此時的梁小鸞已年逾五十，身體又不好，打入牛棚後，早晨餵豬、晚上割草，把一位舞臺上的公主，活脫變成一個在臺下挖菜的王寶釧了。

文革以後，落實政策，她才被退休，返回到北京。為繼承發展京劇旦行王派、梅派藝術繼續作貢獻，曾發起組建了梅派、王派藝術研究會，努力為振興京劇做著貢獻。

鐵嗓鋼喉王玉蓉

三十年代末，以《四郎探母》一炮竄紅的女演員王玉蓉，是演「旗裝戲」的最大受益者。

　　王玉蓉，原名王佩芬、又名王豔芳，生於上海的一個普通家庭。父親開了一間「木器作」，收入尚可，家境小康。王玉蓉就讀於明德中學，從小就有志向，要當一名救死扶傷的醫生。不料剛剛讀到初二，父親病重，作坊倒閉，因為生活所迫，玉蓉便不能上學了。就毅然拜在於蓮仙的名下，學唱京劇。她為了謀生，而淪為「唱一段」的街頭歌女。

　　她常到南京夫子廟裏演唱，同臺的還有「綠牡丹」、李曉峰和「小彩舞」（駱玉笙）等藝人。但是，她不願荒廢學業，又考入了京華女子中學讀書。每日清晨，她以王佩芬的學名去上學；待到晚間，梳洗打扮以後，則背著學校和同學，用王豔芳的藝名在茶樓酒肆賣唱。

　　當地「群芳閣」的老闆為了招攬生意，特地舉辦「南京歌后」選舉，儘管競爭激烈，王豔芳憑她那無人匹敵的天賦歌喉入選，榮登了皇后的寶座。正當她興高彩烈地登臺領獎時，竟然被坐在臺下當捧客的校長認了出來。當時校長大怒，憤然離場。第二天就在校門口貼出告示，將王佩芬開除學籍。

　　此事，引起了新聞記者們的公憤。他們在報紙上疾呼：「為什麼校長可以捧戲，而學生不能唱戲？」「難道說歌女就不可以讀書嘛！」一篇篇檄文，直指這位校長，切中時弊。這位校長也不含糊，揮筆應戰，大講「孔孟之道」。此起彼伏，打了一個多月的筆墨官司，最終亦無是非結果。經過這次打擊，王佩芳已無心留戀歌壇，隻身返回上海，從此閉門不出，一味讀書，偶而也到票房走走，以示消遣。

　　真是吉人自有天相，有一回，王佩芳在票房遇見了同窗好友顧菊英女士。當時菊英女士已然嫁入豪門，當了貴婦人。她見佩芳孤立無援、旁徨失助，就鼓勵她北上投師、以求深造，並慷慨地資助她全部費用。因之，佩芳得以振作，獨自去創北京。這一年，王佩芳剛滿 19 歲。對一個女孩子來說，離鄉背井到舉目無親的京都投拜名師談何容易？她幾經周折，終於在西四遇到了一位古道熱腸的「同和居」東家劉三爺，經他介紹，通過王瑤卿的繼子王幼卿引薦，才來到煤市街大馬神廟，拜在了曾任內廷供奉的王瑤卿門下，這步棋奠定了她日後成名成家的基礎。

　　據她本人回憶：那一日，王瑤卿家中坐滿了客人，對這位來自千里之外的小姑娘十分稀罕，圍在一起看著她。王瑤老打趣地問：「姑娘你幹嘛來了？」「我學戲來了。」有人問她：「是唱哪兒派的？」她回答說：「我唱程派。」誰

知程硯秋正好在坐，便問道：「愛唱哪一齣？」她說：「唱的最多的是《蘆花河》。」於是，王瑤卿就讓她唱了一段。唱罷，眾人鼓掌稱好。程玉菁對王瑤老說：「師父，她倒是有條好嗓子。」然而，王瑤卿說：「光嗓子好管什麼用？沒味兒還不說，唱得甭說『板』啦，連『眼』都沒有。」一句話，把她的眼淚都說出來了。姚玉芙勸她：「別哭哇！你師父是說你學得不瓷實，是為你好。」王瑤老問她：「你想成好角兒嗎？吃得了苦嗎？」「只要能學好戲，什麼苦都能吃。」王瑤老看他有心胸、有志氣，這才收了她，並為她取名王玉蓉。

因為她是上海人，有些字發音不准，必須通過甩嗓兒糾正，平時就讓她對著鏡子邊唱邊找口型。在甩嗓兒之前，讓她一氣兒喝足了水，只要胡琴一響，就再也不許喝了，目的就是培養她日後不在臺上「飲場」。就這樣一炷香接一炷香地唱下去，有時一唱就是兩、三個鐘頭。嗓子唱啞了，也不許停止。可以說，她唱的每一句，都是王瑤老一個字一個字地「摳」出來的。

據《王玉蓉傳》寫道：她在學戲期間，王瑤老不僅不讓她去唱戲，也不許她去亂看戲，怕她看亂了、學雜了。待她學成之後，王瑤卿準備給她組班，正式到戲園子演出。可她在北京從來沒演出過，「王玉蓉」是何許人，觀眾也沒聽說過。

名字叫不響，票當然賣不出去，所以，哪個戲園也不敢接。師徒正在為此事一籌莫展之際，恰在此時長安大戲院落成。東家楊主生原想請名角來慶賀開幕演出，萬沒想到，請誰來也請不動，人們都說戲臺的方向不對，是個「白虎臺」，誰唱誰倒楣。既然是凶臺，所以誰也不願來。傳說，那天夜裏「祭臺」時，本來只有一人裝扮女鬼，竟然出現了兩個鬼影。此說越傳越懸乎，這下就更沒人敢來了。東家煞費苦心從上海把金少山請來，只唱了一齣《黑風帕》，第二天的《法門寺》不上座，還是回戲了。

當時的首任經理是名小生金仲仁，他與王瑤卿是莫逆之交，無話不談。這天來到古瑁軒，進門就說：「您說，那麼好的園子，請誰誰都不唱，真急死人了！」王瑤老從來不迷信，聽罷之後便說：「您先別著急，我這個女徒弟她不怕鬼，我讓她去唱。」當時，金仲仁心想：這個一千二百多個座位的大戲院，若是貼出「王玉蓉」三個字，賣不上座怎麼辦？忙問：「她行嗎？」「沒把握我能讓她唱嗎？」「我還不相信您嗎？貼什麼戲？」「用旗裝戲《探母》打炮。」「行，不過配角您可千萬找硬點兒的才好。」

　　園子定下來，王瑤卿立刻讓管事的趙世興趕快約人組班，並一再囑咐要找個有名老生，捧捧這個初出茅廬的女徒弟。管事的走後，王瑤老也發愁，萬一票賣不出去怎麼辦？說來也巧，恰在此時來了三位貴賓，一位是大名鼎鼎的中醫汪逢春，一位是農學院院長龐敦敏，另一位是晚清末代狀元陸潤庠的兒媳張女士。這三位聞聽此事，當即拍板：「我們和玉蓉都是南方人，戲票我們包了！」這下可把金仲仁和王瑤老樂壞了。

　　誰料趙世興奔走多處，愣請不來一位有名的老生。人家一聽「王玉蓉」仨字，對不起，給多少錢也沒人來。這下可把「通天教主」氣急了，當即對管事的說：「你再跑一趟，只要有鼻子有眼兒，會唱戲就得。」最後，找來了票友下海、還沒名氣的管紹華，他的個頭、扮相俱佳，且有一條高、寬、脆、亮的好嗓子。王瑤老在唱腔、吐字、歸韻、氣口、身段等諸多方面對管紹華進行了糾正，使管紹華獲益匪淺，後來還落個「探母管」的雅號。

　　演出這天，本界同仁和親友所贈賀幛、花籃等物擺滿了舞臺前沿和大廳內外，場內觀眾坐的是滿坑滿谷，到場的全是有關人員的親屬和親友、老鄉和鄰居，甚至理髮店、澡堂子和飯鋪等處也都請到了。送票時還千叮嚀萬囑咐：「務必去看！」這哪兒是請人看戲，分明是求人捧場。

　　王玉蓉連過三道關口，多年渴望的時刻終於來到了。好事也接踵而來，怎麼那麼巧，百代唱片公司正想灌《四郎探母》的唱片，公司讓駐北京代表傅祥撰負責物色演員。傅與助手到各個戲園觀摩選擇，偏巧這天有數家戲園均演此戲，也是王玉蓉福大造化大，這二位偏偏選中了「長安」這場戲，理由是戲院新開張，必然是好角兒。到了戲院又見「客滿」的牌子早已戳在門口，許是心理作用促使他們非看不可。於是，他們找到戲院說明來意，戲院的前臺管事田華亭把僅有的兩張包廂票讓給了他們。此時戲已開演，二人道謝之後，便飛奔上樓。場內氣氛極為高漲，臺下觀眾全是捧場的，臺上演員又是旗鼓相當，除王玉蓉的鐵鏡公主和管紹華的楊四郎外，配角為吳彩霞的蕭太后、李寶魁的楊六郎、李多奎的佘太君、沈曼華的楊宗保、朱斌仙和賈松齡的二國舅，琴師章梓宸。而且，臺上全都「卯」上了，臺下鼓掌聲、叫好聲接連不斷，劇場沸騰了，在後臺把場的王瑤老更是心裏笑樂開了花。

　　傅祥撰看罷喜笑顏開，當即拍板，散戲後便迫不及待地找到管事說：「我們決定灌製你們這齣《四郎探母》，而且灌全齣的。」趙世興當然挺高興，但

不敢做主，便說：「這麼大的事，我做不了主，得徵求她師父的同意才成。」
他不敢怠慢，忙找到他們師徒倆兒說：「王大爺，告訴您一件喜事，百代公司
要灌王老闆這齣全部《探母》的唱片。」當時王瑤卿感到有些意外，忙問：
「你是不是聽錯了？」「絕對沒錯兒！」王瑤老略一沉思說：「你去告訴他們，
不灌！要灌了唱片就會影響我們的營業演出。」管事的當時沒反應過來，心
想，送上門兒來的好事，幹嗎往外推呀？正在迷惑不解，只見王瑤老一笑，
拍著他的肩膀又說：「你可不能真放手哇！」趙世興茅塞頓開，原來是「欲擒
故縱」。越是不讓灌，他們是越想灌，最後是非灌不可。最後，甲乙雙方經過
反覆談「公事」，百代不得不提高價碼才成定局。

　　根據灌製唱片的要求，對部分細節進行了刪節，這套全部《四郎探母》
共灌製十六張，計三十二面，這是中國第一套連續性的京劇唱片。上市後極
為暢銷，又經電臺一廣播，結果大街小巷到處能聽見王玉蓉「丫頭，帶路哇！」
聲音。王玉蓉就此一炮而紅，聲譽與日俱增。從此，她在長安演出長達八年
之久，而且每週六的夜場全是她演，別人是安排不上的。

　　有趣的是，十年後，王玉蓉之女小王玉蓉首次登臺演出，也是在長安戲
院，唱的也是《四郎探母》，由遲世恭扮演楊四郎。王玉蓉親自為愛女把場，
可稱得上是一段梨園佳話。

王玉蓉(1913～1994)，女，京劇旦角演員。
原名王佩芬，又名王豔芳，生於上海拜於
蓮仙為師學京劇，藝宗程硯秋，藝名王豔
芳。1933 年拜王瑤卿為師，苦學三年後，
組班演出，在長安大戲院初演成功。應百
代公司之邀，與馬連良、管紹華等合作灌
製《武家坡》、《四郎探母》等唱片。

　　說起王玉蓉在長安戲院唱《四郎探母》的事兒，不僅使王玉蓉大紅大紫，而且還引起了中國劇場走向「文明秩序」的一次大改革。因為這項改革與「旗裝戲」有關，所以，筆者在此也提上一提。

　　大家都知道，我國的舊式戲館建築設計極不合理，不但場地非常狹窄，座位也不舒適，觀眾出進也極為困難，而且衛生條件更差，有的園子連個像樣的廁所都沒有。看戲時，最讓人生厭的是賣零星食物的「三行」，他們高高地託著一筐子東西，絡繹不絕地從觀眾的面前擠來擠去，叫賣之聲不絕於耳。正如侯寶林說相聲一樣，甩手巾把兒的、賣瓜子的、送茶水的走來串去，把個劇場攪得一塌糊塗。所謂「三行」，就是早年間特准這些所謂「侍候」觀眾的行當，在園子裏做生意掙錢。這行人與前臺訂有長期合同，掙的錢裏有前臺的「管理費」。所以，開戲園子的與這行人沆瀣一氣，他們合在一起，一塊兒吃觀眾。因此，園子裏任憑「三行」折騰。

　　彼時，觀眾入場也沒個準時候，進場後，呼朋喚友，搶席爭座，大呼小叫地往往亂成一片。戲園子裏吵嘴打架是家常便飯。國人看戲與西人不同，一向把看戲當成解悶兒的事兒，在戲園子裏喝茶聊天侃大山，應當責分，誰也管不著。一場夜戲，下午五點就開鑼，無論如何要唱到子夜時分才散。戲碼兒一大串，前邊都是開場戲，排的都是無名之輩演的小折子，要不就是小丑、小旦的逗悶子戲。直到唱到倒三，才算正戲上場。待到大軸，上大角了，觀眾們也盼著靜下來好好的聽戲。可就在這個時候，會突然擁上一群人來，收票的收票，要茶錢的、要手巾把錢的、要送衣帽錢的，不斷纏擾不清。你要是給少了，他就要爭；你怕麻煩，多給他幾文，他們又拿你當大爺，打千作揖地沒完沒了。為了顯殷勤，還要請老爺高升，讓到前排就坐。這麼一攪，多好的戲也是沒辦法聽了。聽戲的不舒服，唱戲的也受不了哇！可是，這些陳年惡俗因為各方利益的牽制，一直沒有辦法解決。儘管到了三十年代，北京出現了不少新劇場，可這些積弊依然作怪。許多有志之士在報紙上呼籲改革，但大多數的人都已經習以為常，見怪不怪了。

　　王玉蓉出師後，在西單劇場貼演《四郎探母》打炮，是在 1933 年秋天。此時，正是袁良出任北平市市長。袁良外國留學，胸有大志，一心為國為民，為官一任，定要有所作為。他上任之初，考慮到北平作為元、明、清三朝古都，集中國宮闕、殿宇、苑囿、壇廟之大成，薈萃了東方藝術之最，就計劃把

北平規劃建設成一個文化大都市。他力主借鑒歐美各國最先進的城市規劃與市政建設經驗，銳意革新，力圖整頓，頒布了《北平市遊覽區建設計劃》、《北平市溝渠建設計劃》、《北平市河道整理計劃》等城市規劃。於是，大修馬路，整頓市容，清理垃圾，積極貫徹國民政府發起的旨在移風易俗的「新生活動動」。卓有成效地幹了不少實事，一時口碑載道。

王玉蓉的這齣《四郎探母》也驚動了袁市長。有一天晚上，袁市長在民政局戲管會主任吳曼公和文化城顧問委員徐慕雲的陪同下，一起到長安戲院去聽王玉蓉的這齣戲。他們坐在二樓的包廂裏，看到戲院裏這份亂糟糟的情形，心中十分不快。心想長安是新型的園子，可裏邊還與天橋的雜耍攤兒一樣，如何了得！及至管紹華扮的四郎在場上唱了半天，園子裏都靜不下來。袁市長就同吳曼公和徐慕雲說：「現在政府正貫徹新生活運動，劇場也得文明點兒了，你們拿出個意見來。不然，將來怎麼發展對外的旅遊事業哪？」

第二天，徐慕雲顧問就拿出了一個《戲園秩序整理意見書》，其中，頭一條就是要求「各戲園於大軸戲前，一律休息十分鐘」。社會局研究後，當即決定，就從這頭一條做起，先易後難，以長安戲院為試點，率先施行劇間休息的制度。休息時，臺上要落下大幕，停止鑼鼓；臺下的人盡可在此時去廁所、揩面、抽煙、聊天；賣香煙、賣瓜籽、賣水果的小販，可以在此際大肆兜售；收票及收取茶資的，也可以在此時趕辦清楚。休息以後，觀眾重新入座，「三行」人等就不許攪和了。剛一推行這條制度時，劇場的前臺和「三行」們都不幹了，吵著要罷工。民政局置之不理，強行貫徹，不遵者，就貼封條關門別唱了。政府一橫，各園子也就低頭認輸，無可奈何了。徐慕雲在《梨園外紀》中有《大軸前休息十分鐘的意義》一文談及此事。據說，管紹華對這一規定舉雙手叫好。他說：「從此，我再唱『楊延輝坐宮院』，心裏就不鬧騰了。」

名閨下海丁至雲

丁至雲，原名丁學秋，原籍河北武清縣人氏，世居天津。她的父親是一位很成功的商人，生意通達，家道殷實，在天津很有名氣。丁至雲從小生長在錦繡窩中，從來沒受過委屈，算得是個名門閨秀。這位大小姐自幼愛好京劇，加之父母溺愛，特地為她請來了著名的京劇老師王雲卿開蒙，又請來了名票王庾生和王瑤卿的弟子金碧豔等人到家，對其進行系統的指導。丁至雲

自己又十分用功，每天下學之後，就開始練功、弔嗓，很多青衣戲學的比科班子弟還紮實。而且，她的嗓音甜美豁亮、韻味十足、即響堂又打遠；扮相端莊秀美，人人都說她是個「角兒坯子」。

丁至雲十餘歲即參加了由天津的票友們組成的漁陽國劇社，經常應邀票演於京、津各地。她會演戲，一開始就小有名氣。有好事者將之編為雅謔：「大小姐唱戲，即是名閨又是名票」。

1938 年，她為了深造，特意進京向王瑤卿、徐蘭沅請益，有下人陪著，吃、住在北京的賓館裏，每天到大馬神廟的王宅上課，工夫下到了，劇藝大增。1942 年夏天，北平廣播學會聯合國劇學會一起舉辦了「京、津、唐票友清唱比賽」。比賽分老生、青衣各兩組，票友自願報名參賽。通過分組預賽，選出生、旦兩組的前十名，然後通過電臺對三市廣播，再次由專家評選，從中選出每組的前三名。大賽的裁判有譚小培、時慧寶、雷喜福、王瑤卿、尚小雲、荀慧生、徐蘭沅等，都是公認的京劇名家。

決賽那天，參賽者自己帶琴師進入電臺播音室。電臺直播演唱時，只報選手的序號，不報姓名。裁判坐在各自家中的收音機旁，經辦單位派人陪同，一起收聽選手清唱，對參賽者的嗓音、韻味和板眼當場打分。賽完，將打分的表格由陪聽的工作人員帶回總部。再由經辦者匯總打分，按選手得分多少排出名次。結果，青衣組第一名被一位名叫趙學芳的票友獲得。人們對這個名字都很陌生，票界也無人知曉她的來歷。直到頒獎的時候，大家才得知道，趙學芳就是天津的女票友丁至雲。

由此丁至雲名聲大振，邀演不斷，好評如潮。她還與金少山、譚富英、楊寶森、李多奎及名票張伯駒、王庚生、包丹庭、從鴻奎、朱作舟等多次合作演出，口碑絕佳。她與名票張伯駒演的《坐宮》最有意思，一位是「大爺」、一位是「名閨」，做起戲來，派頭十足，切中人物。不久，在同好的鼓勵下，徵得家中同意，便從容「下海」了。自己出資組班，掛頭牌，起名為至雲京劇團。

她的「旗裝戲」演得相當好，因為是大家主出身，多大的排場都經過見過，加之本人有很高的文化修養，扮出公主來端莊富貴，光彩照人。尤其，她在口白中，時不時地夾雜著一些天津方言中的「嗲」音，更使天津觀眾感到自然親切，嫵媚動人，「嗲」音一出，全場忍俊不已，好聲頓起。所以，她與別人演的公主有所不同，謔稱「天津公主」，特別叫座。

丁至雲（1920～1989），京劇旦角，原籍河北武清，世居天津。她出身名門，為梅蘭芳之弟子，在國內享有盛名，可謂青衣大旦，有「北丁南言」之美譽。丁至雲與名票張伯駒演《坐宮》最有意思，一位是「大爺」、一位是「名閨」，做起戲來，派頭十足，切中人物。

　　1948年，她正式拜了梅蘭芳先生為師。常演的劇碼有《玉堂春》、《鳳還巢》、《太真外傳》、《西施》、《奇雙會》、《生死恨》、《宇宙鋒》、《四郎探母》、《貴妃醉酒》、《紅鬃烈馬》、《霸王別姬》《寶蓮燈》、《穆桂英掛帥》等。從藝之餘，還用家中的資產創辦了「同芳慈幼院」，為幼兒慈善事業做了不少貢獻。

　　1956年，天津京劇團成立時，她掛頭牌青衣，與楊寶森、厲慧良長期合作。其時正值公私合營運動，他的父親因為不與政府合作，被劃為「反動資本家」，資產全部充公。從此，家中經濟每況日下。她獨自帶著三個小兒女跑碼頭，到處演出，個中淒苦，難以言表。「文革」中，她又被多次抄家、批鬥。最後，把這位「公主」下放到天津第一機械工業局所屬的工廠裏，當了一名打雜兒的工人。好在她心胸豁達，多苦的日子也能熬了過來。「文革」以後，她才獲得平反，重新歸隊。為了感謝廠內工人們多年的關照，臨別時，還應邀為大家唱了段兒《坐宮》。但是，她回劇團時盛年已過，登臺的機會就不多了，只能教學，培養後輩。

女程硯秋侯玉蘭

　　唱「旗裝戲」的坤旦中，還有一名佼佼者，名叫侯玉蘭。她的本名叫侯景蘭，綽號「女侯爺」。她是北京人，出身梨園世家，父親侯月亭和姑母侯喜鳳都是很不錯的京劇演員。侯玉蘭從小在家學戲，由姑母為她開蒙，學唱旦角，七、八歲就學會了很多戲。十歲的時候，姑母帶她考入了中華戲曲專科

學校，進校後，改名侯玉蘭，師從何喜春、律佩芳。當時一些名角也常到學校授課，因此，文、武、崑、亂，學了不少玩藝兒。

侯玉蘭在校期間就特別崇拜「程派」，學校也想把她往「程派」的路子裏發展，校長親自把程先生請到學校裏指點。程硯秋見她材料可塑，而且謙虛好學，就把玉蘭以前學過的傳統戲，又重新給她規整了規整，使她獲益匪淺。發音、臺風都很有些「程派」的意思，人們都管她叫「女程硯秋」。當時，她與李玉茹、白玉薇、李玉芝並稱為「四塊玉」。

侯玉蘭的能戲很多，《玉堂春》、《二進宮》、《武家坡》、《大登殿》、《汾河灣》、《春秋配》、《蘇武牧羊》、《緹縈救父》，花旦、刀馬，《拾玉鐲》、《穆柯寨》、《虹霓關》等，都演得不錯。「旗裝戲」有王瑤卿親授的《雁門關》和《四郎探母》。尤其以飾演鐵鏡公主最為出色。

1939 年，她從戲校畢業後，就隨言菊朋到上海演出。高超的藝術水準和正派的生活作風給上海的同行和觀眾留下了很好的印象。次年，她又與奚嘯伯掛並牌再赴上海，合作《寶蓮燈》、《紅鬃烈馬》、《四進士》等戲，都得到了輿論界的好評。

1944 年，侯玉蘭與李少春結婚，二人同臺合作，以「旗裝戲」《四郎探母》最有號召。二人臺下夫妻、臺上鴛鴦，珠聯璧合，比翼齊飛，在舞臺上的那種「天生一對，地成一雙」的和諧之美，使其藝術境界得到了更深刻的提升，每次貼演都到了一票難求的地步。時人有詩讚曰：

侯玉蘭（1919～1976），女，旦角。原名侯景蘭。1944 年，她與李少春結婚。侯玉蘭在學習程派方面有很大進步，人們呼之為「女程硯秋」。此照係侯玉蘭在《四郎探母》中飾鐵鏡公主。

天生比翼共鴛鴦，地結連理樹成雙。

同臺一曲聞簫史，人間再現鳳與凰。

解放後，她參加了中國京劇院，曾與李少春合作演出過《野豬林》、《白毛女》、《柯山紅日》、《林海雪原》等，在京劇改革方面做出不少貢獻。但是在文化大革命中，由於李少春受到衝擊和批判，她也沒有逃脫挨批挨整的命運。「十年浩劫」，二人相濡以沫、同憂共難。1975年，李少春因病故去，不久，她也隨之逝去。

女梅蘭芳陸素娟

陸素娟本來是南方人花界人物，二十年代隨班北上，在宣南「八大胡同」落足謀生。因為生得清秀漂亮，成為名冠一時的第一紅人。她所結交往來的客人都是達官顯貴、富商巨賈，日間門前車水馬龍，夜夜華筵笙歌。當時，鹽業銀行的巨頭王紹賢對她甚是傾慕，花得起工夫，幾乎日日都來造訪。而且出手大方，每月供應她一、兩萬塊大洋做為日常的脂粉開支。此外，逢年過節還有厚禮奉贈，稱得上「獨佔花魁」。

王紹賢在與陸素娟交往之間，發現她的京劇唱得也相當出色，只是未經名師規整打磨，只是一般票友的水準。有一次朋友家唱堂會，陸素娟在前頭票了一齣《起解》，扮出來還真有點兒梅蘭芳的意思。由此，王紹賢大發奇想，一定要把陸素娟打造成一個紅伶。於是，就帶她到徐蘭沅家弔嗓子，並以重金聘請徐蘭沅給素娟說「梅派」戲。

彼時，梅蘭芳已舉家遷到上海居住，平時又很少演出。徐蘭沅在北京賦閒，有此收入，也不無小可。他教陸素娟可謂不遺餘力、忠心耿耿。自己不會的，就再請高人相助。也是陸素娟福至心靈，只用了一年多的工夫，竟然學會了十多出「梅派」的經典劇碼，而且齣齣演來，中規中矩，儼然內行一般，把王紹賢喜歡得不得了。王紹賢決意要把她推上舞臺。就特撥了一筆唱戲的專款八萬元，做為啟動基金。陸素娟就用這筆錢開始組班，制行頭、置頭面、定製桌圍椅幔、大帳守舊，以及必備的各種把子切末。很多的錢都花在約人、約角方面。陸素娟演戲，從跟包的、管箱的、梳頭桌兒、水鍋龍套，以及後臺工作人員，全用當年梅劇團的人。

這些人，一年到頭也去不了一、兩次上海陪梅先生演出，日子久了，生計也成問題。但是，凡侍候過梅先生的人，不管能耐如何，架子都很大。玩藝

太差的角兒出多少錢來約，也都不會去伺候的。一來陸素娟的「梅派」戲已經有了一定火候，陪著她唱，並不丟人；二來，他們可以拿雙份兒的錢糧，再加上名流們從中撮合，從民國二十二年（1923）起，直到二十六年（1937）冬，梅劇團的同仁們都正式與陸素娟合作演出了。其中，除了王鳳卿固執不肯參加外，楊寶森、貫大元、姜妙香、蕭長華、劉連榮、朱桂芳等一班人馬，全體都陪她演出，給陸素娟造了很大的聲勢。

因為梅先生久居上海，北方的觀眾好久聽不到梅蘭芳了，這回有陸素娟率梅劇團原班演出，那真有點兒「望梅止渴」。加之報上一陣狂吹，廣告一貼出來滿城戲迷趨之若鶩。況且，陸素娟的劇藝也很精湛，就此一炮而紅，上座十分踴躍。楊小樓也助上一膀之力，與陸素娟合演了《霸王別姬》，成績蜚然，遂確定了陸素娟為「女梅蘭芳」的舞臺地位。但是，陸素娟演戲的開銷太大，每場都賠好多錢，好在她有演戲基金的支持，為名而不為利，一時也聲震遐邇。翌年，她率團去上海演出時，才正式拜了梅蘭芳為師。鑒於梅蘭芳與銀行界的交往，也樂得作個順水人情。

陸素娟，女，京劇旦角。原籍蘇州。初從程玉菁問藝，後雖得到梅氏門牆。素娟姿容秀麗，扮相很美；嗓音也清亮甜潤，天賦甚佳；加以資質聰穎，領悟力強，於梅氏的唱腔作工，能夠努力鑽研，細心揣摩。幾經試演，居然聲容並茂，頗得好評。

張伯駒在看了陸素娟新排的《竊符救趙》一劇之後，曾寫詩讚道：

　　竊符救趙劇新編，窯變名伶有素娟。
　　多謝琴師徐督辦，梅家班作陸家班。

詩後有注云:「以妓為伶者謂之窯變。南妓陸素娟因與王紹賢關係，從徐蘭沅學梅派戲，曾與余演《遊龍戲鳳》、《打漁殺家》。東北失陷後，梅移居上海，徐組梅之班助陸演唱，並編排《竊符救趙》一劇。督辦乃徐之別號也。」講的就是這椿事。

（見張伯駒《紅毹紀詩注選》第一部）

陸素娟的劇藝長處，除了學梅有根底，在場上還肯賣力，有自信心。她與任何名伶大角同臺，絕不緊張、不怵頭。陸素娟演戲的成功，固然有其藝術實力的依託，更重要的是她生得漂亮，扮出戲來更加傾國傾城，美豔絕倫。她的身材不高不矮，不胖不瘦，瓜子臉，通鼻樑，櫻桃口，一笑倆酒窩。皮膚之白，尤為罕見，臺上古典美，臺下現代美。能劇如《太真外傳》、《洛神》、《西施》、《廉錦楓》、《鳳還巢》、《宇宙鋒》諸戲，均具梅氏風采。她的「旗裝戲」更是美不勝收，在擅演鐵鏡公主的一批坤伶中，論美，陸素贊絕對屬第一。

王紹賢與陸素娟生有一子一女，但卻不能許以婚嫁。陸對這種非妻非妾的尷尬地位也難以長期忍耐下去，二人終於分手。彼時，陸素娟聲名日隆，隨之而來的各種追求者蜂擁而上，對她糾纏不休。其中有一個年輕的狂熱「粉絲」在報上公開揚言，要為陸素娟「殉情」自殺，給陸素娟造成沉重的心理壓力。有地位的人不會明媒正娶地找她作夫人，而她又不甘心嫁一個平頭百姓。無奈之中她選擇了軍界名將馮治安。

「七‧七」事變之後，馮治安奉命率軍撤出北平，陸素娟毅然捨棄了「紅坤伶」的粉墨生涯，顛沛相隨。由於戰地條件艱難，陸素娟在隨軍途中得了肺結核，但又得不到正常治療，日重一日。一次日寇飛機轟炸老河口，由於過度驚嚇，陸素娟流產大出血，搶救無效，一命身亡。死後，馮治安因戰況激烈，也不能親自料理喪葬，遂命副官張明誠全權處置。張副官選了老河口郊外一塊墓地，草草葬埋，墳前立了一塊墓碑，上書「陸素娟之墓」，便急急回軍覆命去了。抗戰勝利後，馮治安命張副官去老河口尋找墓地，意欲鄭重遷葬。然而，陸素娟之墓早已在戰爭烽火中蕩然無存了！

古語有「自古美人如良將，不許人間見白頭」。陸素娟辭世時，年僅三十出頭，聞者莫不為之歎息。陸素娟留下的劇照不多，這幀旗裝劇照更屬罕見，特刊之於此，以為紀念。

一笑傾城吳素秋

　　吳素秋山東省蓬萊縣人，1922年出生，原名吳玉蘊，以演花旦著稱於世。她剛一學戲時，「女武生」特別吃香，蒙師是著名的武生趙盛壁。趙盛壁是用「打」的方法教戲的，吳素秋每天下腰、壓腿、劈叉、冬天跑冰地，夏天站豎磚、練刀槍把子，皆是必須做的功課。練對了，要打；練不對，更要打，她真是吃了數不清的苦，但也練出了一身好工夫。她七歲時，就能登臺演出《石秀探莊》、《白水灘》等武生戲。不過，這種學法讓素秋的媽媽實在心痛，就反覆與趙盛壁商量，經他同意，才又拜了陳盛蘇為師，改學旦角了。

　　吳素秋天生聰明，加之上過小學，有一定的文化底子，學什麼戲都能一點就通。1932年，她考入了北平中華戲曲專科學校，未及一年，因為嗓子啞了，就退了學，在家中休息並繼續學戲。先後從師李凌楓、何佩華、趙桐珊、魏蓮芳等，收益極大。她從十三歲，就開始挑班「秋文社」自己擔當主演，四處跑碼頭唱戲了。

　　那時，參加「秋文社」的都是「富連成」科班「盛」字輩的學生。其中有武生高盛麟、老生胡盛岩、丑角孫盛武、貫盛吉、二路老生貫盛習、老旦何盛清、小生葉盛蘭、銅錘花臉裘盛戎、架子花臉袁世海等。人頭過硬，戲碼火實，很受觀眾歡迎。吳素秋在眾星捧月之中，與許多名家同臺，技藝大進。但她對自己並不滿足，為了深造，又拜了尚小雲先生為師。因為她有武功底子，學了不少「尚派」獨門本戲，如《乾坤福壽鏡》、《漢明妃》等。在臺上的那股勁頭、風采，連尚小雲都誇讚著說：「這孩子要是沒戲飯，咱們這行就算絕了。」

　　但是，她的母親覺得她的體形、性格，更適合學「荀派」。就託人弄將地跟荀慧生說，非讓荀先生收這個女弟子不可。荀先生說：「這麼有出息的孩子要跟我學，那沒的說，咱們義不容辭。但是，她已經拜了尚先生，就別再拜我啦。」吳素秋一聽，沒戲了。靈機一動，趴在地上就磕頭，認個乾爹吧！荀先生也就推拒不得了。

　　從此，吳素秋兼學「尚」、「荀」兩派。成年以後，藝術有了一定的積累，她便在這兩派的基礎上有所發展，逐漸形成自己的表演風格。例如，吳素秋所演的紅娘，是在「荀派」的基礎上，加上自己的體會，突出敢打不平，樂於助人的性格。她演的《漢明妃》在《出塞》一折，又加入了懷鄉去國、無限纏

綿的依依之情。總之,她在繼承流派的基礎上,更強調「在似與不似之間」的尺寸。

她的劇團常在京、津、滬、寧、漢、魯及東北一帶演出,獲得很好的聲譽,票價一度賣到了一元。1942年,她在上海黃金戲院與蓋叫天、葉盛章合演《武松與潘金蓮》,名馳遐邇,連演四十多天,一直保持全滿的記錄。1943年,她演的《十三妹》被拍成電影,到處上演,名氣就更大了。

演「旗裝戲」,也是吳素秋舞臺生活中的一大亮點。她的鐵鏡公主在同輩的坤旦中,是屬一屬二的。扮相之甜、一顰一笑之美,動作生活化的自然,掩蓋了自己嗓音上的瑕疵。

1956年,在北京中山公園音樂廳慶祝「北京市京劇工作者聯合會成立」的那次陣容最強大的《四郎探母》演出中,吳素秋被安排在《盜令》、《交令》兩場戲中飾演鐵鏡公主,即讓內行佩服,又讓廣大觀眾歡服,可見,彼時吳素秋在京劇界藝術斤兩之足和人氣之旺。當年,張學良的老師前清遺老八十歲的金梁老先生,在音樂廳看過這齣「旗裝戲」後寫詩一首,稱讚吳素秋的表演之美:

> 登臺一笑便傾城,化自天真透精靈;
>
> 八十老眼渾失色,一株夭桃降蕪蕑。

（見金梁《百尺樓詩稿·中山公園觀劇後》）

吳素秋（1922～）,女,著名京劇表演藝術家。山東省蓬萊縣人。原名吳玉蘊、麗素秋。此照片係吳素秋飾演鐵鏡公主的旗裝像。

　　吳素秋身高不足一米六，為了增高自己在舞臺上的形象，她在繡花鞋裏墊上高墊兒。這種方法被許多演員採用。她說，她演「旗裝戲」最適合自己的身材，「兩把頭」梳得高點兒，腳底下再穿上「旗鞋」，正合適，把自己的「拙」也就都藏起來了。吳素秋的「旗裝戲」是得到荀、尚兩派真傳的，其中又化入自己的東西，所以分外耐看。戲中公主「把孩子撒尿」和「公主對天明誓」等情節，都很像尋常百姓家的生活，即親近又生動。公主嬌憨可愛，對四郎情深意重，柔懷以寬，讓人微笑動容。

　　只可惜，那次演出之後，《四郎探母》就再次遭禁了，而且一禁就是二十多年。待其解禁的時候，吳素秋已上了年紀，就再也沒動「旗裝戲」了。

曇花一現杜麗雲

　　前邊說過，王玉蓉因為演「旗裝戲」一夜竄紅的事。但還有一位很不錯的坤旦，因為演「旗裝戲」不慎，險些在臺上摔了一跤。為此退出梨園、息影舞臺，她的名字叫杜麗雲。

　　杜麗雲是杜菊初的養女，論排行，她還是後起之秀杜近芳的大姐。杜菊初這個人在二、三年代十分活躍，他本身是個票友，家道殷實，與梨園界、劇場的關係都十分稔熟。很多約角兒演出的事兒他都熱衷參與，用好聽的話說，他是個「成事兒的」，身份近乎經勵科。用現代話說，他則類似文化演藝界的一名經濟人。

　　杜菊初為人很江湖，在伶人遇到困難的時候，也著實幫助過不少人，因之口碑不錯。他收養了好幾個乾閨女，大多是各有隱情的棄女孤兒。他收養了她們，又把她們養大，出錢為她們請老師學戲，不成名的，擇婿嫁出；成了名的，自然也要反哺進孝，其中有人情，也有些商業成份在內。他跟這些乾女兒之間，都立有字據合同，寫得清清楚楚。「文化大革命」期間，杜近芳「造反」，哭著控訴舊社會的時候，就揭發過他的「乾爸」，也談到有「賣身契約」的事情。

　　杜麗雲的名字是杜菊初給起的，開蒙學戲後，很有出息。杜菊初就拿出了三千元，由「芙蓉草」作為介紹人，把麗雲帶到北京，送到了王瑤卿門下。因為杜麗雲長得比較高，有一米七多，王瑤卿怕她再長，有點兒不想收。可是「芙蓉草」早就走了門路，先疏通了王瑤卿的夫人王大奶奶。王大奶奶一答應，王瑤卿也就答應了。王瑤卿是高人，他能有教無類，因材施教，對杜麗

雲揚長避短，先教她《芙蓉劍》、《女兒國》、《貂蟬》這路戲，待到身上順溜了，上海人的口音改了，再重點教她唱功戲。就這麼著，不幾年也出落成一個人材。《武家坡》、《機房訓》、《玉堂春》等，唱得相當不錯。

杜麗雲頭次登臺，是在吉祥園唱全部《玉堂春》，一鳴驚人，還真紅了。彼時，臺下坐著一個人，名叫蔣伯誠，他是江南諸暨人，曾任國民革命軍第一路軍參謀長、浙江省代主席、山東省主席。汪偽時期，他還出任過蔣介石駐滬總代表。蔣伯誠對杜麗雲獨有青睞，她的每場演出，場場必到，每次看戲聲勢極大，不少黨政軍的幹部陪同，園子外邊車水馬龍，園子內一坐就是半堂人。有這樣強硬的後臺一捧，還真紅了一大陣子。

1930 年，杜麗雲自組「永平社」，掛頭牌，配角有老生王又宸、楊寶森、武生周瑞安、花臉侯喜瑞、老旦文亮臣，眾星捧月，票價也賣到了一元以上。到上海演出時，那兒更是蔣伯誠的地盤兒，蔣的親朋友好，同僚部下，全都出面捧場，一時間，也紅得山崩地裂。更有輿論相佐，杜麗雲就此儕身「四大坤旦」之列。她在與蔣伯誠談婚論嫁的時候，蔣伯誠所下聘金足有千兩黃金之數。據說，杜麗雲在後臺不無得意地說：「我現在的身價可比玉堂春高多了。」同行們莫不掩口，笑得不亦樂乎，沒有一個不說她是個半傻不呆的「涼藥」。

何當出事，她在結婚之前，她一定要把自己所會的戲都亮一亮。就貼演了《四郎探母》這齣「旗裝戲」。因為她的身條兒高，王瑤卿曾囑咐她不要動「旗裝戲」，梳上旗頭、花盆底兒，人就超高了，在臺上不美。杜麗雲平時還真不動這齣戲，有一次她看程硯秋演出《四郎探母》，扮出來也不顯高嘛！眼看自己快結婚了，高興之餘便不顧此事，在後臺就扮上公主了。彼時，上海共舞臺是鋪有大臺毯的，平時不用。因為每場都有武戲，跌撲開打都嫌不方便。可巧這一天，前邊的戲碼兒都是文戲，臺毯也就自始至終地鋪上了。杜麗雲平時不唱「旗裝戲」，腳底下的工夫不到家，穿上花盆底兒一上臺，猛不丁地踩到軟毯子上，一打幌，有人說她是讓地毯邊兒給絆了一下，竟然打了一個趔趄，失去了平衡，差一點兒摔倒在臺上。這一閃失，臺下倒好四起，可把麗雲窩囊死了。經此事故，一場戲糊裏糊塗地衝了下來。從此就停牌息業，離開了舞臺，竟自結婚去了。就這樣，一代紅伶竟栽在了這齣旗裝戲上，從此偃旗息鼓，鬧了個無果而終。

杜麗雲（1918～1967）：四大坤旦之一。是杜菊初第一個養女，杜近芳的大姐。
杜麗雲曾拜王瑤卿為師，後來嫁與蔣介石駐滬總代表蔣伯誠為妻，遂息影舞臺。
文革初期，驚恐而終。

　　四九年，物換星移，江山易色，蔣伯誠沒有逃往臺灣，在五十年代初便身患重病，抑鬱而終。杜麗雲失去了昔日的光環，終日深居簡出，坐吃山空。原來住上海南京西路德義大樓的大房子，後來搬到白克路祥康里的小房子去了。「文化大革命」期間，她被劃為「歷史反革命家屬」，多次遭到街道的批鬥抄家，自己沒工作，沒收入，一貧如洗。最終在窮困交迫、驚恐無助的情況下去世了。

　　身後只留下十八張唱片，其中有《玉堂春》、《上陽宮》、《御碑亭》、《羊肚湯》、《女兒國》等，都是在她盛年由百代、蓓開兩個公司為其錄製的。

第一美人陸小曼

　　上世紀二三十年代，素享「上海第一美人」之稱的陸小曼，也與「旗裝戲」有一段有趣的因緣。

　　陸小曼名眉，別名小龍，1903 年 11 月出生在江蘇常州的一戶殷實的儒賈之家。乃父陸定，是晚清的江南才子，早年留學日本，是日本首相伊藤博文的得意門生。同時追求革命，參加了孫中山先生的同盟會。國民政府成立後，陸定任財政部司長和賦稅司長，創辦了中華儲蓄銀行，是民國初年的一位風雲人物。小曼從小受著父母的溺愛和良好的中西教育，詩詞歌賦、琴棋書畫，無所不通；尤擅鋼琴、英語，自小出入上層社會的交誼場所，以風雅高標的氣質，豔壓群芳，成為交際場中的一顆耀眼的明星。胡適曾稱讚陸小曼「聰明漂亮又會畫畫，世間很少這種人物」，她是「一抹不可不看的風景線」。又因小曼天生麗質，長得天人般的漂亮，南北諸大報刊同聲稱讚她是世上「第一美人」。

陸小曼（1903～1965），名眉，別名小眉、小龍，江蘇常州人。專業畫師。陸小曼擅長戲劇，曾與徐志摩合作創作五幕話劇《卞昆岡》。她還諳崑曲，也能演皮黃，寫得一手好文章，有深厚的古文功底和紮實的文字修飾能力。此照片為陸小曼三十代初在上海演出《坐宮》時的玉照。

　　陸小曼 19 歲時離開學校，奉父母之命與門當戶對的有為青年王賡結婚。由於這樁婚事是被動的，當蜜月的激動漸趨平靜之後，她便發覺自己與王賡在性情和愛好方面大相徑庭。結婚第三年，二人便兩地分居了。

　　小曼在名流薈萃的社交場上，認識了才子徐志摩。二人一見鍾情，雙雙墜入愛河。陸小曼的離婚、與徐志摩的戀愛和結婚的全過程，在輿情開放的

文壇上，造成了一波地震般的轟動，使這位「時代新女性」陸小曼也成了近代的著名人物。

　　陸小曼喜歡戲劇，而且受過名師的真傳，在京滬票界她也是一位炙手可熱的紅星。她有兩齣拿手好戲，是內外行一致公認的「妙品」，一齣是崑曲《琴挑》，另一齣則是旗裝戲《四郎探母》中的《坐宮》。據當年《申報》的報導，1927 年 4 月，滬上各界歡迎北伐軍進駐上海的慰問演出中，她在上海中央大戲院演出了這兩齣折子戲，獲得了廣泛的好評。她與當時的「交際大明星」唐瑛合作的《琴挑》，被贊為「舉世無雙」的標配；另一齣，則是與「風流才子」翁端午合作的《坐宮》，也被文壇譽為珠聯璧合的絕唱，一時傾倒了無數周郎。著名作家周瘦鵑寫文稱讚她的《琴挑》時說：「可喚來千百女菩薩企趾仰止！」。同樣，這齣《坐宮》，陸、翁二人在戲中的左顧右盼，眉宇神色；一問一答的閨情蜜意，可以說，真做到了「神仙伴侶」的地步。

　　陸小曼飾演的鐵鏡公主，一扮出來就光華四射、驚豔八方。頭梳「大拉翅」，身著旗袍，足蹬花盆底，一戳一站，未動聲色，已是出水荷花、玉立婷婷，「只可遠觀而不可褻睹矣」。她不僅有富貴雍容、風流儒雅的皇家氣質，更有著溫存體貼，遇事不亂的慈威與賢淑。這種天然之美，來自小曼的玉壺冰心、儀容作派，無庸置疑。在舞臺上，她飾演的鐵鏡公主與眾多的名伶大腕之所以不同，恰在於她擅演話劇、刻畫出的人物舉手投足、一顰一笑，絕無刻板造作之態，而更近於生活，真正達到了「演員與人物合一，秋水共長空一色」的地步。時人有一首《竹枝詞》刊於報端，招致頻多物議，間有或贊或捧、或嘲或諷之意，詩云：

　　　　琴挑坐宮情滿懷，醉了春臺與陽臺；

　　　　休謂牡丹真國色，亦睹紅杏出牆來。

　　徐志摩是個洋派人物，深諳戲劇，但他喜歡的是西洋歌劇和話劇，對中國傳統戲劇則不甚了了。但其愛屋及烏，自掩不及，遂把自己的朋友翁端午主動地推薦給陸小曼，自己則奔波於教學和著書寫詩去了。

　　常言說：一個男人，如果功成名就在主流社會有一席之地，再會些吹拉彈唱或琴棋書畫，那是錦上添花。反之，一個男人雖然吹拉彈唱、琴棋書畫無所不能，卻終生未能在主流社會有個位置，那就是不務正業、玩物喪志了。翁端午就是後邊所說的一個男人。

翁瑞午字恩湛，吳江人。他是翁同和的得意門生翁綏祺的兒子。從小生活在詩書簪纓之家，耳濡目染、日日薰淘，造就出一身靈秀。他擅長書畫詩文，也擅崑曲皮簧。他的扮相好，唱做俱佳，票戲頗有聲名。陸小曼正好與之合拍，每在友人杯籌雅聚之時，二人鳳鳴一曲，實有弄玉簫史之觸。一齣《坐宮》，竟奠定了二人的後半世的姻緣。

據陳定山的《春申舊聞》記載：

陸小曼體弱，連唱兩天戲便舊病復發，得了昏厥症。翁瑞午有一手推拿絕技，是丁鳳山的嫡傳，他為陸小曼推拿，真是手到病除。

於是，翁和陸之間常有羅襦半解、妙手撫摩的機會。

翁瑞午與陸小曼的交好非同一般，而徐志摩本人對此不以為然，一直同翁保持朋友關係。徐志摩和陸小曼家裏開銷大，養著傭人、廚師、車夫十幾個家僕，靠徐志摩一個人的收入，難以維持門面和排場。翁瑞午對他們時有資助。1931 年，徐志摩經南京回北平，趕去參加林徽因的演講會。行前在滬與翁瑞午懇談，要求他好好照顧陸小曼，翁瑞午鄭重地承諾了。想不到這次託付竟成永訣。徐志摩乘坐的飛機在山東白馬山失事後，翁瑞午聞訊星夜兼程，趕到空難現場，為他收屍，料理後事。其悲從中來的神情，盡現棠棣之哀。

此後，翁瑞午不懼流言，全盤照料起陸小曼的生活。陸小曼除傾心編纂徐志摩的遺文，抑鬱之傷，使其染上濃厚的鴉片煙癮。翁瑞午家有賢妻陳明榴和五個子女，在養家活口的同時，不間斷地供養開銷甚大的陸小曼，經濟負擔很重。每逢阮囊羞澀，就變賣祖上傳下來的書畫古玩。1953 年，翁瑞午的髮妻逝世，陸小曼遂正式成為他的續弦。小曼的性格比較放任，而翁瑞午對她始終和顏悅色，極盡關懷，為她排除精神苦惱。就這樣，在徐志摩故世後，翁瑞午與陸小曼和睦相守了將近四十年，直到他病逝為止。

解放後，陸小曼的生活日漸拮据，淪落鬻畫為生。舊友中有人歎曰：「昔日貴公主，今朝鬻畫人。彈詞說今古，明月惜花神。」她的生活狀況傳到市長陳毅的耳內。陳毅馬上在上海文史館為她安排了一個閒職，並戒掉了煙毒，算是生活有了著落。後來，她進了上海中國書畫院，成了一名專業畫師。陳定山在《春申舊聞續篇》中寫道：「現代青年以為徐志摩是情聖，其實我以為做徐志摩易，做翁瑞午難。」

刎頸鴛鴦金素雯

二十世紀三十年代，上海的京劇舞臺上出觀了一對「色藝雙馨」的姊妹花，她們就是紅極一時的金素琴，和她的妹妹金素雯。這對姐妹是滿族人，本屬皇族愛新覺羅氏，祖上在江浙一帶居官，家人遂留居杭州。辛亥革命之後，大清遜位，愛新覺羅氏族系大都改姓為金。待金氏姐妹出生之時（姐姐素琴生於 1913 年，妹妹素雯生於 1916 年），家境已然沒落。因為父親喜好京劇，家中自請教習，這對姐妹花便一邊讀書，一邊學戲了。有道是「天生我才必有用」、天生麗質亦難已自棄。十六七歲的這對姊妹花，便已出落得像一對兒水蔥兒一般。登臺乍一露演，便已奪冠氍毹。當二人隨父親走進上海灘，搭班唱戲的時候，皆以嗓音甜潤、扮相秀麗、能戲多多、而名噪一時。這對雛鳳的藝術天資頗得歐陽予倩、田漢和滬上名角大佬們的賞識。兩姊妹一起加入了中華劇團，金素雯主演了歐陽予倩的《人面桃花》，以新穎的表演、清婉俏麗的唱腔紅遍上海，連演一個月，場場爆滿，成了「歐陽派」戲劇藝術的領軍人物。其姐金素琴則先後主演了《梁紅玉》、《新玉堂春》、《漁夫恨》等改良京劇，也名揚遐邇，被報界選為「四大坤伶」之一，與章遏雲、雪豔琴、新豔秋比肩而立。

彼時的觀眾隊伍分了兩大派，一派捧金素琴的稱「琴黨」，一派捧金素雯的，稱「雯黨」。兩黨相峙，勢均力敵，難分軒輊。《新聞報》副刊曾藉此對二人藝術的高下，來了個「爭取廣大讀者意見」的評比。一時間桃紅李白、環肥燕瘦地評論文字，在報端爭執不休，倒給《新聞報》掙足了發行量。最終，還是主筆李浩然親自撰稿解圍。以盧梅坡的名句「梅雪爭春未肯降，騷人閣筆費評章。梅須遜雪三分白，雪卻輸梅一段香」，做了個誰也不得罪的總結。

1937 年，抗日戰火烽起，中華劇團報散，金素琴應藝華影片公司之約，拍電影去了。金素雯則加入了周信芳的移風社，與麒老牌長期合作，成了周信芳不可或缺的好搭檔。他們一起排演了一系列富有進步意義的連臺本戲，如《封神榜》、《寶蓮燈》、《文天祥》、《欽徽二帝》、《明末遺恨》等，齣齣都有金素雯的倩影。麒老牌的拿手好戲《斬經堂》、《描容上路》、《打漁殺家》、《清風亭》等，也都由金素雯配演，迄今，保留下來的實況錄音和唱片，都能讓人領悟到金素雯當年的風采。

　　彼時，全素雯二十一歲，也就是在這一年冬季，愛情之神從天而降，丘比特的箭射中了這位少女的芳心。十一月，北京來的「第一鬚生」譚富英蒞滬獻藝，在黃金大劇院連演一期，轟動申江。以至，江浙一帶的顧曲周郎紛紛雲聚滬上，聆教天音。在計劃告別演出的當口，劇場忽然貼出巨幅告示，聲稱：「為了慶祝譚派正宗第一鬚生演出成功，在即將離滬之際，特於最後一日舉行京滬名伶聯歡大會。大軸的戲碼特煩譚富英先生與滬角藝員金素雯連袂演出《全本四郎探母》！」

　　報單一出，莫不驚愕！莫不譁然！全素雯可從來沒動過「旗裝戲」，戴旗頭行嘛？京白有嘛？身上有嘛？腳下有嘛？有蹲兒禮嘛？一連串的疑問，成了街談巷議的中心話題。無論如何，這齣戲咱們都得看看去！外行如此說，內行也覺得新鮮。一個上午，戲票就被搶售一空。劇場還破例賣了加座和大牆站票，真可謂「空前絕後」。私下裏有人說：「這是邀角成事兒的杜菊初（杜近芳之養父）誠心要考考金二小姐的能耐！」也有人說：「與譚家門的第一鬚生合作，這可是千載難逢的好機會，是杜老闆在成全金家二小姐。這場戲要是順順當當的拿下來，金素雯可就成了大旦了！這回就看金素雯的肩膀有多大份量了。」

　　十一月三十日，六點半開戲，六點鐘，黃金大戲院就拉上了鐵閘門。劇場內外人頭攢動，滿坑滿谷。劇場外邊大街上的人群，也有成百上千，一個個或蹲或立，都在等著聽劇場外的大喇叭。正戲《四郎探母》是在將近十點鐘才上的，當楊四郎唱完那一大段原板之後，一聲清脆的京白：「丫環，帶路哇──」。只見劇場裏的觀眾和場外的聽眾，都齊刷刷地站立起來，高喊著：「出來了！出來了！」此後，嘰嘰喳喳的議論之聲便不絕於耳。隨著劇情的展開，鼓掌聲、頓足聲、叫好聲、笑聲、喊聲此起彼伏，一直熱鬧到劇終。散戲時已是凌晨一點多鐘，人群不散，謝幕達十五六次。

　　事後，在派克飯店舉辦的慶功宴上，原本不愛說話、一說話就呵吧的譚富英，特意舉著一杯威士忌，走到金二小姐面前，恭恭敬敬的敬了一杯酒，說起話來：「佩服！佩服！小妹是個角兒胚子！有風采，有道行。今後，有機會咱們哥倆再來一回！」當時在場的每一個人都聽得真真切切。這對一個從來沒唱過「旗裝戲」旦角說來，能演圓滿出「旗裝戲」，不灑湯、不漏水，且能得到「第一鬚生」高度首肯，可想而知，金素雯琴有多麼大的本事。第二天，老《申報》的劇評就用了「技高不用」四個字，極有份量地評價金素雯的這齣「旗裝戲」。

金素雯（1916～1966），杭州人，著名表演藝術家，以演《人面桃花》成名，以演《海瑞上疏》獲罪，1966年 7 月 3 日與夫胡治藩雙雙自縊身亡。係文藝界為文革殉難第一人。所留照片極少，此幀為四十年代與李少春合演《四郎探母》的遺照。

話分兩頭，正是這齣「旗裝戲」，瓷瓷實實地打動了坐在劇場第三排正中間的顧曲家胡治藩。用他自己的話說：「就是這齣旗裝戲，驚醒夢中癡情人！」此時的胡治藩三十四歲，且有家室兒女。父母包辦的婚姻實如一對表面上的「金玉良緣」，其實早已西山日落。金素雯的這齣旗裝戲竟嘿燃了他的愛情之火。胡治藩暗下決心，這次絕不能放過。

胡治藩是何許人也？他是上海灘有名的大才子，雖說出身豪門（父親胡濟生是上海浙江實業銀行的董事），但毫無紈褲積習。他的文采出眾，學貫中西、醉心詩文、精通戲曲，既是名高品味的京劇票友，又是一名出色的劇評家、小說家。他創辦過《司的克報》，與報人唐雲旌，著名導演桑弧齊名，人稱「藝壇三劍俠」。這一年他正出任大光明電影院總經理和華藝電影公司董事長。他原本就是「雯」黨之一，向來對金素雯的表演藝術情有獨鍾，但並無非份之想。這次看了金素雯的鐵鏡公主，先是為她擔心，即而為她放心，最後，對她演出表露出難以自持的歡心。天下有這般晶瑩聰慧的女子，怎不令人傾心。是夜「輾轉反側，寤寐思服。」

次日，一篇寫滿雋美清秀的行書信札寄到了金宅。素雯展箋細讀，滿紙雲霞，充滿了熱情的謳歌和讚譽，一字字、一句句敲擊著少女的心。金素雯

認識這位大才子，高高的個子、戴著眼鏡，文縐縐的見人就笑，溫文爾雅，瀟灑飄逸。她讀過胡先生寫的小說，綺詞麗句，浸人心脾；她讀過胡先生寫劇評，不偏不倚，字字珠璣。她讚賞胡先生的愛國熱情，贊助抗日，一擲千金；她熟知胡先生懂戲，編排導演，身手不凡。以前在素雯的眼中，他是高山仰止；在素雯的心中，他是亦兄亦師。而今天這封信好似冥冥中的一根紅繩，將二人的心自然而然地勾連到一起。此後，每日一簡，準時到案，赤誠之心，總然是一池春水，經此暖風薰炙，寧不輕泛波瀾。自此，開始了水磨石穿的「胡金之戀」。

　　姐姐金素琴曾勸阻這一戀愛，她說：「胡先生畢竟是有家室的人！」金老太爺更是反對，心中總有一種不祥之兆。有一天，他特意到城隍廟找神算「葫蘆靈」卜上一卦。為了不露身世，他從兩姐妹的名子中各取一字，既用琴、雯二字卜她二人的命運。這位「葫蘆靈」可真是位名不虛傳的神人。他直接了當地說：「此二字，是兩位女子的命象。琴字，主貴。今字上邊兩個王，一個王，主今日名聲顯赫，事業通達。另一個王，主她四十年後仍會再一次的發達。雯字，與琴字不回。雨字當頭，萬物發生，文字四劃，是說四十歲之前，雨露滋潤，事業旺盛，可名利雙收。而四十之後，雨頭不霽，則易生黴變。」金老太爺聞之大驚，忙問可有解法？「葫蘆靈」則笑而無答，命下人收了卦資，便端茶送客了。

　　金老太爺心中抑鬱，又不好對人言，其實，「葫蘆靈」之卜，果真一語成讖。素琴在解放後，離港赴臺，在藝術事業上再次成就新的輝煌。而素雯則烏雲密布，步履維艱矣！雖然金家不看好素雯的這段戀情，但胡金二人情根已然深種，再也無法解脫了。胡治藩因多次與髮妻商談離婚，而妻子無法接受，竟然導致飲鴆身亡。

　　1942 年春節，胡治藩與金素雯終於正式結婚。婚後彼此相敬如賓，感情甚篤。有案可查的，金素雯在正式扮演鐵鏡公主的演出只有三次。一是，前面所說與譚富英的合作，二是，抗戰勝利時與李少春的合作。還有一次，則是在祝賀歐陽予倩母親壽日的堂會上，與田漢先生的合作。而在二人的愛巢之中，胡金二人幾乎日日都在演唱《坐宮》。胡治藩稱素雯為公主，素雯稱治藩為駙馬爺，二人恩恩愛愛，曲盡於飛之樂。

　　但是好景不長。解放以後，二人的生活便開始跌入深谷。由於金素琴的

逃港赴臺，金素雯便背上了一個「反革命親屬」的罪名。從此在上海京劇院演出的戲單上，再也沒有了她的名字。胡治藩則被冠以「反動資本家」的惡名，籍沒了他的全部家產，在街道接受群眾監督改造。

1966 年，文革運動爆起，他們所在的單位和家裏貼滿了大字報，一盆盆的污水瓢潑而下。金素雯因與周信芳合演過《海瑞上疏》，被定為「現形反革命」。胡治藩則因在大光明電影院任總經理期間，曾引進過好萊塢的《廊橋遺夢》、《出水芙蓉》、《戰地鐘聲》和《飄》等美國電影，「腐蝕了中國人民」，而被定為「文化特務」。從此，連續不斷的批判鬥爭，使他倆受盡了折磨與污辱。每次批鬥，他二人都遭到拳打腳踢，打得遍體鱗傷。是年，七月三日，在大光明電影院的鬥爭會上，紅衛兵和造反派竟然用繩子將胡治藩從樓梯欄杆上倒掛起來，逼他承認反黨、反毛、反社會主義的罪行。被「噴機式」摁在臺上的金素雯真是欲哭無淚、欲死不能、欲救無方，肝腸寸斷。

是夜，傷痕累累的金素雯與心力憔瘁的胡治藩相對而坐，深情默默地對視著，共飲了一杯訣別酒。各自支撐著換了乾淨的衣裳，便用同一條白綾在房間裏撒手人寰、懸樑自盡了。金素雯的死，成了文藝界為文化大革命殉難的第一人。此後，無數的藝術精英如言慧珠、上官雲珠、荀慧生、馬連良、嚴鳳英、小白玉霜、葉盛章等等，皆相繼追隨而去。就此，譜寫了一齣慘絕人寰的歷史悲劇。

延安紅公主任均

任均何許人也，在中國近代京劇名伶錄中，均不曾見有其名，紅氍毹上，更未見她的一絲身影。但是，在三、四十年代的紅色聖都——延安的革命文藝史中，她確確實實地一顆光燦奪目的大明星，她是延安革命政府各級領導人交口讚譽的「蘇區紅公主」、「延安梅蘭芳」。

任均，原名平坤，新蔡縣人，1920 年 1 月生於開封。是著名的愛國民主人士任芝銘的小女兒。她少女時代，先後在開封靜宜女子中學、北京志誠中學讀書。抗戰爆發後，她參加了婦女救護隊。1938 年，她的父親把她和孫維世一起送到了延安參加革命。她被組織安排在魯迅藝術學院戲劇系學習。她在自己撰寫的回憶錄《我這九十年》中，詳細地記述了當時延安的生活。她說：

> 我們魯藝當時在延安北門外，周圍都是墳地，沒什麼人煙。起
> 初，我們幾個女生住在個黃土牆壁、泥草蓋頂的舊平房裏，門壞

了，關不上。夜裏聽見門外狼叫，就找根木棍把門頂住，心裏踏實點兒。後來，學院把女生全都搬到半山腰的窯洞裏，各個系的女生混著住，我們那窯洞裏，文學系的、音樂系的、美術系的、戲劇系的都有，一個炕上睡。那窯洞沒多大，十來個人一個炕，都得側著身子睡，人挨人。夜裏誰上趟廁所回來，就很難鑽進被窩去了。王實味的夫人博平那時讀音樂系，也擠在這張炕上。窯洞在半山上，平時上下坡還行，就怕雨雪。一次出去開會，回來趕上下大雨，我怎麼也上不去坡了。好容易爬上去幾步，一下沒扒住泥土，又滑下坡，反反覆覆上不去。最後還是別人救援，我才爬上去。回到窯洞裏，已是一身泥巴。這裡跟在家裏的條件天上地下。但是年輕人在一起，說說笑笑，嘻嘻哈哈，很熱鬧，我只感到新鮮和愉快，特別愉快。

延安平劇院是 1942 年初，由延安魯迅藝術學院平劇研究團和八路軍一二零師戰鬥平劇社合併組建而成的平劇研究、演出團體。延安平劇院歸中共中央領導，首任院長由中央黨校教務主任劉芝明兼任。先後擔任院長的還有張經武、劉芝明、楊紹萱等。上圖為 1940 年元旦，任均在延安大禮堂首次演出《四郎探母》時的劇照。

生活的艱苦並沒有掩蓋人們追求快樂的欲望，每日黃昏飯後，延安中央辦事處外邊的場院上，總是聚集著一幫人，抽煙落咯，無所是事。大家想方設法找樂子，任均說：「在北京上學時，學校有個京劇票房，我常常到票房裏玩，向輔導旦角的老師劉鳳林還學了一齣《鴻鸞禧》。恰巧，美術系的華君武會拉京胡，康生會打鼓，阿甲多才多藝，生、旦、淨、丑都會一點兒。這麼一湊活，我們就在場院上唱了起來。場院裏一有鑼鼓動靜，來看熱鬧的人就多了。毛主席、朱老總、周總理、賀龍這些領導人，一有空也都來看戲。看完了都讚不絕口、鼓掌鼓勵。有人喜歡看，我們的積極性也就更高了，喜歡京劇的崔嵬、石暢等人也都參加了進來，這樣，能演的戲碼兒也就多了。《三娘教子》《打漁殺家》也都能唱了起來。最讓人尷尬的是，沒有戲裝，大家都穿著土布衣褂上場，人們都詼諧的稱之為『現代服裝的古裝戲』。」

　　因為有中央領導們的支持，魯藝就成立了一個研究班，專門搞京劇。最初的成員只有阿甲、羅合如、石暢、張東川、李綸、王久晨、方華和任均，八個人。大家開玩笑說這八個人是「八格牙路」。從此，任均就成了劇團裏的頭牌旦角主演了。是年，中央決定把毛澤東、王明、董必武、鄧穎超等人擔任國民參政會參政員時，所得的車馬費兩千銀元撥出來，派人通過駐西安辦事處，和任桂林以前在西安唱戲時認識的關係，買回了半套舊「戲箱」。雇了三輛騾車，拉回了延安。劇團有了行頭，馬上就開始排演整齣的古裝戲了。

　　此時，團裏的演出陣容也就強大了起來，石暢、王一達、石天、齊瑞棠、陳沖、陳叔亮和劉熾都加入進來。1940年元旦，我們在延安大會堂首次公演了穿著戲裝的全本《法門寺》和《四郎探母》。這兩齣戲演出之成功，轟動了整個延安城和大大小小的政府機關。首長和群眾們都爭著看戲，把個禮堂擠得個嚴嚴實實。毛主席一邊看一邊樂，還把「賈貴精神」寫進自己的文章。

　　《四郎探母》是齣旗裝戲，當時人人都能哼哼兩句。尤其戲中鐵鏡公主的扮相，旗頭、旗袍和花盆底鞋，更是新奇招人。筆者在十餘年前，曾與中國劇協書記處書記游默先生一起去北京電影製片廠宿舍，看望畫家鍾靈先生。閒聊中，無意談到了延安演出《四郎探母》的事兒。鍾靈說：

　　　　這件事兒可有意思了。當時我是魯藝繪畫系的學員，年輕，愛熱鬧，沒事就往劇團裏跑，幫著湊熱鬧、瞎忙活。有時還跑跑龍套。頭回演《四郎探母》時，我還真幫上了個大忙。當時，買來的戲箱不全，公主有身上的、腳上的，就是沒有頭上的。任均特別著急，番邦公主總不能梳著漢人的古裝頭上場吧？現做個旗頭，誰也不會，不少人連見過都沒有。我說，你別著急，我想辦法給你做一個。於是，我就找了一大塊硬紙板兒和一大塊黑布。回到窯裏，我就照著我個人收藏的香煙畫片上的樣子，剪了一個旗頭「大拉翅」，外邊包上了黑布，再按上一個底座兒，前邊貼上一朵大紅色的紙花，猛一看，還真能蒙一氣。這一下，可把全團樂壞了。任均更是感激得要流眼淚了。在延安最懂戲的內行是江青，她自從與主席結婚之後，人們很少能見到她。這一回，她徑直地走到後臺來，看一看大家的化妝，連連誇好。

　　周恩來看完任均的演出後很高興，特意寫給她一封信。內容如下：

任鈞同志：

穎超同志走前本想和你一談任銳同志在渝及維世在蘇的情形，惜走得太快，未能如願。前晚看到你的拿手戲，讚佩不已！你有什麼東西或信要帶給任銳及維世的，我可給你轉去。維世在蘇常談到你。星期日有暇，請來中央局玩玩。此致　敬禮！

周恩來四月廿二

就此，任均得了個「延安紅公主」的美譽。

《延安文藝史話》記載：《四郎探母》這齣戲在邊區演過很多場，演到哪裏都很受歡迎。到了延安整風運動開展以後，這齣戲便禁止演出了。據說楊六郎有問題，他不僅叛國投敵，還有特務嫌疑。反正不是好人，必須加以批判。《炎黃春秋》「深度對話」專欄記者在採訪九十高齡的任均時，有以下對話：

任均：延安整風運動時候，最早是和和氣氣地勸你，勸你向組織坦白你的問題，省得擱在心裏難受，我覺得大家都是很和諧的。後來搶救運動時候就緊張了，個別人因承受不住壓力就死了。

深度對話：死的人多數是自殺嗎？

任均：對，自殺。叫他交待問題，交待不出來，心裏壓力就越來越大。

深度對話：您的單位死了幾個人？

任均：我們劇院（魯迅藝術學院）的石暢在整風運動期間自殺了，看護他的人上廁所的工夫他就上吊了。還有一個陶德康瘋了，後來就開始胡說八道，一天到晚亂吼。

深度對話：您有被組織要求交代「問題」嗎？

任均：沒有，搶救運動的時候，我生孩子去了。

深度對話：那時候真的抓到過特務嗎？

任均：可能抓到過一兩個。後來大家都坦白了，我們單位裏都沒剩幾個人了，幾乎都成了「特務」。《野百合花》的王實味被打成「托派」，被關了起來，他的妻子跟我們是同學，叫薄平，跟我們住在一個炕上的。等到全國解放了，王實

味在延安到北京的途中被殺了。我後來聽說毛主席是不
准殺他的，但是帶他的人覺得麻煩，就把他殺了。

（見王克明撰《古裝傳統戲：《講話》前後的延安主流藝術》）

1942 年中央決定，合併魯藝平劇團和戰鬥平劇社，並從其他單位抽調人員，組建延安平劇院。康生兼任院長，鄧潔是副院長。劇院設址棗園川裏小砭溝張崖村。任均還是主演「延安梅蘭芳」。毛主席要求平劇院「推陳出新」，於是，我們就開始編演新編歷史劇《逼上梁山》《新打漁殺家》等。任均在《我這九十年》中寫道：

這輩子，我第一次正式登臺演京劇，是在延安；我最後一次登臺演京劇，也是在延安。1949 年 2 月，我作為西北大區的婦女代表，同代表團其他成員一起，坐著大卡車，從延安到北京，出席第一次全國婦女代表大會。從那以後，我再沒演過。我明確地知道，我的條件和才能同我那時所受到的讚譽是不相稱的。全國解放，京劇界的著名表演藝術家和優秀演員大有人在，我的藝術水準是不能滿足更廣大觀眾的要求的。在解放區從事京劇事業，就像是冥冥中安排的我的使命，我已經力所能及地完成了它，走過了那段歷史。現在，應該愉快地退出舞臺了。

後來，任均隨他的愛人王一達一同出使捷克，從事外交工作了。1962 年回國後，調到此方崑曲劇院任黨委書記。

黨的女兒杜近芳

前邊談到了杜麗雲，自然就要再談一談杜近芳。杜麗雲與杜近芳都是杜菊初的養女。杜近芳比杜麗雲小十幾歲。

據杜近芳說，她生於 1933 年，可自己的親生父母是誰，自己也不知道。她的養父母都好京劇，而且還有一位曾經唱紅了的姐姐（既杜麗雲）。在周圍環境的影響下，杜近芳從小對京劇就有著極高的天賦。每當她的「乾爹」唱一遍，她就能夠跟著唱下來了。家裏請來律佩芳為她正式開蒙，學唱青衣。她果然是個好「坏子」，十歲就能登臺唱一齣了。

稍長，她又得受到陳世鼎、劉玉芳等藝人的指教，技藝更加提高。1945 年，杜菊初也把她送到了大馬神廟，正式拜了「通天教主」王瑤卿為師。在王

門的殿堂裏，她的視野更加開闊，而且得到王瑤卿的悉心教導，不僅學了《紅鬃烈馬》、《桑園會》、《二進宮》、《三娘教子》等「王派」本戲，同時，也得到了梅蘭芳先生的老搭檔王少卿先生的指教。少卿教了她不少「梅派」本戲，如《宇宙鋒》、《鳳還巢》、《霸王別姬》、《奇雙會》、《金山寺》、《貴妃醉酒》等，為她日後的成名，打下了堅實的基礎。

1947 年，杜近芳就開始搭譚富英和楊寶森的班子登臺演出了，掛二牌，受到很好的訓練。從 1949 年起，杜近芳自己組班，掛頭牌在北京、濟南等地演出。同年九月，她接受李少春、袁世海的邀請，一起赴上海，在天蟾舞臺與姜妙香合作演出《玉堂春》、《孔雀東南飛》、《奇雙會》、《鳳還巢》，又與李少春合演《長板坡》、《法門寺》、《甘露寺》、《野豬林》，與袁世海合演《霸王別姬》等劇碼，皆珠聯璧合、大煥光彩。

彼時，住在上海的梅蘭芳先生對杜近芳的出脫十分關心，每次演出都親到劇場觀看。看到臺上的杜近芳與自己不僅形似而且神似，從心眼裏喜歡。未經他人說項，便主動地收了杜近芳為徒，在上海舉行了隆重的拜師儀式。從此，杜近芳得以進入馬思南路的「綴玉軒」中，受到梅蘭芳的悉心指教。梅先生待她如同己出，對她所學的「梅派」戲，從頭至尾地規整了一遍，在徐蘭沅、周昌泰、姜妙香等前輩的幫促之下，杜近芳的藝術真正達到「近芳」（既接近梅蘭芳）的地步。

1951 年，她被國家選入中國京劇院的前身——中國戲曲研究院京劇實驗工作團工作，成為新中國京劇藝術的骨幹力量，也成為黨組織重點培養對象。同時，她在梅先生的呵護下，成為「梅派」藝術的標準繼承人。

杜近芳憑著先天的聰穎和對藝術的追求，創造了許多「立得住」的藝術形象。她主演的《柳蔭記》、《白蛇傳》、《桃花扇》、《西廂記》、《佘賽花》、《謝瑤環》等新戲，充分展示出她的藝術才能。杜近芳與李少春、袁世海合演的《野豬林》和現代戲《紅色娘子軍》都被拍攝成彩色京劇影片。為京劇的發展做出很多貢獻。

杜近芳演出許多戲，但從五十年代到九十年代期間，從來不動「旗裝戲」，不演《四郎探母》。不是她不會，是她聽黨的話，不演黨不提倡的老戲。因為，從 1948 年解放軍一進城，《四郎探母》便被明令禁演。楊延輝是叛徒，為了保命，在敵營改名換姓，苟活一十五年。好容易跑回來，不但不為本國效力，反用「人性論」來瓦解軍心，自然是可忍孰不可忍的事。

中國京劇院是黨的文化喉舌，堅決不排、不演這種戲。杜近芳聽黨的話，也決不唱這種戲。五六年，為了慶祝北京市京劇演員聯合會成立，在中山公園音樂堂舉行了盛大的演出中，曾一度把多年禁演的《四郎探母》搬了出來。中國京劇院的黨員團長李和曾扮上了楊延輝，唱起了《坐宮》。杜近芳對此很不理解，在黨小組生活會上，就多次給李和曾提意見，說他喪失了「黨性」。當時，團里人還笑杜近芳思想太「左」，可事實證明，杜近芳是對的。沒過兩天，上邊下了指示，這齣「旗裝戲」還是被禁了。

「反右」鬥爭中，馬連良、奚嘯伯、李萬春、葉盛蘭、葉盛長等人，都因為呼籲解放禁戲、要求「百花齊放」，提倡演《四郎探母》等戲，而被打成「右派」。馬連良是因為彭真市長包庇，才得以「漏網」。奚嘯伯則被戴著帽子，發配去了石家莊；李萬春全團去了西藏，葉盛長以作風問題被抓起來，葉盛蘭則戴上「帽子」留團改造。

直到「文化大革命」爆起，《謝瑤環》、《桃花扇》都成了「反黨反社會主義」的「大毒草」。一向最聽黨的話的杜近芳也在劫難逃了，在大小批鬥會上，她反覆檢討、反覆自責、捶胸頓足、以淚洗面，幾成階下之囚。還是「旗手」保了她，說她出身好，覺悟不高，被階級敵人利用了，不自覺地演了壞戲。如今「造反」了，革命了，與敵人劃清界線了，還可以重新做人嘛！還可以立新功，演好現代戲嘛！就這樣，又打又揉地把《紅色娘子軍》的劇本交給了她。杜近芳為了向黨表忠心，演好吳清華這一革命人物，毅然做了人工流產，把懷孕數月的胎兒都棄之不要了。

「文革」之後，一切被顛倒了的歷史又重新顛倒了過來。《海瑞罷官》平反了，《謝瑤環》、《桃花扇》也都平反了。杜近芳為之卸下了沉重的包袱，在舞臺上再現青春。七十年代後，「旗裝戲」早已開禁，「團團演《探母》，處處唱《坐宮》」，中國京劇院對此慎之又慎，多次向主管部門「要意見」、「要批准」。主管部門躲避不開時則說：「別人演，我們也沒給過批文。你們愛演不演，文字批示絕對沒有，我們不擔這個責任。」

京劇院藝委會為此還多次開會，對《四郎探母》重新修訂劇本。先是想只演折子戲《坐宮》吧？後邊就不演了。要不把四夫人給「砍」了吧！別叫楊四郎娶兩個媳婦，犯重婚罪了。如此種種，久斷不決。想給杜近芳排這齣戲，杜近芳也顧慮重重，怕犯錯誤，推三拖四地不願冒這個風險。直到 1991 年 3 月，全國的政治大局已定，再也沒有任何風險時，杜近芳才下決心參

加這齣「旗裝戲」的演出。

3月21日，北京市工人俱樂部才正式貼演出了《四郎探母》全劇。這次演出的陣容相當齊整：

杜近芳（1932～），北京人，杜菊初的養女。著名的京劇表演藝術家。在新中國成長起來的演員中，杜近芳聲名顯赫，出類拔萃。她曾獲第六屆世界青年和平聯歡節的金質獎章。這是她在九十年代第一次恢復演出《坐宮》時的劇照。

孫岳——楊延輝（坐宮）

譚元壽——楊延輝（交令、過關、巡營、見弟）

歐陽中石——楊延輝（見娘、見妻）

馬長禮——楊延輝（哭堂、回令）

杜近芳——鐵鏡公主（坐宮）

張曼玲——鐵鏡公主（盜令、交令）

梅葆玖——鐵鏡公主（回令）

楊榮環——蕭太后

葉少蘭——楊宗保

王玉敏——佘太君

朱金琴——楊延昭

關靜蘭——四夫人

艾世菊——大國舅

郭韻和——二國舅

這場戲演得十分成功，電臺、電視臺都進行了實況轉播，留有錄音光碟

行世。筆者存有杜近芳在此次演出時的旗裝劇照一幀，特刊此存證。

　　杜近芳的相貌長得與梅蘭芳特別相似，瓜子臉，高鼻樑、泡泡眼，尖下巴，扮出戲來活脫一個小梅蘭芳。照出來的劇照，有時連梅先生自己也認不清。有一次，梅先生拿著杜近芳的《斷橋》劇照問福芝芳：「這是我哪一年照的，我怎麼就想不起來了呢？」

　　正因如此，業內人士和廣大觀眾對杜近芳的身世都很關注。有的說她是梅先生與某某的私生女，從小在杜菊初家裏寄養大的。有的說，她是杜麗雲的女兒。還有的說，杜近芳姓陳，是富連成陳喜光的女兒。因為陳的家境貧窮，無力扶養，才忍痛送與他人。不過，在這些紛紜之中，說杜近芳是梅蘭芳和孟小冬的親生女的說法，還是相當普遍的。杜近芳自己也有所聞。

　　據說在 1961 年，梅蘭芳逝世之前，曾向領導坦誠說明原委，希望在自己身後，組織上對杜近芳多加關照。梅先生故去之後，福芝芳曾親自登門看望杜近芳，但並未說明來意，只詳細詢問了杜近芳的身世。福芝芳走後，杜近芳全家討論此事，認為梅家似有認親的意思。事後，杜近芳遇見周總理，曾向周恩來徵求意見。周恩來對她說：「你要想分錢，就去認祖歸宗。但你現在出身好，梅家是個大家庭，社會關係複雜，認了以後對你有沒有好處，你自己考慮！」從此，杜近芳也就再也不談此事了。

　　「文革」以後，她曾通過《新民晚報》回答過關心她身世的觀眾和讀者。杜近芳說，她是杜菊初的養女，有人傳說她的養父是「杜月笙」，那是錯的。她自己剛出生時，就被抱進「喜連成」出科的陳喜光家，所以她最早姓陳。「杜近芳」的名字是到了杜家之後，由杜菊初給起的。

　　最近《人民日報》的老記者金鳳編撰了一本名為《命運》的書，其中有《「演員革命化」》一文，敘述了她 1965 年，就現代戲的創作問題採訪阿甲、袁世海、杜近芳、劉長瑜、譚元壽的情況。採訪中，杜近芳講述了她自己的身世。她說她是梅蘭芳和孟小冬的女兒。金鳳在書中寫道：

> 　　我也聽說，梅蘭芳同志臨死前對組織坦白了他的秘密，要求組織上諒解他，好好照顧他和孟小冬的女兒。杜近芳說得如此坦率，確實是她無疑了。她的秘密，許多人都知道，但也未正式公布。梅先生和梅夫人先後去世。我想，現在寫出來，大約不會惹起什麼糾紛和不愉快了吧。

（見金鳳著《命運》）

杜近芳的好友吳女士也曾撰文說：

> 當年杜近芳的婚禮是非常隆重，梅蘭芳先生親自當證婚人。她愛人是婦產科專家林巧稚的高徒。這樣一對郎才女貌的婚事，當然不能一般。我幫她請人布置禮堂，大幕上懸掛著一龍一鳳，擁抱著大金雙喜字。還請了京劇院和我院朋友們分別負責簽名、發喜糖、招待來賓。那天到場的人坐滿了禮堂，除梅蘭芳、福芝芳夫婦外，司儀是李少春。嘉賓有馬少波、袁世海、林巧稚、梅葆玥等以及京劇院同仁和我院的醫護人員，我還記得那天是大雪紛飛，可前來祝賀的人仍是絡繹不絕，真是盛況空前。杜近芳婚後夫妻一起常去梅家，梅蘭芳總是笑盈盈地迎出來說：「女兒姑爺回娘家啦！」

另據香港報界披露，孟小冬晚年曾對摯友透露過，她自己在北平有一個女兒，不過生下不久，因為與梅蘭芳離婚有氣，不喜歡，便送人了。後來，她覺得膝前寂寞，又領養了一個女兒，小名叫大玉子，人稱玉妹。1993年，杜近芳、袁世海領銜率團赴臺灣演出時，杜近芳執意想去看看自己的生母孟小冬。但一打聽，才知道孟小冬早於1977年去世了，杜近芳只好怏怏而回。

南突禁地童芷苓

《四郎探母》中的鐵鏡公主一角，自梅蘭芳之後，代有人出，各領風騷。坤伶中頗負盛名者，有雪豔琴、王玉蓉、顧正秋、李慧芳等及新一代的李維康、李勝素、王蓉蓉等，各擅勝場。其中還有一位令人難忘的「荀派翹楚」童芷苓。

童芷苓祖籍江西省南昌，生於天津，出身梨園世家，她是童祥苓的四姐，與她的二哥童壽苓、四姐童芷苓、五姐童葆苓一起，一直活躍的京劇舞臺上，各有作為，成就蜚然，素享「童家班」的美譽，揚名劇壇。

童芷苓師從梅蘭芳、荀慧生、兼學程硯秋、尚小雲，她經過王瑤卿先生的點撥，有著深厚的藝術資本，人稱：她「具有梅神、荀韻、程腔、尚骨」。她在1946年來上海的時候，在天蟾舞臺演出，四天打炮戲的戲碼兒分別是「梅派」的《鳳還巢》、「程派」的《鎖麟囊》、第三天是「荀派」的《紅娘》，第四天是「尚派」的《漢明妃》，「四大名旦」的代表作她一個人全唱了，這一炮便轟動了上海灘，落了個「梅尚程荀一腳踢」的綽號。從此，她就在上海長期定居下來。

　　她的戲路寬，又不拘成規，表演細膩，最善刻畫人物。1963 年拍攝的彩色戲曲片《尤三姐》，就是一齣反映她藝術精華的代表作。此外，她的「旗裝戲」也都頗為精彩。只是建國以後，《四郎探母》被列為禁演劇目，所以一直未得露演。

　　一直到「文化大革命」以後，文藝解放，百廢俱興。1979 年 6 月，上海為促進文化繁榮，決定恢復上演《斬經堂》、《惡虎村》、《連環套》、《四郎探母》等四出禁戲。上海電視臺與劇協上海分會出面，特邀張文涓和童芷苓二人合演了一折《坐宮》，這是南方解禁《四郎探母》的開始。社會反映極好，從此，全部《四郎探母》才熱熱鬧鬧地唱了起來。

　　童芷苓演的公主不但唱的好，而且時時人在戲中，處處有戲。彰顯花旦本色，該著力處，濃墨重彩，著意點染，於細微處顯其功力。做，是她的強項，演技老到，運用自如。一折《坐宮》，她時而低眉頷首，時而凝神沉思，有時作嬌柔之狀，有時露女兒情愁。不用說一招一式，一戳一站，舉手投足，身上「邊式」，有大家風範；就是托一托香腮，抿一抿嘴唇，轉一轉眼珠，撣一撣「阿哥」撒在她身上的尿，也都盡顯風流，大有看頭。

　　戲中最令人欣賞和稱道的是童芷苓的念白，一口純正的「京片子」，念出人物，念出感情。對那些襯字、墊頭，強調語氣，注重收放，使用時尚語彙，使念白更趨於生活化。如「哪個」、「國家大事」、「不會麼」、「好啊」、「今兒個」、「誰信呢」、「怎麼著」、「不會你們那一套」、「挺大的人你哭的哪門子呀」……等等。出在她的口裏，如珠走玉盤、一瀉千里。使人越聽越想聽，越聽越愛聽，百聽不厭！她有一段白口是這麼講的：

　　　　我說駙馬，自從你來在我國一十五載，每日朝歡暮樂，未曾憂思；怎麼這幾天你老是（這麼）愁眉不展的，難道說（駙馬爺）還有什麼心事不成嗎？……你說你沒心事啊！（誰信呢？）你瞧你的眼淚可還沒擦乾呢！唅，現擦呀，那哪兒來得及呀！……慢說是駙馬爺（您）的心事，就是我母親她老人家的國家大事，咱家（我呀）不猜便罷……嗯，也猜它個八九分吧！（伸出食指、拇指，作八字狀）……那好啊（今兒個）閒著也是閒著（咱們就猜它一猜！）……我說丫頭，打座向前！

　　她在這裡，一字字，一句句，不緊不慢，從容不迫地道講出來，真是字字珠璣，晶瑩剔透，就像一首詩，有輕有重、有平有仄、有情有義、有問有

答，真是琅琅上口，天花燦爛。當楊四郎吐露真情以後，公主的念道：

　　　　呦，這滿朝文武，哪個不知道你是木易駙馬啊？……非也？哈
　　哈！（好啊！）自從你來在我國一十五載，怎麼連個真名實姓也沒
　　有啊？如今你說了實話便罷，如若不然，奏明母后，（我說）哥哥呀，
　　要你的腦袋！……哎喲，你可害苦了我了！（哭狀）

童芷苓（1922～1995），女，原籍江西省南昌市，生於天津。其父酷愛京劇，天賦條件好，勤學苦練，深受老前輩王瑤卿的器重、栽培。十五歲正式搭班演戲，十七歲就成為令人矚目的演員。1979年6月，上海電視臺與劇協上海分會出面，特邀張文涓和童芷苓二人合演了一折《坐宮》，這是南方解禁《四郎探母》的開始。社會反映極好，從此，全部《四郎探母》才熱熱鬧鬧地唱了起來。

　　公主初聞駙馬之言，出乎意外，乍喜且驚，繼而風雲突變，聲色俱厲，怒氣噴湧出，以至滿腹委屈襲上心頭，悲從衷來，感情波瀾，層層激出。童芷苓的念白，字字清新，聲聲入耳，高低錯落，起伏跌宕，輕重疾徐，抑揚分明，念出角色的內心世界，金聲玉振，令人陶醉。是「群芳叢中世無雙」的一絕！

　　不幸的是，這位光彩奪目，能在臺上呼風喚雨、傾倒無數周郎的優秀演員，竟然孤寂無援地客死在美國的女兒家中，半月之後方為親人發現。聞者無不為之嗟歎。當地的華人報刊有詩悼之：

　　　　一代名優駕鶴去，人間頓失鶴鳴聲；
　　　　再覓芳蹤知何處，九天可有伴歌笙？

　　　　　　　　　　　　　　　　　（天予《悼一代紅伶童芷苓》）

北開先河王蓉蓉

　　最後，筆者還要說一說現在已成為頭牌「大角」的王蓉蓉。不過，她在

八十年代初，較之前邊所談的那些擅演「旗裝戲」的前輩們，蓉蓉只能說是個提不起來的「小學生」。但是，就是這個「小學生」，她卻是北方在「文革」之後第一個唱「旗裝戲」的女演員。為此，在這部專寫「旗裝戲」的書中，她儘管叨陪末座，也是一位不能不寫上一筆的人物。

1979 年 6 月，童芷苓在上海唱《坐宮》，率先把「旗裝戲」搬上了舞臺之後，對北京剛剛「復蘇」的戲劇界產生了莫大的震動。北京敢不敢排《四郎探母》？

敢不敢演《四郎探母》？成了一個很有爭論的問題。有的人說：上海，「天高皇帝遠」，敢幹，錯了也沒多大關係。可北京是「世界革命的中心」，是中央所在地，給「禁戲」翻案，不能不三思後行，慎之又慎。

彼時，北京的文藝界正處於撥亂反正的狀態，被打倒的「戲劇權威」們、藝術家們正在逐一平反，恢復名譽之中。「摘帽子」，安排工作，補發工資，退還抄家物資，退還住房和私人財產。同時，恢復「文革」前被解散了的劇團，重新製辦行頭、戲箱，恢復排演老戲，推出新編歷史劇。《四郎探母》能不能解禁，誰也說不清，誰也不敢做主。

1980 年，剛剛復刊不久的《北京晚報》的主編王紀剛先生，特別喜歡京劇，而且思想解放，敢想敢做。他與許多的有識之士主張，要繁榮文化生活，就應該把「被顛倒的歷史再顛倒過來」，打破「禁戲」的「緊箍咒」，率先提出「《四郎探母》這齣戲，也沒什麼不可以演的」。但是，北京所有的劇團都心有餘悸，誰也不敢碰這齣戲。市委宣傳部副部長李筠也拿不出主意。王紀剛就找到中國戲曲學校校長史若虛來商量這件事兒。史若虛一聽喜出望外，馬上說：「《四郎探母》是我們學校教學中的基功戲，生、旦、丑，行當齊全，學生學傳統戲，這齣戲必不可少啊！現在，各劇團都不敢排，沒關係，我這兒敢排。」

一句話，說得王紀剛心花怒放，雙手一拍說：「好！你敢排，我就敢報。我全力支持你。」就這樣，二人一拍即合，一言為定，說幹就幹。學校馬上召開了教學會，安排師資隊伍和演員陣容，結合教學，正式排演《四郎探母》。史若虛還下了硬任務，抓緊拍練，盡早推出。為了排好這齣戲，史若虛還請來了張君秋先生蒞校執導。誰來飾演鐵鏡公主哪？史校長親自點名，這個活兒就落在了學校里數得著的「好學生」王蓉蓉的頭上。

王蓉蓉，1961 年出生於遼寧鞍山，父母都是教育工作者，家中根本沒有一個與京劇搭界人。但是，王蓉蓉自小就有文藝天賦，嗓子好，會表演，常在

學校的集體活動中唱歌，演節目。有一次，她看了電影《杜鵑山》以後，被楊春霞的「亂雲飛」給迷住了，從此就開始自學京劇，把當時流行的女主角的戲，都唱得滾瓜爛熟。1975 年，王蓉蓉陪父母去上海看病，住在旅館裏沒事幹，就忍不住地唱了一段樣板戲。唱者無心，聽者有意，當時有位對京劇內行的旅客聽了王蓉蓉的唱十分驚奇，認定她是個好苗子。就熱心幫忙，把她推薦給了童祥苓夫婦。童家識才，又把她推薦給上海戲曲學校。當時戲校已過了招生期，但老師們看到王蓉蓉天賦很高，嗓音甜美，就破例地收下她做插班生。但是，王蓉蓉不適應南方生活，不久就中輟退學了。

1978 年，機遇又一次向她招手，中國戲曲學院招生，王蓉蓉順利地通過考試，開始主攻青衣。這一年，王蓉蓉已經 17 歲了，雖然還是花季的年齡，但對於她這樣一個「生坯子」來說，學戲的難度可想而知。但是王蓉蓉並不氣餒，在校三年，從不單身走出校門，每天在練功房裏練功、弔嗓，連西單商場在哪兒全不知道。在王玉蓉、蔡英蓮、艾美君老師的指導下，唱、念、做、打、舞方面都打下了紮實的基礎。同時被張君秋看重，收為子弟，給她吃了不少「偏食」，兩三年間已有了很大出息。王蓉蓉回憶當年她在學校排演《四郎探母》時說：

> 1980 年的時候，我 20 歲。當時是中國戲曲學院大專班的學生，還有一年即將畢業。雖然我從一入學就學的是傳統戲，而且我學的第一個張派戲就是《坐宮》；但《四郎探母》那個時候一直都沒有開禁。當時告訴我們這個戲被禁的原因，一是因為宣傳封建思想，楊四郎有兩個夫人；二是因為有叛國投降思想，所以被禁演了很多年。但當時《北京晚報》的總編輯王紀剛，非常瞭解京劇，他說那些看法都是歷史，《四郎探母》這個戲是一齣藝術水準很高、非常有人情味的好戲。在王紀剛總編輯的宣導下，《北京晚報》主辦上演了《四郎探母》。因為當時劇團還都不敢演，因此讓我們這些學生演。1980 年的 12 月 3 日至 9 日，我們在天橋劇場一連演了七場，引起了巨大轟動，觀眾極其踴躍。我們這些學生也都非常興奮，雖然對開禁《四郎探母》的深層意義還不是特別理解，但都覺得這是個非常好的戲，而且當時我覺得這麼好的戲能讓我來演，特別高興。

當時，筆者在《中國經營報》當記者，我的好朋友過士行是《北京晚報》戲劇部記者，我們曾以「山海客」的筆名一起辦過劇評專欄。那時大家都很

年輕，對工作充滿了熱情。過士行接受了王紀剛交給的任務，每天都往戲校、排練場和劇場裏跑。尤其在排《四郎探母》這齣戲的時候，他整天和演員泡在一起，收集素材，撰寫文稿。三十年後，過士行回憶這件事時說：

經過各方面的努力，戲排好了，整齣戲也沒做什麼大的改動。戲碼在文化部也掛了號，可就是沒有任何批復。後來史院長想了個辦法，說是在文化部副部長林默涵看戲的時候，我們當面問問他。結果，林部長說他沒意見，囑咐再請示一下黃鎮部長。於是，戲曲學院又搞了一次彩排，演出前，黃鎮部長、北京市委宣傳部和《北京日報》的主要負責人、《北京晚報》的王紀剛都來看戲。休息時，王紀剛當面問黃部長《四郎探母》能不能演，黃部長說他同意，讓再問問林默涵。林默涵沒意見，就讓中演公司安排劇場。

1980 年 11 月 30 日，《北京晚報》在頭版頭條刊登了一條轟動性的消息——《應廣大讀者和觀眾的要求〈四郎探母〉即將公演，由中國戲曲學院大專班和實驗京劇團聯合演出一批新秀登臺獻藝》，宣布「京劇《四郎探母》將於 12 月 3 日至 9 日在天橋劇場連演七場」。文中詳細介紹了這次演出的陣容：由青年演員和學員擔任全部角色。他們平均年齡在二十歲左右，其中陳俊、翟建東、范永亮、李文林、郭玉林分別扮演楊四郎，王蓉蓉、徐美玲、張靜琳、陳淑芳分飾鐵鏡公主，楊瑞青、劉國英分飾蕭太后，徐紅、鄭子茹、李麗萍分飾佘太君，李宏圖、吳許正分飾楊宗保，王汶璋、李朝陽、金正明司鼓，杜奎三、孫鴻生、劉鎮國、鄭重華、費玉明、杜鳳元操琴。共演 7 場。

除此以外，《北京晚報》破天荒地刊登了一個通欄廣告。12 月 1 日、2 日兩天，晚報還連續兩天在《京劇舞臺群星燦爛》的總標題下，用整版的篇幅圖文並茂地介紹王蓉蓉、李宏圖、徐美玲等 15 名年輕演員。在 12 月 3 日至 9 日演出的 7 天裏，晚報不僅報導了演出的盛況，並且先後發表了《百花盛開憑春風》、《京劇有危機嗎？》、《讓京劇舞臺絢麗多彩》、《京劇需要八十年代的新星》、《如何對待掌聲》五篇署名「本報編輯部」的評論文章，多為當時編委所撰寫。還刊登了他本人所採寫的中國戲曲學院院長史若虛的專訪《從事戲曲四十春》。

演出從 12 月 3 日到 9 日在天橋劇場，一共七場，場場爆滿，

一萬多張票一搶而空。有些領導偷偷來看戲，還有很多觀眾特意從內蒙古、從新疆趕來看戲。演出的頭一天，張伯駒在孫輩的攙扶下來到後臺，為找一張戲票，竟然沒有拿到。

當然了，一幫青年演員唱這臺「旗裝戲」，藝術水準未必很高，很那麼成熟老道，但在「旗裝戲」禁演了二、三十年後，猛個丁地出現在首都的舞臺之上的時候，臺下觀眾的熱情，早已忽略了臺上的稚嫩與不足。王蓉蓉在回憶當年的演出時，也毫不掩飾的說：「太幼稚了，太幼稚。當初在臺上全仗著年青膽兒大。」

當初演這齣戲時，還做過一些改動，把劇中的四夫人給去削了。負責總排這齣戲的張君秋先生特別膽兒小，一直擔心楊四郎有兩個老婆不合乎「婚姻法」，演出來影響不好，會遭批判。可是，要沒有後來的鐵鏡公主，就盜不成出關的令箭。而有了公主老婆，又如何去見原來的老婆四夫人呢？為了這件事，張君秋先生有幾宿沒睡著覺。想了好久，也沒想出個好辦法來解決這件事。最後，此事還驚動了時任文化部部長的黃鎮。還是政治家有辦法，黃鎮在法國主持過中美談判，還能讓這點事兒難住嘛？黃鎮出主意說：「不上四夫人，可以，但是不能沒這人。我看乾脆改一句詞：問你四嫂今何在？答曰：現在天波楊府把兵排，這不就解決了。這個老婆正忙著，沒來。於是皆大歡喜。就把四夫人給砍了。」這個創意，直到現在還被中國京劇院保留著。

《四郎探母》演得到很熱鬧，可是沒過兩天，大老「左」們就又反撲了過來，王紀剛受到了上級的嚴厲的批評，並撤去了總編輯的職務，勒令檢查。不久，王紀剛便抑鬱成病，與世長辭了。《四郎探母》這齣戲再次遭禁，史若虛、張君秋和參加排戲的老師們，也都一一作了深刻的檢查。王蓉蓉和她的同學們也都「對天盟誓」：「今後一定提高覺悟，擦亮眼睛，做革命的文藝工作者，堅決不演壞戲。」

又過了幾年，大老「左」們的氣焰勢敗，「百花齊放」的文藝政策再次落實，全國文藝形勢走向了健康發展的坦途。直到九十年代，文化部才正式頒發了解禁令，《四郎探母》最終得以解禁。這樣算起來，此戲從一九四九年三月二十五日《北平新民報》刊登《中國人民解放軍北平軍事管制委員會文化接管委員會禁演五十五齣含有毒的舊劇》的公告，禁演這齣「提倡民族失節及異族侵略思想的《四郎探母》、《鐵冠圖》、《鐵公雞》和八本《雁門關》」等一系列「旗裝戲」起，到「文革」以後的 80 年代，前後共歷經了三、四十年

的歷史歲月。

　　此後，一大批擅演「旗裝戲」鐵鏡公主的優秀女演員重現舞臺，劉秀榮、劉長瑜、李維康、李炳淑、黃孝慈等人紛紛登場，一時瑜亮，各有所長。而且均有錄音、錄影，可聆可睹，任憑觀眾評說。筆者在這裡就不再一一介紹了。

王蓉蓉（1961～），當代著名旦角演員，1978 年拜張君秋先生為師，第十一屆中國戲劇梅花獎獲得者，2007 年起擔任北京京劇院一團團長。現為中國戲劇家協會會員、中國聲樂研究會會員、中國民主同盟會會員、全國人大代表。1980 年 12 月 3 日在天橋劇場首演「旗裝戲」《四郎探母》，王蓉蓉飾鐵鏡公主，瞿建東飾楊四郎。促使了《四郎探母》解禁。

參考文獻

1. 北京市政協《京劇談往錄》編委會編《京劇談往錄》《京劇談往錄續編》北京出版社 1985 年。

2. 北京市政協《京劇談往錄》編委會編《京劇談往錄三編》《京劇談往錄四編》北京出版社 1990 年。

3. 上海《申報史料》編委會編《申報京劇史料彙編》（內部資料）。

4. 翁思再編《京劇叢談百年錄》（增訂本）中華書局出版 2010 年。

5. 李德生著《禁戲》中國百花文藝出版社出版 2008 年。

6. 李德生編《清宮戲畫》中國百花文藝出版社出版 2010 年。

7. 丁淑梅著《清代禁燬戲曲史料編年》四川大學出版社 2010 年。

8. 余治輯《得一錄》清寶善堂重刻本 1897 年。

9. 傅惜華主編《國劇畫報》學苑出版社影印版 2011 年。

10. 張次溪編《清代燕都梨園史料續編》中國戲劇出版社 1988 年。

11. 陳志明王維賢編《立言畫刊京劇資料選編》2005 年。

12. 齊如山著《齊如山全集》臺灣聯經出版事業 1935 年。

13. 丁秉鐩著《菊壇舊聞錄》中國戲劇出版社 1995 年。

14. 中國戲曲學院編《中國京劇服裝圖譜》北京工藝美術出版社 2003 年。

15. 王文章編《中國藝術研究院藏清昇平署戲裝扮相譜》學苑出版社 2005 年。

16. 龔和德著《清代宮廷戲曲的舞臺美術》中國戲劇出版社 1987 年。

17. 王芷章編《昇平署志略》商務印書館 2006 年。

18. 朱家縉丁汝芹著《清代內廷演劇始末考》中國書店 2007 年。

19. 丁汝琴著《清代內廷演戲史話》紫禁城出版社 1999 年。

20. 北京燕山出版社編《京劇史照》北京燕山出版社 1992 年。

21. 金耀章編《中國京劇史圖錄》河北教育出版社 1994 年。

22. 許姬傳許源來編《憶藝術大師梅蘭芳》中國戲劇出版社 1986 年。

23. 李萬春著《菊海競渡——李萬春回憶錄》中國文史出版社 1990 年。

24. 周簡段著《梨園往事》新星出版社出版 2008 年。

25. 李仲明文《抗日戰爭時期京劇發展述略》刊於《民國春秋》雜誌 2002 年。

26. 任均著《我這九十年》董文出版社出版 2010 年。

後記：命運多舛的「旗裝戲」
《四郎探母》

　　「旗裝戲」出現得很早，可以說在《桃花扇》之前的清初，民間出於對入侵者的不滿，就有不少反清、蔑清的小戲在農村鄉鎮上演。這對於剛剛入主中原的異族新貴說來是絕對不能容忍的。順治年間，朝廷就多次嚴旨「擅編歌謠劇戲，依律定罪」，「高臺搬演雜劇，瀆神耗財，概行禁止，違者重懲」（見順治十四年〔1657〕《特禁惡風以安良善事》）。更不准演出著有本朝服色的「旗裝戲」。

　　到了清代末年，由於政治腐敗、經濟衰落，滿族統治者勵精圖治的雄心早已消失，文化禁錮有所鬆動。一些無關政治的「旗裝戲」就開始出現在京師的茶樓酒肆之中，例如《思志誠》、《探親家》、《送灰麵》等，這些娛樂性的小戲，都是身著滿人的服飾出現在舞臺上。因為這些「時裝」戲很接近日常生活，不矯揉造作，使人耳目一新；而且還用「京白」對話，更顯得入耳好聽，很受觀眾歡迎。連九五之尊的皇帝、太后都給予了首肯，於是，「旗裝戲」就時興起來。宮內常演的「旗裝戲」《八本雁門關》等，也被伶人搬出宮外上演了。

　　清廷遜位，民國伊始，社會趨於進步，人們的思想得到解放。伶人突破了皇權統治時期的種種禁忌，滿族統治階級的墮落、腐敗、昏潰與無能，也已淪為社會的笑柄。在這種背景下，更多的「旗裝戲」被搬上了舞臺。其中有涉及民族政治方面的《鐵冠圖》、《鐵公雞》、《請清兵》，《清宮秘史》、《下江南》、《鑒湖女俠》等；有涉及滿漢傳奇故事的《紅門寺》、《施公案》、《八大拿》、《血滴子》等；有反映市井生活的《馬思遠》、《柳樹井》、《春阿氏》、《五

湖船》、《煙鬼歎》等；還有依照新聞時事編寫的《惠興女士》、《鋸碗丁》、《楊乃武與小白菜》、《殺子報》、《小老媽》等，劇碼之豐，不勝枚舉。二十世紀上半葉，經常上演的各種「旗裝戲」不下百種。但大多數劇碼皆轟動一時，而後便隨著時代的變遷和歲月的消磨，逐漸淡出了戲劇舞臺。唯有《四郎探母》這齣「旗裝戲」，歷經歲月洗滌和風雲幻化，經磨歷劫，碩果僅存地流傳至今。而且越演越精彩，越唱越好聽，竟然修煉成一齣使喜愛京劇的人百看不倦，百聽不厭的經典。這一現象，也是很值得研究的。

細說，《四郎探母》這齣戲從內容方面講，確實有一些「硬傷」。一門忠勇愛國的楊家將中，卻出現了一位側身敵國、苟安惜命的楊四郎，還由他主演了一場飽含家國情、母子情、夫妻情、兄弟情、祖孫情、伯姪情、媼婿情、以及俱有吾土吾民心理特徵的多種情結的故事來。一百多年來，有多少「名角兒」眾星捧月般地把它唱紅；同時，這齣戲也捧紅了無數的「名角兒」。可以說，所有京劇演員和票友幾乎沒有不會唱這齣戲的；凡是愛聽京劇的人，也沒有一位不知道《四郎探母》的。正因為如此，這齣戲在我國近代社會風雲多變的政治生活中，也經歷了無數次的跌宕洗磨，時而興之，時而禁之，時而捧之，時而批之，真可謂時榮時辱、命運多舛哪！

這齣戲源自徽劇，後經張二奎移植改編成為京劇，在同光年間就已成型。時常被調入宮內上演，深得慈禧太后和光緒皇帝的厚愛。梅巧玲飾演的蕭太后，還贏得了「天子親呼胖巧玲」之殊譽。從此，這齣戲一路風光，被人捧為經典。楊四郎、鐵鏡公主、蕭太后這些角色，就成了歷代伶人必修的功課，也是伶人成名成家的試金石。唱得好，修成正果，如躍龍門，登堂入室，便可大紅大紫，享不盡的榮華富貴。若修煉未果，也就成了戲班裏的裏子、二路，弄不好還會淪為底包龍套。

伶人們對此戲也真的呵護有加、愛之備甚。優美的唱腔，細膩的做派，精緻的音樂，緊湊節奏，精美的服飾，處處浸透了伶人們的心血和創造。王瑤卿給公主的「旗頭」定了妝，豐富了公主的唱腔；尚小雲給太后加上了一段極有份量的大「慢板」；姜妙香又給楊宗保加上一段精彩的「扯四門」；蕭長華先生刪繁就簡，設計了緊湊的場次，這才逐步形成了鬚生、青衣、花旦、老旦、小生和丑角一堂輝煌的氣象。這齣戲在二、三十年代，發展到登峰造極的水準。在音像技術並不發達的時代，《四郎探母》在 1931 年、1945 年、1947 年多次拍成電影，進行商業放映。由高亭、百代等諸公司錄製的《四郎

探母》老唱片，粗糙地統計了一下，就達五、六十種。當年，不僅在國內大江南北風行暢銷，在東南亞、新加坡、及至歐美的華僑地區，也都創出了豐厚的銷售利潤。這種票房業績是任何一齣京劇傳統戲都難以望其項背的。

但是，從 1931 年日本侵華伊始，《四郎探母》便攪入政治風雨之中，開始了她數十年遭受凌辱和不公平待遇的厄運。

「九、一八」事變以後，日本佔領了我國東北，他們為了欺騙世界輿論，挾持溥儀在瀋陽登基坐殿，建立起偽滿洲國。年號改為康德，同時頒布了新國旗，新國歌，讓老百姓唱什麼：「天地內，有了新滿洲。新滿洲，便是新天地。頂天立地，無苦無憂，造成我國家。」企圖讓東三省的中國人割斷歷史，從根上脫離中央，數典忘祖，臣服日本。為了達到這一目的，他們在文化教育方面施以嚴格的控制，說書、唱戲、電影、娛樂都納入監視範圍之內。不僅對含有反日、蔑日傾向的作品予以嚴格取締，就是有「思念故土」、「念友思親」內容的說唱、戲劇，也一概予以封殺。為此，偽政權成立了以民政部次長葆康和文教部次長許汝棻負責的文化督審委員會，下轄省、市、區、縣，分別設立了偽「演藝協會」，藉以審查戲劇，推行嚴厲的禁戲政策。

《四郎探母》中的楊四郎，一上場就念〔定場詩〕：「失落番邦十五年，雁過橫洋白一天；高堂老母難得見，怎不叫人淚漣漣。」接下來，就唱上一大串「我好比籠中鳥有翅難展」，「我好比淺水龍困落沙灘」……。這種懷念中原故土，與「北國」離心離德的唱詞，分明是對滿洲國的不滿與憤怨。所以，督審委員會第一個禁戲令，禁的就是《四郎探母》。與之同時禁演的還有《后羿射日》、《蘇武牧羊》、《斷臂說書》、《戰太平》、《岳飛傳》等傳統戲。據說，當年馬連良等人組團赴「新京」演出時，帶去的好幾齣拿手戲大多違禁，未得施展。素有「關東唐」盛名的京劇老生唐韻笙，因為在大連貼演《后羿射日》和《四郎探母》，就遭到偽滿政府的通緝，害得他不得不疾走忙逃，遠避它鄉。

此外，因為帖演《四郎探母》，還發生過演員獲罪被害的慘劇。1937 年，哈爾濱中東鐵路管理局的著名「譚派」鬚生陳遠亭，因為貼演《四郎探母》未向偽滿「演藝協會」報批，被奸人舉報。日本憲兵隊大怒，把他押進憲兵隊的大牢，誣他借演戲之名「煽動民變」，進行了嚴刑拷打，灌辣椒水，坐老虎凳，受盡折磨，慘死獄中。這件事經報紙披露，使東北演藝界如驚弓之鳥，人人自畏。

　　因為日本的南侵，民族矛盾激增，在中原內地，很多人對《四郎探母》一劇的政治傾向，也開始給予關注。最先提出禁演此劇的，是張學良治下的東北軍和楊虎城治下的西北軍。當年，各個軍隊大都配有一個隨軍的小劇團，用來調節單調的軍旅生活，在部隊修整時期演演戲，免得兵士們外出擾民滋事。東北軍京劇團的水準還不錯，行頭也比較整齊，《四郎探母》是他們常演的一齣拿手戲。可是，每次演這齣戲，臺下的官兵就哭成一片。本來嘛，軍中的官兵都是從東北拉出來的，當初對日本一槍未放就躲進了關內，以為過不了多久就能打回老家去了。誰成想，越等越沒戲。而東北老家有自己的高堂父母，還有「老婆孩子熱炕頭」，怎麼能夠忘記？楊四郎在臺上一哭娘，臺下自然就跟著哭起來。參謀部一看，這可不得了，老唱這齣戲，就能導致軍隊嘩變。趕緊以軍部的名義下達命令，不准再演《四郎探母》了。此令一頒，不僅部隊不准演，周遭的大小城鎮，包括西安、寶雞等大城市的所有劇場、戲班也都不准演這齣戲了。

　　陝西易俗社的老演員「獅子黑」（喬國瑞）回憶說：「那年頭，不僅京劇不准唱《四郎探母》，秦腔、梆子也不准唱。原本有《雁門關》、《楊八郎探母》，內容都與《四郎探母》相似，都不讓唱了，就好似捧了俺們的飯碗一樣。」

　　抗日戰爭時期，在共產黨治下的延安地區，《四郎探母》這齣戲也是一度不准演的。據阿甲先生講：「延安並沒有明確文檔說哪出戲能演，哪出戲不准演。但在強烈的革命氛圍中，《四郎探母》這齣戲自然是處於禁忌狀態。因為這齣戲的內容有許多與革命相違背的地方，楊四郎的行為本身就屬於「投敵變節」，是革命的叛徒，怎能提倡呢？當時很多幹部、學生都是從內地投奔延安來的，這齣戲的唱段幾乎人人耳熟能詳，人人都會哼上兩句。我們團只是演過幾場就掛了起來。後來評劇院的領導下過命令，演員用它弔弔嗓子可以，但不許公開演出了。」

　　在極「左」風潮爆起的時候。比如延安搞「搶救」運動，大「抓內奸」、「抓特務」時，一度搞得草木皆兵，「懷疑一切」成了主流。尤其，對那些從西安轉投過來的知識分子，因為他們的家庭背景複雜，人際關係也複雜，都成了運動的對象。平時，有些人發牢騷，犯了「小資調」，背後哼哼兩段《坐宮》、《見娘》什麼的，就成了懷疑對象。懷疑他們是白區派來的特務，像楊四郎一樣在紅色延安「韜晦」、「隱藏」。往往根據這一點兒蛛絲馬迹，就被隔離起來，進行嚴格的審查。當然，後來發現打擊面太大了，毛澤東還曾親自出

面給予糾偏平反。

在國統區，《四郎探母》也走黴運，一再受到愛國人士的檢舉和指責。上海《新聞報》、《大公報》都曾闢專欄爭論過這齣戲。不少熱血青年指責楊四郎不忠不孝，貪生怕死，不僅叛國投敵，而且屈膝事敵。有的學者很嚴肅的指出：「在兩國進行殊死鬥爭的時候，楊四郎置家國利益於不顧，躲在皇宮內院的安樂窩裏，與敵酋之女共效鴛鴦。直到十五年後才想起故國親人，如此失節的不仁之人，怎能成為戲的正面人物，還由正樁老生飾演呢？」更有人在老《申報》上提出，在抗日戰爭之際，如此「缺乏民族意識的戲劇，應該堅決予以禁演」（見《申報京劇史料選編》）。

臺灣學者張大夏先生寫有《國劇欣賞》（臺灣明道文藝雜誌社出版）一書，他在書中回憶道：「大約是民國三十年（1941）到四十幾年的一段時間吧，《四郎探母》一劇在（民國）政府法令之下，是禁止演唱的。」作者還用括弧著重注明：「（民國）三十四年（1945）抗戰勝利以後，我在北平看到過市政府教育局的命令，禁演《四郎探母》，當時曾把文號和案由抄下來，不過早已丟掉了。」

1949年，國民黨軍隊戰敗，退守臺灣之後，臺灣政府為了「穩定軍心民心」，也採取了文化專制政策，由國民教育部出面，明令禁演《四郎探母》。主要理由是因為楊四郎「思親戀故」，「動搖軍心民心」。從楊四郎一出場，唱的都是去國懷鄉之苦，流的都是思親戀舊之淚。在一次臺北演出時，竟有幾位民國大員在臺下捶胸頓足，嚎啕大慟，以致當場暈倒，全場為之大亂。彼時，上百萬的官兵和隨軍來臺的家屬、民眾，與大陸都有著千絲萬縷的聯繫，這樣的「楚歌」一起，撕心裂肺的場面實與偏安一隅的政治局面極為不利。因此，臺灣政府明令禁唱、禁演。同時遭禁的還有《讓徐州》、《哭靈牌》、《霸王別姬》等十幾齣老戲。而就這麼一禁，就有十數年之久。

張大夏先生說：「大約是民國四十二、三年（1953、1954）之間吧，張其昀先生興教育部的時候，（臺灣）曾成立過一個「中國歌劇改良研究委員會」，以齊如山先生為主任委員，委員中有馬壽華、王叔銘、梁實秋、陳紀瀅、吳延環諸先生。我（張大夏）本人也側身其列，駐會辦公。那時《四郎探母》還在被禁，而且政府來臺以後，勵精圖治，一切法令認真執行，兼以劇團不多，演出場所也很少，易於管理。因此，《四郎探母》這齣戲，已有很長時間不曾和觀眾見面。歌劇改良研究會成立伊始，全體委員一致決議，第一個工作就是修改《四郎探母》。目的是把這齣名劇從桎梏中解脫出來」（見張大夏著《國

劇欣賞》)。在齊如山先生的敦促下,由張大夏執筆修改了第一稿,先由空軍大鵬劇團試排試演。結果是,一派人反映說「改得不錯,可以公演」;而另一派則大加反對,批判之激烈,遠大於前者。就這樣,這齣戲又禁了下去。

《四郎探母》在臺灣正式解禁的時間是 1978 年 5 月。此時,蔣介石總統早已故去,全島正在推行民主政治。臺灣著名京劇演員顧正秋、章遏雲、姚玉蘭、哈元章、周正榮等人就聯合起來突破禁區,正式公演了這齣戲。1978年 6 月 4 日臺灣《時報週刊》曾報導:「這兩場『探母』,三演公主、五演四郎,再加上蕭太后、佘太君、四夫人,個個都是挑梁擔綱的大角,人人都有自己的專任琴師,隨著『角兒』同進同退。因之,『場面』上人員之多,進退之頻,也是從未之有的奇景」。

《四郎探母》全劇的格局未變,個別戲詞進行了一些改動。飾演楊四郎的胡少安,把上場時念的「金井鎖梧桐」,改成「被困幽州,家國恨,常掛心頭」。定場詩後還加上了「忍辱偷生、伺機報效」等字句,以示四郎愛國的情愫未泯。在「見弟」一場戲中,還特意加了一段楊四郎「戴罪立功」的戲。楊四郎向楊六郎獻上了一份從番邦軍事部門竊來的「軍事地圖」,這張圖能大破天門陣,藉以表示報效大宋朝廷的一片忠心。在唱「問賢弟老娘今何在」之前,加了這麼四句唱詞:

可有良謀平北塞,正為此事掛心懷,

天門陣圖隨身帶,此功定可上雲臺。

在大陸這方面,《四郎探母》這齣戲同樣攪在政治風雲之中,時批、時緩、時禁、時放,波波瀾瀾、周折不斷。1948 年,解放軍包圍了北平。翌年 1 月22 日,通過談判北平和平解放。中國人民解放軍北平軍事管制委員會隨軍進駐北平,負責文化工作的軍代表開進北平社會局,接管了民國政府的原班人馬。首先做的一件事,就是雷厲風行地整頓文化市場,像禁毒、禁娼一樣,施行了禁戲。3 月 25 日,以中國人民解放軍北平軍事管制委員會文化接管委員會的名義,在《北平新民報》上公開發表了《禁演五十五齣含有毒的舊劇》的公告。《公告》開宗明義地指出:「多少年來,大部分舊劇的內容,就是替封建統治階級鎮壓人民的反抗思想和粉飾太平。現在,為了扭轉舊劇以封建利益為本位的謬誤觀點,主管機關已擬定長遠的改革方案和計劃,並決定目前有五十五齣舊劇必須停演。」被禁的戲中有《殺子報》、《馬思遠》、《翠屏山》、《貴妃醉酒》種種。其中第三款,將《四郎探母》、《鐵冠圖》、《鐵公雞》、八

本《雁門關》等戲，均劃為「屬於提倡民族失節及異族侵略思想」之內，與其他一些「誨淫誨盜」的壞戲一起，堅決予以取締、禁演。

新政伊始，一切令行禁止，頗有成效。京劇名旦南鐵生回憶：「當時我在北京，常到李少春、侯玉蘭家中去。也搞不明白外邊的事兒，市面混亂，沒人聽戲，我們也無心唱戲。見報上《公告》有這麼多的戲都不能唱了。什麼《玉堂春》、《貴妃醉酒》、《梅龍鎮》、《探母回令》，都是我的本工戲。今後不能再唱，我們這行人就得另外想轍了。」

不久，中央文化部成立了戲劇改進局，進一步加強對舊劇的管理和改造。從 1950 年至 1952 年之間相繼下達了一系列新的文告，重新對二十六齣「有害」劇碼實施禁演。其中包括京劇《殺子報》、《雙釘記》、《奇冤報》、《大香山》、《雙沙河》、《鐵公雞》、《全部鍾馗》、《海慧寺》、《滑油山》、《探陰山》、《關公顯聖》、《大劈棺》、《引狼入室》；評劇《黃氏女遊陰》、《活捉南三復》、《因果美報》、《活捉王魁》、《全部小老媽》、《僵屍復仇記》、《陰魂奇案》；川劇《蘭英思兒》、《鍾馗嫁妹》；少數民族地區禁演的戲《薛禮征東》，《八月十五殺韃子》。儘管《四郎探母》不在其內，但由於「演藝人員的覺悟不斷提高，《四郎探母》一戲已很少有人演出，就連一般票房也很少有人演唱了」。

今年 92 歲高齡的戲劇表演藝術家田淞先生回憶說：「我是 1950 年投身於新中國的戲曲事業的，在田漢先生的推薦下，我與愛人沈毓琛一起進入中國戲曲學院的前身中國戲曲改進局戲曲實驗學校工作。我愛人在學校擔任文化教員，我在藝委會擔任秘書，並兼任校長田漢先生和王瑤卿先生的秘書。一方面參與學校管理，另一方面參加「戲改」工作。當時的業務很忙，政治學習也特別多。政府對戲劇藝人的政策是，一團結，二改造。在提高他們思想覺悟的同時，改造他們舊的世界觀；對於老的傳統舊戲，要進行認真地篩選。能保留的保留，能改編的改編，實在不能改編的壞戲、粉戲，一定堅決摒棄，不允許毒害革命群眾。這項工作不僅要從舊戲班、舊藝人的思想和劇碼做起，更要從培養新一代演員的戲曲學校做起。」

當時的戲校是設在白塔寺附近王泊生的宅子裏，事無鉅細，全面地貫徹文化部的戲改精神。廢蹻功、男演男、女演女，不再培養男旦。加強文化課和政治課，採用新教材，不教粉戲、鬼戲、壞戲，廢除體罰、不准「打戲」。用於打基礎的開蒙戲，如《女起解》、《拾玉鐲》、《空城計》、《文昭關》等，都是經過文化部有關負責領導點頭認可後，才當教材使用的。但是，用生旦的「對

兒戲」《坐宮》教學，最初就沒有通過。我記得王瑤卿校長在傳達上級精神時說：『《四郎探母》這齣戲的唱、做都挺好，過去是開蒙用的好教材。但是，現在還不能用，因為它的內容很有問題，得進行徹底的改造。』蕭長華先生也補充說：「以前，我們做藝人的，只知道唱戲吃飯，掙錢養家，根本不懂什麼叫政治。如今新社會了，我們也要改造思想，換個新腦筋，做新人。黨怎麼說，咱們就怎麼辦。」

解放之初，有好幾年，社會上不准演《四郎探母》，戲校也不教《四郎探母》。在「三反、五反」、「打老虎」、鎮壓反革命等運動中，據說有一個單位的工作人員，平時總唱「楊延輝坐宮院自思自歎」，有人懷疑他有問題，保衛部就以此為線索，深挖細找，最終查出他是一個隱藏很深的國民黨特務。這件事見著報端後，不少戲迷就再也不敢哼哼這齣戲了。

但是，京劇《四郎探母》自有其迷人之處，如此輕率的棄之畢竟可惜。1954年，我調到戲研所參與大型劇本《京劇叢刊》的編輯工作時，編輯部曾把《四郎探母》中梅先生的演出本、譚小培的改編本和溥惜華先生的珍藏本，都集中到一起，反覆比較，逐字推敲。又請來梅先生、程（硯秋）先生、馬（連良）先生、譚富英、李少春等人，開過幾次座談會，但也沒有討論出任何結果來，最後還是把它掛起來了。（引自筆者《2010年秋對田淞先生的採訪》，田淞口述）

五十年代中期，不少劇團出於業務的需要，對《四郎探母》進行了大刀闊斧的改革。有的劇團從「提倡民族團結」的角度出發，將之改編為《南北合》。由佘太君出面與蕭太后進行談判，兩國合好，共同簽署了「互不侵犯條約」。有的改為《三關排宴》，佘太君率兵壓境，採用「一手硬、一手軟」的政治策略，迫使蕭太后認錯臣服。有的還改為佘太君一見「叛徒」的兒子回來，怒不可遏，當即就把楊四郎抓了起來，大義滅親。這些劇本都是從「無產階級的感情」出發，要對反動的「人性論」給予「堅決的痛擊和批判」。

但是，以張伯駒為首的一些「國粹」派，不同意這樣做，他們不僅希望這類傳統戲要保存原汁原味，而且還一再呼籲政府，要求對已經禁演的劇碼給予解禁。在當時，這些意見正好迎和了毛澤東的「陽謀」策略，文化部在「反右」運動開展之前，以紅頭文件的形式通報全國文藝界，宣布對所有「禁戲」全面解禁。下邊不知底細，於是，一些舊劇如《馬思遠》、《也是齋》、《烏盆計》、《探陰山》，包括《四郎探母》，一股腦兒地又湧上了舞臺。同年9月，

在北京音樂堂「慶祝北京市京劇工作者聯合會成立紀念演出」中，在京的所有京劇大師們聯合公演了一場陣容最強的《四郎探母》，由李萬春做「戲提調」，馬連良、譚富英、奚嘯伯、陳少霖、李和曾、尚小雲、蕭長華、馬富祿、李多奎、張君秋、吳素秋等，「一等一」的大角們合作獻藝，如此之舉，真是轟動一時。北京人民廣播電臺的實況轉播，為人們留下了一份珍貴的錄音資料。

1957 年，轟轟烈烈的「反右」運動開始了，數不清的大知識分子、大藝術家成了鬥爭對象。北京京劇界的李萬春、奚嘯伯、葉盛蘭、葉盛長等人都戴上「右派」帽子，有的發往西藏、石家莊，有的進了監獄，有的留在團裏就地改造。政治空氣驟然升溫，演員人人緊張。《四郎探母》一劇以楊六郎「叛國投敵」、「敵我不分」、「混淆階級陣線」等為由，再次明令禁演。

到了 1966 年，文化大革命一開始，上海《文匯報》率先發表了姚文元批判《海瑞罷官》的文章，揪出了「三家村」的黑後臺「彭、羅、陸、楊」。接著，矛頭一轉，報紙又發表了戚本禹批判「旗裝戲」《清宮秘史》的文章，直指國家主席劉少奇。說他為光緒和珍妃叫好，是個徹頭徹尾的帝國主義走狗。這還不夠，又借批判「叛徒哲學」為由，把《四郎探母》拉出來示眾。舉國報刊一致刊登批判文章，對宋朝的楊四郎口誅筆伐，把《四郎探母》定為是替「叛徒、反革命招魂」的反動劇碼，「全黨共殊之、全民共討之」。楊四郎從此變成了「大叛徒、大特務、大內奸」劉少奇的化身。劉少奇與楊四郎一樣，潛伏在黨內四十多年，是一個妄想復辟資本主義的赫魯曉夫！

在文化大革命發展到「大破四舊」、「打倒一切反動學術權威」的時候，北京文藝界紅衛兵在太廟舉行了大型批鬥會。一些戲劇界的名流被強迫穿上楊四郎的紅蟒和鐵鏡公主的旗裝，掛著大牌子，跪在雄雄燃燒的烈火之前，忍受著紅衛兵的毒打與凌辱。在戲校和京劇院的大字報專欄上，倒掛著楊四郎的「駙馬套」和鐵鏡公主的「兩把頭」，象徵被打倒的劉少奇和王光美。原本一齣在舞臺上演的《四郎探母》，在現實中竟然唱成了這個樣子，作者張二奎、慈禧、光緒、「四大名旦」、「四大鬚生」們想是連做夢也無法想像的。

在「千萬不要忘記階級鬥爭」的年代裏，《四郎探母》不僅觸及了上層政治人物的靈魂，甚至還殃及了無辜者的皮肉。筆者親知親見，就有不少「喜愛《四郎探母》」的小百姓，在運動中不幸罹禍，慘遭迫害。筆者原住北京西城白塔寺東街（即今趙登禹路），與程硯秋先生故居為鄰。有一家街坊劉奶奶，在旗，是個「戲迷」，愛聽《坐宮》，她的床前的牆上一直貼著一張金梅生畫的

年畫《四郎探母》。「破四舊」時，大概她不願意將這張年畫燒掉，就用了一張毛主席像貼在了上邊。結果被四處抄家的紅衛兵發現了。劉奶奶被戴上了一個「打著紅旗反紅旗」的帽子，拉到院子裏，遭到一頓暴打。從此一病不起，沒多久便抱恙身亡了。

還有一件事，發生在「文革」「清理階級隊伍」時期，我家所在居委會突然發生了一件重大的反革命案件。收拉圾的工人在拉圾箱內發現了一尊摔裂了毛澤東的石膏像。這可了不得了，此案報到了街道革命委員會，委員會又上報到派出所。派出所馬上立案查處，發動群眾揭發線索。一個辦案的民警發現石膏像的空肚內，還藏有一張發了黃的相片，照的是《坐宮》中身穿旗裝的鐵鏡公主。起先沒有在意，以為是哪位名伶的舊照。後來，經過明眼人反覆研究辨認，最終發現，這位鐵鏡公主是街道積極分子張大媽。立馬就把她當「現行反革命」挖了出來，押在派出所一審問，果然不差，就是她幹的。原來，這位張大媽年青時是個戲迷票友，就喜歡鐵鏡公主這個扮相。早年在前門北大照像館拍了這幀劇照，一直當寶貝珍藏。運動開始了，她也捨不得當「四舊」燒了，又怕別人發現，於是，就把它藏在了這尊石膏像裏。前幾日，擦桌子，不小心把石膏像碰到了地上，摔壞了。張大媽知道這可是大不敬，但又不知道怎麼處理，慌不擇法，就在夜深人靜的時候，偷偷地把石膏像棄置到拉圾箱內。但是，忘記了自己的照片還在裏邊哪！這一特大的反革命案終於告破了，派出所就把她押送公安局。當時公安局人滿為患，另外，張大媽是城市貧民出身，也沒有發現她還有別的罪行，就沒收，給她帶上了個「階級異己分子」的帽子，押回原街道就地改造。街道專門給她開了幾次批鬥會後，罰她每天把這張《四郎探母》的劇照掛在胸前，掃大街。掃完了，就叫她向毛主席像請罪去。就這樣，整了她有一年之久。

直到「文革」後期，「四人幫」倒臺伏法，劉少奇平反，鄧小平撥亂反正，戲劇舞臺才開始復蘇。1979年，《四郎探母》被禁十三年後，率先提出要為《四郎探母》平反的是上海文化局和上海廣播電臺，《文滙報》也出面給予支持。在「文革」中贏得「打不死的童芷苓」願當「第一個吃螃蟹的人」，大著膽子梳上了旗頭，穿上了旗袍，蹬上了旗鞋，在大戲院唱起了《坐宮》。此舉，看似並不驚人，但她衝破了戲劇界冷凍多年的冰山一角，且迅速地影響了全國。

《北京晚報》的總編王紀剛不甘落後，他找到了中國戲校的校長史若虛，提出「你敢不敢排《四郎探母》？」史若虛說：「我敢！」「好，你敢唱，我就

敢為你吹喇叭！」二人一拍即合。於是，這齣戲的恢復，竟然落在了剛從戲校畢業的王蓉蓉、翟建東等一幫學生身上。他們在張君秋先生的指導下，在很短的時間裏，就在學校的排演場裏排完這齣戲。《北京晚報》也真賣力氣，牽頭主辦對外演出。在天橋劇場連演七場，觀眾滿坑滿谷，一票難求。張伯駒先生在孫女的攙扶下，擠到後臺找票，在場的人員一一個都連連搖頭，艾莫能助。

但是好景不長，剛唱完這七場，《四郎探母》就遭到上級的申斥和極「左」勢力的聲討。高壓之下，《北京晚報》低頭寫了深刻的書面檢討。王紀剛就此丟官罷職，病退回家，不久抑鬱而終。從此，《四郎探母》又噤聲了好幾年。大約又過了六、七年，政治空氣趨於平和，各行各業都在積極推動開放搞活的時候，《四郎探母》才得以正常公演。

時至今日，反回頭看去，過去所發生的一切真好像是癡人說夢一般，令今人難以理解。其實，《四郎探母》這齣戲之所以能經過數十年的禁錮、打壓不倒，迄今猶自風靡舞臺，除去「旗裝戲」特有的藝術魅力之外，更重要的一點是它寫了「人情」「人性」。記得某位戲劇大師說過：「戲劇的生命在於對人性的深刻刻畫」。在中國傳統戲劇中，還真沒有一齣能像《四郎探母》一樣，如此深刻地刻畫了一種超越國界、超越種族、超越政治、戰爭，充滿人性味道的正劇。也正因為這齣戲獨具的「人情」味，它能使不同層次、不同水準的觀眾，都可以從中得到一種啟迪和享受。所以，這齣戲才經得起各種磨難和屈辱，依然大受歡迎地暢演於舞臺之上。筆者由衷地希望這齣「旗裝戲」越演越好，再也不會經歷去日的磨難。反思歷史教訓，戲劇必然不是政治，也不應該被人當成施展權術的工具，使那些諸如酷愛「旗裝戲」且為「旗裝戲」失去生命的陳遠亭、劉奶奶、張大媽等人，也能含笑九泉。

筆者生之亦晚，沒有機會看過「四大名旦」、「八大鬚生」各自演過的《四郎探母》。但他們留下來的錄音資料，仍然可使戲迷「望梅止渴」，得到無比愜意的精神享受。筆者在報社工作期間，正趕上「文革」後的文藝復興，有幸觀看過近代南北各地的京劇名家的演出。直到移居海外之前的二十年間，僅《四郎探母》就看過百場之多。老一輩的藝術家，如鬚生李和曾、馬最良、紀玉良、王則昭、王琴生、梅葆玥、關正明、馬少良、譚元壽、馬長禮、高寶賢、孫岳、耿其昌，楊乃彭、陳志清……；旦角新豔秋、童芷苓、丁至雲、關鷫鸘、趙燕俠、于玉蘅、李玉茹、吳素秋、梅葆玖、趙榮琛、陳永玲、沈福

存、楊榮環、杜近芳、李炳淑、劉秀榮、劉長瑜、李維康、黃孝慈、薛亞萍……等人，他們演的《坐宮》、《四郎探母》都看過。新一輩的演員李勝素、于魁智，王蓉蓉、杜鎮傑，言興朋、關懷、張萍、李海燕、張克、李軍、史依宏……等人的《探母回令》，筆者也都看過。在海外，還有幸親聆了李和聲、李尤婉雲、章寶明、謝偉良等名票的《坐宮》。仔細品評起來，真是各有千秋，難斷瑜亮。

目前，國內也好，國外也好，演出《四郎探母》皆依舊路。即使個別詞句有所改變，也都是小修小補，無涉大局。唯獨中國京劇院于魁智、李勝素的演出本改動較大，把「見娘」後的「見妻」一場戲，整個兒都去消了。楊四郎見完娘，轉頭就要返回北國，每唱至此，臺下總是一片嗟愕。把四夫人孟金榜的戲全部免掉，實在令人費解。

據過士行先生說：「三十年前，中國戲校首次恢復排演這齣戲的時候，史若虛請張君秋先生給予指導。張君秋比較膽小，說楊四郎有兩個媳婦，怕公演後，青年人不理解，影響不好。這是一番好心，怕有此疵點，授人以柄，建議改動一下。正好，當時的文化部部長黃鎮在場，他給出了個主意，就說『四夫人還在天波府內排兵，沒跟婆婆一起來』，這樣不就可以不上場了。當時大家都覺得這種解釋不錯，就決定把這場戲刪掉了。」彼時，過士行是受王紀剛先生指示，負責對《四郎探母》全程報導的記者，可以鑒證此事。不過，後來京劇院把這個本子繼承下來，筆者總覺得有白璧微瑕之感。

其一，從故事本身來講，楊四郎被俘之前取妻孟金榜是個不爭的事實。在清季，此劇出籠之始，就有這一角色，有同光時期的宮廷畫本為證（見筆者編撰的《清宮戲畫》一書）。而且，這一角色的戲份很重，僅次於蕭太后，需由戲班的頭牌青衣飾演，地位比飾演鐵鏡公主（最初稱月華公主）的演員還要高一等（見《國劇畫報》清逸居士《旗裝戲考》一文）。在「見妻」這場戲中，她與楊四郎不但各有獨唱、對唱，二人還有跪蹉、氣椅兒、摑臉等一系列精彩的身段表演，為全劇的逐層推進、人物感情的深化，以及戲劇衝突的激化，節奏的加強，都有著不可或缺的重要性。

本來嘛，楊四郎突然的回歸，眾人皆無思想準備，先驚、後喜，母子痛哭之後，情緒得以緩解，以為他不會再走了，佘太君還囑人準備家宴，歡慶兒子的歸來。同時，還囑其去後帳探看一直為他守節的媳婦。四夫人孟金榜上場時，尚是一腔哀怨，一見分別一十五載的丈夫突然來到自己的面前，悲

喜交加，不顧小姑們在場，與四郎相擁相抱，款述離情。不想，更漏急催，四郎張惶欲走。金榜大驚，跪地相扯，詰問道：「高堂老母今尚在！你把為妻怎安排？」先是柔情苦勸，後是死抱不放。場四郎進退無計，起「亂錘」，拉扯，蹉步，情急之下，失手一推，四夫人倒地，暈厥。四郎不忍，復轉，將金榜拍醒後，疾下。金榜醒，速起，翻水袖，追下。佘太君與眾人聞得帳外哭聲，疾上。四郎上，唱：「辭別老母出帳外——」，金榜追上，與四郎反目，當眾煽了他一個耳光。接著稟告婆母，「他、他、他、他就要回去了！」眾人大驚，楊四郎哭陳原委……，全劇進入「哭堂」一幕。如此重要的情節，使全劇步步波瀾，高潮迭起，峰迴路轉，一唱三歎，足見編劇人寫戲時的那種酣暢淋漓、剝繭抽絲般的良苦用心。而今，刪去「見妻」這折戲，免去了孟金榜這個人物，就如同「腰斬」了全劇的「聲情」脈絡，削減了全劇的一半「精神」，實在令人遺憾。

這種改法，還有另外一種解釋，據局內人講：「這齣戲太長，一般招待首長看戲，大都安排在兩個小時間之內為宜。減去這場戲，省去十五分鐘，正好兩小時。」筆者聞言，如墜五里雲霧。罷了，果真如此，筆者也就無話可說了。

作者李德生　寫於溫哥華列治文寓中

2021 年 12 月 30 日